SERVICE

DES TROUPES

EN TEMPS DE GUERRE.

DE L'IMPRIMERIE DE DEMONVILLE.

EXAMEN
DE LA LÉGISLATION

SUR

LE SERVICE EN CAMPAGNE

ET

DANS LES PLACES ASSIÉGÉFS,

OU

RECUEIL INTERPRÉTATIF de tout ce qui a été officiellement publié à ce sujet depuis 1753 jusqu'à présent;

PAR L'AUTEUR

DU MANUEL D'INFANTERIE, DU MÉMORIAL DE L'OFFICIER D'INFANTERIE, DU COURS D'INSTRUCTION, etc., etc.

A PARIS,

CHEZ MAGIMEL, ANSELIN ET POCHARD,

LIBRAIRES POUR L'ART MILITAIRE,

rue Dauphine, n° 9.

1816.

[illegible]

[illegible]

[illegible]

[illegible]

[illegible]

[illegible]

[illegible]

En 1811, par décision du 17 août, M. le duc de Feltre chargea deux Officiers généraux et un Officier supérieur de revoir le Règlement de campagne qui venoit d'être retouché, en 1809, à Schœnbrunn. Les événemens de la guerre ayant éloigné bientôt les membres de cette commission, ses travaux furent interrompus et sans résultat.

Les remarques que contient l'*Examen de la Législation*, sont le fruit des recherches auxquelles s'étoit livré l'un de ces militaires. Il a revu, depuis la paix, l'ensemble de son travail, y a ajouté ce qui a paru depuis 1811, et y a indiqué et approprié les modifications que la législation doit naturellement recevoir de la forme actuelle du Gouvernement.

RÈGLEMENT PROVISOIRE (1)

SUR

LE SERVICE DES TROUPES

EN CAMPAGNE (2),

DU 5 AVRIL 1792.

~~~~~~

TITRE PREMIER (3).

Des préparatifs de campagne; des équipages des Officiers généraux, supérieurs et particuliers.

Art. 1er. Lorsque les régimens devront entrer en campagne, Sa Majesté donnera des ordres pour qu'ils

---

(1) Ce *règlement*, presque pareil à celui de juillet 1778 et à celui du 12 août 1788, a été retouché d'une manière incomplète en 1809, à Shoenbrunn, et seulement à l'usage de l'armée d'Allemagne. La plupart des changemens opérés par *l'ordre du jour du 11 octobre 1809*, avoient cessé d'être en harmonie avec la forme actuelle de notre gouvernement. En attendant la promulgation d'un *règlement de campagne* dans lequel seroient refondues et améliorées toutes les dispositions jusqu'ici publiées, il nous a semblé que le seul moyen de rendre utiles les principes posés sur le rassemblement des troupes, étoit de faire revivre dans son intégrité le *règlement publié avant la fin du règne de Louis XVI*, en faisant connoître ceux dont il étoit la copie ; en en expliquant les endroits obscurs ; en en indiquant les passages tronqués depuis 1809, et en exposant et débattant les motifs qui semblent provoquer la révision de ce *règlement*.

(2) Il avoit été promulgué sous la date du 12 août 1788, deux *règlemens de campagne*, l'un concernant l'*infanterie*, l'autre concernant la *cavalerie*. Le *règlement relatif à l'infanterie* a été annullé par *celui de 1792* ; le *règlement relatif à la cavalerie* n'a pas été renouvellé ; mais comme il ne diffère du *règlement de 1792* que dans un petit nombre d'articles particuliers aux troupes à cheval ; on a ajouté sous forme de notes toutes ces dispositions, évitant par-là une complication sans objet, et rendant ainsi le présent travail commun à toutes armes,

(3) Copié du *titre 1er* du règlement de 1778, qui contenoit de plus des détails relatifs aux *tentes, aux outils de campement,* etc. Ce *titre* avoit été répété avec quelques variétés par le *titre premier* du règlement de 1788 (Voyez le règlement du 17 février 1753).

<div align="center">1</div>
~~~~~~

soient pourvus de tentes (1), manteaux - d'armes, couvertes, chevaux de compagnie (2), marmites, outils et autres menus ustensiles; et la distribution s'en fera ainsi qu'il est prescrit dans l'instruction provisoire sur le campement de l'infanterie (3).

2. Soit que ces fournitures soient faites des magasins, ou par les soins des corps (4), les colonels veilleront avec attention à ce qu'elles soient de la meilleure qualité, et ils en rendront compte aux officiers généraux lors de leurs revues.

3. Ils veilleront de même à ce que chaque compagnie prenne le plus grand soin desdites fournitures, Sa Majesté les en rendant responsables, et ordonnant que celles qui se perdront ou se détruiront par la négligence du soldat, soient payées sur la subsistance des régimens.

4. Ils feront des revues du linge et des effets du soldat, et les réduiront exactement, non compris ce qu'il aura sur le corps, à deux chemises, une paire de culottes de tricot ou de toile (5), un paire de guêtres noires, une paire de souliers, un peigne et deux brosses (6).

---

(1) Les *tentes* avoient cessé d'être en usage depuis 1793; il fut pourtant formé un camp sous Meudon en 1806. (Voyez le règlement de campement de brumaire an 12.)

(2) Il avoit été émis un règlement au sujet des *chevaux de bât et de peloton*, en date du 2 février 1792; mais on renonça bientôt à l'emploi de *ces chevaux*. Le règlement du 14 frimaire an 12, vouloit que les effets de campement fussent transportés sur des *caissons des équipages militaires*. Voy. la note du n° 66.

(3) *Voyez* Instruction de brumaire an 12.

(4) Le décret du 25 février 1806 créoit une masse de campement, et chargeoit les corps de se pourvoir de ces *outils*, etc.

(5) Actuellement un *pantalon de tricot* et un *pantalon de toile*. (Décret du 19 janvier 1812.)

(6) Le règlement de 1809 avoit transformé cet article 4 de la manière suivante:

« *Ils feront des revues du linge et des effets du soldat, et*
» *les réduiront exactement à une redingote, trois chemises, un*
» *col noir, trois cols blancs, deux paires de bas de fil ou de*
» *coton, une paire de bas de laine, deux paires de souliers,*
» *une paire de guêtres de toile grise, une paire de guêtres d'es-*

5   5. Chaque soldat aura de plus un sac de toile qui lui servira pour aller aux distributions, et dans lequel il s'enveloppera pour coucher : ce sac se roulera, après avoir été bien serré, entre le corps duhavre sac et la patte extérieure qui le ferme, de façon qu'il soit recouvert par celle-ci.

6   6. Pour mettre les soldats en état de soutenir les marches et les fatigues de la campagne, on les exercera souvent à faire plusieurs lieues avec leurs sacs, armes et ustensiles de toute espèce, afin qu'ils s'accoutument à les porter pendant la campagne, et n'en soient point incommodés. Lorsque les soldats commenceront à être en haleine, on leur fera faire quelquefois ces marches dans le milieu du jour, pour les accoutumer à supporter la chaleur (1).

7   7. Pendant que tout ce qui a été prescrit ci-des-

» tamette noire, un sac de peau, deux cocardes, dont une au
» chapeau (schakos), et des menus objets nécessaires à la
» tenue. Lesdits effets seront tous marqués de la lettre alphabé-
» tique et du numero de l'homme. »

(1) Cavalerie : règlement du 12 août 1788, la concernant, titre Ier ;

Art. 7. On fera, dans les premiers camps qui seront assemblés, diverses épreuves pour constater la manière de charger et de paqueter les chevaux ; et d'après leur résultat, il sera dressé une instruction particulière, qui sera insérée dans l'ordonnance que Sa Majesté rendra pour l'habillement et l'équipement des troupes à cheval.

Art. 8. Chaque cavalier sera pourvu d'un piquet ferré par les deux bouts, pour attacher son cheval.

Art. 14. On exercera les cavaliers à seller, charger leurs chevaux et monter à cheval au premier signal, avec la plus grande promptitude, et sans avoir été prévenus auparavant de l'heure où cela leur seroit ordonné.

Art. 15. On les fera monter souvent à cheval avec leur équipement, et on leur fera faire d'abord une lieue, ensuite plusieurs, pour accoutumer les cavaliers aux marches d'armées, et mettre les chevaux en haleine. On fera quelquefois ces marches dans le milieu du jour, pour habituer les hommes et les chevaux à supporter la chaleur.

Art. 16. On apprendra aux cavaliers à ficeler du fourrage, en leur faisant observer de le ficeler fin et serré, de manière qu'il fasse le plus petit volume possible.

I*

sus s'exécutera, les officiers supérieurs et particuliers se pourvoiront des équipages nécessaires pour entrer en campagne quand ils en auront reçu l'ordre.

8   8. Ils auront attention de ne porter avec eux en campagne que ce qui leur sera exactement nécessaire.

9   9. Les colonels pourront avoir (1) une voiture à deux ou quatre roues. Le chirurgien-major pourra aussi en avoir une de cette sorte; six officiers malades ou blessés pourront, au besoin, être transportés dans ces voitures.

10   10. Il y aura, outre cela, par régiment de deux bataillons, un charriot attelé de quatre bons chevaux, pour porter des effets de remplacement à l'usage du soldat, comme souliers, chemises, etc. Ces charriots et ces chevaux seront achetés et entretenus au compte de l'Etat, et il sera, à cet effet, assigné une somme au conseil d'administration des régimens.

11   Ces charriots, ainsi que tous ceux qui sont dans les armées, seront à timon, et les chevaux attelés deux à deux.

12   11. Nul autre officier dans les régimens, que ceux nommés ci dessus, ne pourra avoir aucune espèce de voiture à roues.

13   12. Il sera permis aux officiers supérieurs et particuliers, le nombre des chevaux marqué ci-après, compris ceux des voitures permises, et ils ne pourront l'excéder sous tel prétexte que ce soit; savoir, ainsi qu'il suit :

                                                  Chevaux.
14   Au commandant en chef............ 20
       Aux lieutenans · généraux.......... 10
       Aux maréchaux-de-camp........... 8

---

(1) Le *règlement de Shoenbrunn*, etc., modifioit toutes les dispositions ultérieures du titre premier; mais ces dispositions ont encore été changées par le *décret du 22 février 1813*, transcrit à la fin du présent volume.

	Chevaux.
Au colonel (1).....................	6
Au lieutenant-colonel (2)...........	4
Au capitaine	3
Aux lieutenans et sous-lieutenans...	$1\frac{1}{2}$
Au quartier-maître...............	3
Au chirurgien-major...............	3
A l'aumonier.....................	2
A l'adjudant-major...............	$1\frac{1}{2}$
Pour le charriot d'effets de remplacement.....................	4

15   Les officiers de l'état major de l'armée, les aides-de-camp, les officiers du corps du génie et de l'artillerie, et les commissaires des guerres recevront, chacun selon leur grade, le nombre des rations (3) fixées pour la cavalerie, en comprenant aussi dans cette fixation les rations dont jouissent quelques uns d'eux pendant la paix.

16   13. Il sera permis, pour chaque demi-brigade, un vivandier avec un charriot à quatre roues, attelé de quatre bons chevaux.

---

(1) Peu de temps après la promulgation de ce règlement, les *rations de fourrage* des officiers supérieurs ne furent accordées qu'en une proportion moindre, et il n'en fut plus accordé aucune aux officiers particuliers d'infanterie, à moins qu'ils n'eussent cinquante ans d'âge. Le dernier décret rendu sur cet objet est celui du 22 février 1815, transcrit à la fin de ce volume.

(2) Les *chefs de bataillon* n'existoient point alors, et les *majors* étoient supprimés. Les *chefs de bataillon* ne datent que de l'embrigadement qui supprima les *lieutenans-colonels*. Jusqu'à cette époque, les *lieutenans-colonels* avoient des fonctions égales à celles de *chefs de bataillon*; elles sont bien plus élevées maintenant, depuis leur rétablissement en 1815. Les *majors* sont aujourd'hui *derniers chefs de bataillon*; ils étoient, avant 1792, *premiers capitaines*. Ces explications démontrent par quelles causes il n'est mention dans ce tarif ni de *chefs de bataillon* ni de *major*, et témoignent que le *lieutenant-colonel* qui y est cité n'est point censé pourvu du grade dont est revêtu le *lieutenant-colonel* actuel. (Voyez la note du n° 53.)

(3) Le décret du 22 février 1815 fixoit également le nombre de rations auquel avoient droit les officiers d'état-major, etc.

17   14. Il sera de plus permis, pour chaque demi-brigade, un boucher et un boulanger, lesquels s'arrangeront pour avoir en commun une voiture à quatre roues, attelée de quatre bons chevaux.

18   15. Tous les autres vivandiers attachés aux régimens n'auront que des chevaux de bât, et il n'en sera permis que quatre par bataillon, y compris les chevaux de blanchisseuses.

19   16. Il ne sera souffert à la suite des régimens aucune femme qui ne fasse le métier de blanchisseuse.

20   17. Les colonels et autres officiers des régimens ne pourront substituer des charriots à la place de ceux des vivandiers, bouchers, boulangers, qu'ils n'auroient pas à leur suite.

21   18. Les voitures et charriots seront marqués du nom du régiment (1) et de celui à qui ils appartiendront, ou de l'usage auquel ils seront destinés.

22   19. Les colonels tiendront la main, dans leur régiment, à ce que les officiers, les vivandiers, etc., se conforment à ce qui est marqué ci-dessus, et ils en répondront personnellement.

TITRE II (2).

Des revues d'entrée de campagne.

23   Art. 1er. Avant que les bataillons ou régimens entrent en campagne, les officiers généraux chargés de leur revue, examineront avec soin s'ils sont en état de tout point.

24   2. Ils se feront rendre un compte général et exact des fournitures qui auront été faites, et en examineront la qualité.

25   3. Si ces fournitures se trouvent d'une mauvaise espèce, et qu'elles aient été faites par l'état, ils en

---

(1) Les régimens portoient alors le nom d'une province.

(2) Ce *titre* est presque pareil au *titre second* du réglement de juillet 1778, et avoit reçu une forme plus abrégée dans le réglement du 12 août 1788.

rendront compte au Ministre de la guerre, pour qu'il puisse y être remédié à l'avenir. Si elles l'ont été par les soins des régimens, et que ce soit la faute de leur conseil d'administration, ils en rendront pareillement compte, afin que ces derniers en soient rendus responsables, ainsi qu'il plaira à Sa Majesté de l'ordonner.

26   4. Ils vérifieront si les bataillons de campagne sont composés d'hommes en état de supporter les fatigues de la guerre. Ils marqueront dans les volontaires nationaux (1) les hommes malingres ou trop jeunes (2).

27   5. Ces (3) volontaires seront formés par détachemens aux ordres d'officiers ou sous-officiers, suivant leur nombre, et laissés pour la garde des places et communications, jusqu'à ce qu'ils aient acquis assez de forces pour joindre leur corps.

28   6. Cette précaution, importante à la conservation des soldats, sera renouvellée à toutes les revues d'entrée de campagne.

29   7. Les officiers généraux chargés des revues, feront aussi l'inspection des équipages des officiers et des voitures de vivandiers, pour examiner si tout est dans l'ordre prescrit au titre précédent, et ils feront rectifier ce qui n'y seroit pas conforme.

---

(1) Il s'étoit formé depuis la fin de 1791 plusieurs bataillons de volontaires nationaux.

(2) *Et les chevaux trop foibles ou trop jeunes pour soutenir les fatigues de la campagne.* (Ordonnance du 12 août 1788, concernant la cavalerie, titre II, art. 3.)

(3) Les articles 5, 6 et 7 de ce titre avoient été supprimés par le réglement de 1809.

TITRE III (1).

De la formation des brigades (2).

30   Art. 1er. Les régimens destinés à servir en campagne, seront mis en brigade à leur arrivée au camp (3).

31   2. Toutes les brigades seront composées, autant qu'il se pourra, de quatre bataillons.

32   3. Les plus anciens régimens seront chefs de brigade, et les autres seront distribués ensuite dans les brigades suivant leur rang. Cet arrangement sera soumis toutefois à ce qu'il plaira au général d'ordonner.

33   4. Les régimens prendront dans les brigades, pour se mettre en bataille, pour marcher ou pour camper, l'ordre qui est prescrit dans le nouveau *Règlement de manœuvres* (4).

34   5. Chaque brigade sera commandée par le plus ancien colonel des régimens qui la composent (5).

(1) Ce *titre* est emprunté, sauf quelques différences légères, du *titre cinquième* du réglement de 1778. (Voy. *titre V* du réglement de 1788. Voy. réglement de 1753, art. 124.)

(2) Les principes de ce *titre* sont empruntés du réglement de 1753, art. 124, époque où l'on n'étoit point encore dans l'usage de distribuer l'armée en *divisions*. Pour être complet dans le réglement de 1792, époque où le système des *divisions* avoit été essayé déjà, ce *titre* eût dû poser des principes sur la formation des *divisions*.

(3) Le réglement de 1809 ne composoit tout ce titre que des trois articles qui suivent celui-ci.

Art. 2. *Les régimens prendront dans les brigades, pour se mettre en bataille, pour marcher ou pour camper, l'ordre qui est prescrit dans le* réglement de manœuvres. *Les tambours seront placés à leur bataillon.*

Art. 3. *Chaque brigade sera commandée par un général de brigade.*

Art. 4. *Le plus ancien colonel de la brigade commandera la brigade, en l'absence du général de brigade.*

(4) La citation de ce *règlement de manœuvres* est fort remarquable. Il est question ici du *règlement du premier août 1791*, titre 1er, tandis qu'un peu plus loin c'est celui du 1776, qui est cité comme encore en vigueur. (Voy. la note du n° 58, et celle du n° 622.)

(5) Erreur. Elle est commandée par un maréchal de camp, ainsi que déjà l'avoit prescrit le règlement de 1788, tit. 5, art. 3.

35   6. Le plus ancien lieutenant-colonel des régimens qui composent la brigade, sera lieutenant-
colonel de la brigade.

36   7. Lorsque les brigades seront formées, les
compagnies de grenadiers de chaque brigade se
réuniront en bataillon, (1) qui sera commandé par
un officier supérieur choisi par le général.

37   8. Ces bataillon sseront destinés à servir hors de
ligne, quand ils ne seront pas détachés. Les compagnies de grenadiers camperont à leur place ordinaire.

TITRE IV (2).

Du campement (3).

38   Art. 1er. Lorsque le commandant d'une brigade,
d'un régiment ou d'un bataillon, aura reçu l'ordre de
se rendre au camp, il fera partir à l'avance un lieutenant colonel (4) ou un capitaine, avec le nombre

---

(1) La constitution de ce temps distribuoit les *bataillons* en
huit pelotons ; les *grenadiers* étoient en sus, et formoient à-la-fois
peloton et *division*. Cette distribution avoit eu principalement
pour objet de faciliter *l'embataillonnement* des hommes d'élite.
La constitution de 1815 distribue les *bataillons* en huit *pelotons*,
y compris les deux compagnies d'élite ; ces dernières sont compagnies d'encadrement. Chaque compagnie de *grenadiers* ne
cumulant plus comme autrefois le double titre et de *peloton* et
de *division*, et devant s'endivisionner avec des fusiliers, ces
compagnies semblent inséparables de leur *bataillon*, et il ne
paroît pas qu'on puisse regarder comme devant être maintenue, la
règle qui vouloit que les *grenadiers* de chaque brigade fussent
réunis en *bataillon* ; peut-être est-ce un grave inconvénient.
(Voy. la note du n° 81.)

(2) Ce *titre* est emprunté du *tit. septième* du régl. de 1778,
et du *tit. VI* du réglement de 1788 ; l'un et l'autre entroient seulement dans quelques explications de plus. (Voyez le réglement
de 1753, art. 1.)

(3) *Voy. l'Instruction de brumaire an 12.*

(4) Depuis la suppression des *aides-majors*, c'étoient les *majors en second* et les *capitaines en second* qui étoient chargés du
campement. Le présent réglement n'en a chargé un *lieutenant-
colonel* et un *capitaine*, que parce que, en 1792, il n'existoit
plus de *major*. (V. la note 2 de la p. 5.) Puisque ce dernier grade est
recréé aujourd'hui, et puisque les *adjudans-majors* remplissent
les anciennes fonctions des *aides-majors*, il conviendroit de faire

L **

de sous-officiers et soldats nécessaire au tracé et à l'alignement du camp. Les campemens seront munis de fanions (1), cordeaux et fiches (2) nécessaires à leur opération.

39　　2. Dans (3) la saison où la terre sera couverte, il sera commandé quatre valets d'officiers (4) par bataillon, avec des faulx, pour marcher à la suite des campemens, afin de faucher le terrain du camp aussitôt qu'il sera marqué.

40　　Le quartier-maître du régiment aura soin de les faire marcher en règle, et de consigner aux sentinelles qui seront placées autour du terrain du camp, de n'en laisser sortir aucun.

41　　3. Il marchera toujours avec les campemens de l'armée un détachement de la gendarmerie.

42　　4. S'il se trouve des convalescens (5) dans les régimens (6), ils marcheront à la queue des campe-

---

revivre l'ancienne disposition, et d'envoyer au campement un *major* accompagné d'un *adjudant-major.*. (Voy. réglem. du 22 mai 1816, pour la cavalerie, art. 76, aliéna 5). C'éoit *un chef de bataillon* que le réglem. de 1809 chargeoit de cette fonction.

(1) Cette disposition supposoit un *fanion* par compagnie ; nous avons effectivement vu cet usage pratiqué en quelques corps. Il seroit, pour le moins, indispensable qu'il y en eut trois par bataillon. Telle étoit la règle prescrite par l'art. 3 du titre VII du réglement de 1778, et par l'art. 3 du titre VI du réglement de 1788. Mais aujourd'hui il n'y en a plus qu'un par bataillon. (Voy. ordonn. du 3 août 1815, art. 40.)

(2) On ne se rappelle pas que la disposition qui prescrit ces *cordeaux* et ces *fiches* ait été obéie. Ils étoient, à la vérité, prescrits primitivement par le réglement de 1753, art. 7, 8, etc., et cependant on ne fit usage, pour tracer les camps qui furent formés pendant les campagnes de 1756, que du pas des fourriers. (Voyez le titre VII du réglement de 1778, et le réglement sur le campement de brumaire au 12, reproduit au rég. de 1809.)

(3) Le réglement de 1809 supprimoit les n°s 40 et 41.

(4) Les officiers étoient alors autorisés à avoir des *domestiques* en nombre proportionné à chaque grade. Les capitaines en avoient un ; les lieutenans et sous-lieutenans en avoient un par deux officiers. Les rations de vivres étoient accordées aux officiers en proportion de ce droit.

(5) On n'a jamais fait marcher les *convalescens* à la suite du campement; ce seroit impraticable, même en temps de paix.

(6) Et des chevaux *éclopés, dans les régimens de cavalerie.*

mens, à moins d'un ordre contraire, et seront conduits par des officiers et sous-officiers proportionnés
à leur nombre, qui seront responsables de ceux qui
pourroient s'écarter dans les marches.

43   5. Aucune voiture, ni chevaux de bât, ni valets
autres qu'un par un officier de campement, ne
pourront marcher avec les campemens ; le détachement de la gendarmerie arrêtera tous ceux qui s'y
trouveront, et les renverra au quartier-général (1).

TITRE V (2).

De l'établissement dans le camp.

44   Art. 1er. Aussitôt que le camp sera marqué dans la
saison où la terre est couverte, les faucheurs travaille-
ront à faucher le camp ; il commenceront par faucher

---

(1) Cavalerie, ordonn. du 12 août 1788, titre IV.

*Art. 2. Du jour que le régiment sera arrivé dans son can-
tonnement, chaque cavalier aura toujours, jusqu'à ce qu'il
rentre en quartier d'hiver, son porte-manteau attaché sur la
selle, et la bride de son cheval passée à la fonte du pistolet ;
son sabre, son mousqueton et ses bottes ensemble, afin qu'au
premier signal, ou en cas d'alarme, il puisse monter à cheval
le plus promptement possible, armé et équipé de tous points,
et se rendre de même au lieu d'assemblée indiqué pour la compagnie.*

Art. 4. *Les commandans des régimens feront sonner quelquefois à cheval, tant de jour que de nuit, sans les avoir prévenus,
et feront punir sévèrement ceux qui seroient négligens à exécuter ce qui est prescrit ci-dessus.*

Art. 5. *Tout régiment qui sera cantonné dans un même quartier, devra être à cheval, prêt à partir et à combattre en huit
minutes, et les équipages seront paquetés pour pouvoir être
chargés eu dix minutes.*

Art. 6. *Toutes les fois que l'on sonnera le boute-selle, ou
dans le cas d'alarme, la garde de police se rendra au lieu où
sera déposée la caisse, et ne la quittera pas qu'elle ne l'ait remise à l'escorte des équipages et qu'elle ne soit en sûreté.*

(2) Ce *titre* est emprunté du *titre neuvième* du régl. de 1778,
recopié au réglement de 1788 comme *titre VIII*. Le *titre V* ne
diffère de ceux des autres réglemens que parce que ceux-ci con-
tiennent un petit nombre d'articles de plus. (Voyez le réglement
de 1753, art. 49.)

le front de bandière, depuis les faisceaux jusqu'à l'a-
lignement des tentes des soldats. On leur fera observer de faucher également le terrain, de manière
que le grain qui restera sur pied en avant des
faisceaux, soit aussi aligné que le front de bandière (1).

45   2. Les officiers de campement auront soin d'empêcher de gâter les grains et fourrages en marquant
le camp; et lorsque les troupes y entreront, ils consigneront aux sentinelles d'y avoir attention.

46   3. Lorsque le terrain du front de bandière sera
fauché, les faucheurs couperont celui du camp des
soldats, y compris les rues, intervalles et cuisines.

47   4. Le fourrage qui se trouvera entre les faisceaux
et les tentes, sera pour les chevaux des tentes des
compagnies, de l'artillerie et des charriots d'effets de
remplacement. Celui du terrain des tentes et rues, s'il
est mûr, servira de paille aux soldats, lorsqu'on ne
leur en fera pas délivrer d'autre; sans cela, il sera
ramassé pour servir le jour suivant à la subsistance
des chevaux du régiment. Le fourrage du terrain des
tentes des officiers, sera pour les chevaux des
officiers; et celui des tentes des compagnies, de l'artillerie et des effets de remplacement, depuis les
cuisines jusqu'aux tentes des officiers, pour les vivandiers.

48   5. Les valets des officiers et les vivandiers
faucheront diligemment, dès qu'ils seront arrivés,
les terrains qui leur sont destinés.

49   6. Les officiers supérieurs des régimens tiendront
la main à ce que tout le fourrage fauché soit ramassé
et conservé avec le plus grand soin, et qu'il n'en
soit fait que la consommation nécessaire.

50   7. Lorsque l'infanterie approchera du terrain de
son camp, les tambours battront, les soldats porte-

---

(1) Dispositions impraticables. On n'a jamais vu les *soldats
armés de faux*, suivre les campemens. Cette mesure avoit été
prescrite pour des camps de paix, et faute de réflexion, les ré-
dacteurs du réglement de 1792 l'y recopièrent.

ront leurs armes et s'aligneront dans leurs rangs ; les officiers mettront pied à terre et se placeront à leur division (1), l'épée à la main ; les régimens continueront de marcher sur le même front qu'ils auront fait pendant la marche (2).

51   8. Les bataillons étant arrivés à la tête du nouveau camp, s'y mettront en bataille successivement ; les piquets (3) se porteront en avant du centre de leurs régimens, et s'y placeront comme il sera dit ci-après, au *Titre X du Piquet* (4).

52   9. Les défenses ordonnées seront publiées par un ban (5), une fois pour toutes, le premier jour de la campagne.

53   10. Le major (6) enverra un sous-officier de chaque compagnie pour planter les faisceaux dans la place marquée, où on aura attention qu'ils soient bien alignés.

----

(1) C'est-à-dire à leur *compagnie ou subdivisions.*

(2) Cavalerie, ord. du 12 août 1788, titre VIII.

Art. 7. *Lorsque la cavalerie approchera du terrain de son camp, les trompettes sonneront et les cavaliers s'aligneront plus exactement.*

Art. 9. *Les piquets se porteront en avant du centre du régiment, et se placeront comme il sera dit ci-après au titre IX du piquet.*

Art. 10. *Les sous-officiers et cavaliers de garde iront tout de suite mettre leurs chevaux au piquet, et exécuteront ensuite ce qui est prescrit au titre IX.*

Art. 11. *Le commandant fera partir les cavaliers commandés pour être d'ordonnance.*

(3) Les *piquets* sont la réunion des hommes destinés à entrer de service vingt-quatre heures après avoir pris le *piquet.*

(4) Il est à remarquer que le réglement de 1792 a copié si minutieusement celui de 1778, qu'il indique à faux le titre X comme donnant des détails sur le piquet ; c'est effectivement l'ordre numérique de ce titre dans le réglement de 1778, tandis que dans le réglement de 1792, les détails du piquet sont foudus dans le sixième titre. (Voy. n° 154.)

(5) Le réglement de 1809 transformoit ainsi cet article : *Les défenses ordonnées seront publiées par un ban.*

(6) La transcription du mot *major* est ici une faute grave, puisqu'il est prouvé, par le tarif de fourrages, n°. 14, du présent réglement, qu'il n'existoit plus de *major* à cette époque. Voyez la note 2 de la page 5. (Voy. n° 66.)

54   11. Il fera partir le sergent et le caporal qui de-vront être d'ordonnance chez le lieutenant de bri-gade (1) ou chez celui de la division (2).

55   12. Il enverra pareillement le vaguemetre du ré-giment au vaguemestre général de l'armée, pour s'y faire inscrire (3) par lui sur l'état qu'il doit en tenir, ainsi qu'il sera expliqué ci-après.

56   13. Il fera partir les détachemens commandés et les gardes des officiers généraux.

57   14. Pendant que tout cela s'exécutera, les com-mandans des compagnies empêcheront que personne ne quitte son rang.

58   15. Lorsque le commandant de la brigade ou du régiment aura reçu l'ordre de faire rentrer les troupes dans le camp, il fera exécuter ce mouvement de la manière prescrite dans l'*Ordonnance des Ma-nœuvres* (4). Les compagnies ne se sépareront que quand le dernier rang sera arrivé aux faisceaux, et les soldats y mettront leurs fusils.

59   16. Les officiers généraux observeront d'apporter le moins de retard qu'il sera possible à l'établisse-

---

(1) Il y a ici une faute typographique qui change tout le sens ; il faut lire : *le lieutenant colonel de brigade*, et non pas *le lieutenant de brigade*. Il y avoit dans le réglement de 1773, titre IX, art. 10, les mots : *chez le major de brigade ou chez celui de la division*. Même rédaction dans le titre VIII, art. 10 du réglement de 1788. Ici on avoit eu l'attention de faire dispa-roître le mot *major* et de le transformer ainsi', tandis que l'arti-cle précédent (n° 53) l'avoit fautivement conservé. Il eût été con-venable que le présent réglement eût déterminé précisément quelles devoient être les attributions et les fonctions de ce *lieu-tenant-colonel*, dont il n'a été jusqu'ici fait aucune mention.

(2) Ce qui est dit ici de ces ordonnances doit être censé concerner les ordonnances envoyées chez le *maréchal de camp commandant la brigade*, ou chez le *lieutenant général com-mandant la division*.

(3) Le réglement de 1809 transformoit ainsi cet article : *Pour s'y faire inscrire et prendre ses ordres*.

(4) *L'ordonnance de manœuvres* de 1791 garde sur cette ma-tière le silence. L'erreur vient de ce que cette phrase a été recopiée des règlemens de 1778 et de 1788, époque où l'on manœuvroit en conformité du réglement du 1er juin 1776. (Voy. note du n° 33.)

ment des troupes dans le camp, sur-tout après des marches longues et pénibles (1).

60   17. Les porte-drapeaux planteront leurs drapeaux (2) vis-à-vis le centre de leur bataillon, à une égale distance du front de bandière aux faisceaux.

61   18. Ils ne quitteront point leurs drapeaux qu'il n'y ait été posé une sentinelle, ce qui sera exécuté sur-le-champ par un caporal de piquet (3).

62   19. Ce caporal posera pareillement deux autres sentinelles du piquet à la droite et à la gauche du front du bataillon, et trois sur le derrière du camp.

63   20. Outre la consigne particulière qui sera donnée à la sentinelle du centre, de ne laisser toucher

----

(1) Cavalerie, 12 août 1788, tit. 8;

Art. 15. *Dès que les cavaliers auront mis pied à terre, les commandans des compagnies feront planter diligemment les piquets des chevaux; le chef de chambrée placera les cordes, et les chevaux y seront attachés tout de suite, sans être débridés.*

Art. 18. *Les tentes étant tendues, les cavaliers se mettront en veste et en bonnet, se débotteront, desselleront leurs chevaux et arrangeront leurs harnois et leurs armes dans les tentes.*

(2) Il y avoit alors un *drapeau* par chaque bataillon. Celui du premier bataillon étoit blanc; celui du second bataillon étoit blasonné d'une couleur tranchante, et variant de régiment à régiment. Il n'y en a maintenant qu'un par légion, en vertu de l'ordonnance du 3 août 1815, art. 40. Dans les autres bataillons il existe un *fanion*; peut-être ce *fanion* doit-il être fiché sur l'alignement du *drapeau*. On reste dans l'incertitude sur la question de savoir devant quel bataillon doit être planté le *drapeau blanc*; nous supposons qu'il doit appartenir au second bataillon, si la légion est de trois bataillons; cependant, il vient d'être envoyé par le Ministre des *drapeaux cramoisi et blanc* à ceux des seconds bataillons qui ont été destinés à rendre les honneurs à la duchesse de Berry, depuis la frontière jusqu'à la capitale. Doit-on en conclure que ce seroit le premier bataillon de chaque légion qui sembleroit devoir être le *bataillon garde-drapeau*. Nul principe fixe à cet égard n'existe; mais s'il n'y a qu'un *drapeau*, il semble qu'il doit être devant le centre du régiment, et non devant le centre du bataillon. (Voyez la note du n°. 95.)

(3) C'est-à-dire par un *caporal de garde*; car le *piquet*, sitôt qu'il prend le service, cesse d'être *piquet*. L'erreur vient des causes déduites en la note du n° 84.

personne aux drapeaux sans permission, il lui sera consigné de plus, ainsi qu'à celle du front du bataillon, d'avoir la même attention pour les armes des faisceaux, et d'avertir sitôt qu'elles appercevront le général de l'armée (1).

64   21. Les colonels et tous les officiers de l'état major des régimens, resteront à cheval (2) jusqu'à ce que le camp soit tendu, les sentinelles placées, et les soldats partis pour les distributions.

65   22. Les officiers et les sous-officiers ne pourront pareillement quitter leurs compagnies et ils feront tendre et aligner les tentes.

66   23. A cet effet, dès que les chevaux (3) des compagnies seront arrivés, chaque escouade déploiera promptement ses tentes (4) pour qu'au signal que le major (5) du régiment fera donner par un tambour qui se tiendra au centre de chaque bataillon, toutes les tentes s'élèvent à la fois.

---

(1) Le réglement de 1809 avoit ajouté à l'art. 20 trois alinéa relatifs aux pièces d'artillerie alors attachées aux régimens.

(2) Cet article exigeoit trop ; aussi n'a-t-il jamais été obéi. C'est aux *officiers supérieurs de semaine* et aux *officiers-majors* des corps à remplir ces devoirs.

(3) L'ordonnance du 2 février 1792 accordoit des *chevaux de peloton* à chaque compagnie. Il en est question dans le présent réglement, promulgué au mois d'avril suivant. Ces *chevaux* furent supprimés en 1793, et un caisson fut accordé à chaque compagnie. Le réglement du 14 frimaire an 12 décida que les effets de campement seroient transportés sur les caissons des équipages militaires. Enfin, le décret du 13 mars 1813 rendit des *chevaux de peloton*, mais aux bataillons et non pas aux compagnies. On ignore lequel de tous ces moyens seroit mis en usage, si l'armée rentroit en campagne. (Voyez la note 2 de la page 2.)

(4) Le réglement de 1809 ne fesoit plus mention de tentes en cet article, parce que, suivant le système de cette époque, les baraques devoient être substituées aux tentes. Ce réglement s'exprimoit ainsi :

Au signal que le chef de bataillon fera donner par un tambour qui se tiendra au centre de chaque régiment, chaque escouade s'occupera sur le champ de la construction de sa baraque ; les officiers et sous-officiers surveilleront la construction et l'alignement, d'après les ordres et les modèles prescrits.

(5) Voyez la note du n° 53.

67   24. Lorsque les troupes seront rentrées dans le camp, on assemblera plusieurs hommes par escouade, suivant leur force, en veste et en bonnet, lesquels seront conduits en bon ordre au bois, à l'eau et à la paille (1), par des officiers et un nombre de fusiliers armés. Cette escorte sera chargée de les contenir, et les ramenera en faisant leur arrière-garde.

68   25. Des que les tentes seront tendues, les officiers et sous-officiers feront balayer les rues et la tête du camp.

69   26. Ils empêcheront de faire du feu ailleurs qu'aux places marquées pour les cuisines.

70   27. Les colonels iront ensuite reconnoître les communications nécessaires à la droite et à la gauche du front du camp, ainsi que celles pour communiquer avec la deuxième ligne, s'ils sont campés en première ; et avec la première, s'ils sont campés en deuxième ligne.

71   28. Ils les ordonneront aux officiers supérieurs, qui commanderont sur-le-champ des hommes en nombre suffisant pour les faire, et y feront travailler aussitôt, sans égard au temps et à la fatigue. Ces communications seront faites, le premier jour, larges de cinq toises, et seront portées à trente dans les camps où l'on séjournera.

72   29. Le travail des communications à faire, soit entre les deux lignes, soit en avant du front de bandière, sera fait : celui entre les deux lignes par les brigades de seconde ligne ; et celui en avant du front de bandière, par les brigades de première. Si de plus grands travaux élevoient à cet égard quelques difficultés, elles seront réglées par le chef de l'état-major.

73   Lorsque le travail des communications sera trop dificile pour être fait avec des outils du régi-

---

(1) Cette disposition étoit prescrite dans la supposition que les marches de l'armée seroient, comme autrefois, calculées sur la situation et l'emplacement des magasins. Nous n'avons jamais vu mettre en pratique ces précautions, depuis vingt-cinq ans.

ment, le lieutenant-colonel de brigade enverra un officier au parc d'artillerie (1) le plus prochain, pour en demander de plus forts ; et il en sera donné sur le reçu de l'officier qui viendra les prendre. Cet officier retirera son reçu en les rapportant, sans quoi, en cas de réclamation, ils seront payés par le régiment.

74　　30. A l'égard des communications à faire sur les flancs et le long du front du camp, le terrain dont chaque régiment sera chargé, contiendra depuis la première tente, jusqu'à la première du régiment qui sera campé à sa gauche, l'intervalle de l'un à l'autre étant censé faire partie du terrain qui aura été distribué au premier pour camper.

75　　31. Après que les colonels auront donné les ordres pour les communications, ils visiteront le pays cinq ou six cents pas en avant du camp, s'ils sont campés en première ligne, ou en arrière, s'ils sont de seconde ligne, pour pouvoir placer les gardes nécessaires (2), et prendront les précautions convenables pour la sureté du camp ; après quoi ils feront rentrer le piquet. Ces officiers supérieurs ne pourront jamais mettre pied à terre ni quitter le camp, qu'après avoir exécuté ce qui est prescrit ci-dessus dans les articles qui les concernent (3).

---

(1) Le réglement de 1809 indiquoit ici le *parc du génie*. C'est effectivement à ce parc que doivent se trouver ces outils, puisqu'il existe maintenant sous le nom de *sapeurs*, des troupes du génie.

(2) Cet article est visiblement emprunté d'un réglement destiné à l'assiette des camps de paix. En guerre, le premier soin est de se garder ; celui de loger la troupe et d'envoyer les soldats aux distributions ne peut venir qu'après.

(3) Ce réglement avoit supprimé l'art. relatif aux *chapelles* des régimens, encore bien qu'il eût mentionné les *aumôniers* (Voyez n°. 14.) L'article relatif aux *chapelles* étoit le trente-deuxième, dans le même titre du réglement de 1778. Il étoit ainsi conçu :

Les chapelles seront construites vis-à-vis le centre du régiment, près de la garde du camp, soit en première ligne ou en seconde ligne.

Ce même article étoit le vingt-neuvième du titre VIII du réglement de 1788.

76   32. Dans les régimens où il y aura des bouchers, les quartiers-maîtres leur indiqueront le terrain où ils devront se placer pour qu'ils ne causent point d'infection dans le camp, et les obligeront d'enterrer les entrailles des bestiaux qu'ils tueront.

77   33. On commandera pour toutes les corvées ordonnées ci-dessus, le nombre d'hommes nécessaires ; et lorsqu'il y aura des soldats à punir pour des fautes ordinaires, on les emploiera à ces travaux.

78   34. Il sera commandé des sous-officiers avec les travailleurs, pour les conduire et faire exécuter ce qui leur aura été prescrit ; et lorsque le nombre en sera considérable, on y commandera des officiers ; ceux du piquet et de l'état-major seront particulièrement chargés de veiller au travail des communications et à la propreté du camp.

79   35. Le moment de l'arrivée des troupes dans le camp étant le plus important pour le bon ordre, les officiers généraux attachés aux divisions y resteront jusqu'à ce qu'elles soient établies.

80   36. Les colonels de brigade (1) enverront au chef de l'état-major de l'armée, d'abord en arrivant au camp, ensuite tous les premiers de chaque mois, un état exact de la force de leur brigade, tant en officiers qu'en soldats, en distinguant les régimens ou bataillons composant sa brigade ; il joindra à cet état celui des munitions de guerre, pour que l'on ordonne le remplacement de celles qui auroient été consommées (2).

---

(1) Il faut interpréter le mot de *colonel de brigade*, par celui de *maréchal de camp commandant la brigade*. Il n'y a point d'emploi connu sous le nom de *colonel de brigade*, et il n'y en a jamais eu. Voy. la note du n° 34.

(2) Le réglement de 1809 terminoit ainsi cet article : *Il sera en outre envoyé tous les cinq jours un état sommaire des présens sous les armes. En l'absence du général de brigade, les colonels rempliront le même objet, chacun pour leur régiment.*

TITRE VI (1).

De la garde de police, garde du camp et piquet.

8ɪ   Art. 1ᵉʳ. Indépendamment des gardes et détache-mens à fournir pour le service de l'armée, il sera commandé journellement dans chaque régiment une garde de police composée de deux sergens, de quatre caporaux, quarante-huit fusiliers (2), à raison de trois par compagnie, et deux tambours, et commandée par un capitaine et un lieutenant ou sous-lieutenant.

82   Il sera tiré de cette garde un sergent, deux caporaux, seize fusiliers, à raison d'un par compagnie, et un tambour, pour la garde du camp, dont il sera parlé ci-après (3).

---

(1) Ce *titre* est emprunté, avec quelques modifications, du *titre X* du règlement de 1778, mais d'une manière abrégée. Voyez Régl. de 1753, art. 82 et 98.

(2) Ce nombre de *fusiliers* étoit réglé à raison de deux bataillons par régiment, et à raison de huit compagnies de fusiliers par bataillon ; car les grenadiers ne concouroient point à ce service. Ce nombre de soldats de garde devroit être ordonné maintenant sur de nouvelles bases. Mais auparavant, il conviendroit de régler si les compagnies d'élite doivent, ou non, participer à ce service. Il est juste qu'elles y participent, puisque, en opposition aux usages anciens, elles s'endivisionnent maintenant avec des compagnies de fusiliers, et qu'elles ne sont plus, par conséquent, censées destinées à un service spécial. Il conviendroit que l'Instruction sur le campement et le titre 6 du Réglement de campagne, fussent d'accord sur le nombre de *factionnaires* par lesquels l'enceinte d'un régiment doit être gardée. Ce nombre devroit être déterminé à raison de l'étendue du front, et réglé par bataillon, non par régiment. Un régiment doit être gardé, pendant le jour, par *dix factionnaires ; savoir : devant le front, trois ; derrière le régiment, trois ; sur les flancs, deux ; devant la tente du colonel, un ; devant les armes, un. Il en faut un, ou trois d'augmention, pendant la nuit,* selon que le régiment est de deux ou de trois bataillons. Cela fait donc treize environ ; ce qui, à six heures de faction, suppose 50 à 52 hommes de garde environ. Il faut de plus la *garde du camp,* qui est de seize hommes. Voyez le n° 90 ci-après. (Voy. la note du n° 36.)

(3) Cavalerie, ordonnance du 12 avril 1788, tit. 9.

Art. 1. *Il y aura journellement dans chaque compagnie de troupes à cheval, deux escouades de service, lesquelles seront,*

83   2. Le service de la garde de police, ainsi que de la garde du camp, commencera tous les jours à l'heure de la garde, et finira le lendemain à la même heure.

  Les sous-officiers et soldats de la garde de po-

84 lice (1) ne pourront, sous aucun prétexte, s'écar-

---

pendant les 24 heures, armées et équipées de tout point, et destinées à la fois à garder tant le front que l'intérieur et l'enceinte du camp, et à fournir les gardes extérieures ou détachemens qui pourroient être commandés.

Art. 2. Les escouades, composées chacune de six hommes, dont un brigadier ou un appointé, formant en totalité, dans un régiment de trois escadrons, 72 hommes, dont 6 brigadiers et 6 appointés, indépendamment de 2 maréchaux-des-logis et de 2 trompettes.

Art. 3. Ces cavaliers seront répartis ainsi qu'il suit :

1°. A une garde d'étendards par régiment, qui servira en même temps à la police du camp.

Cette garde sera composée d'un maréchal-des-logis, de quatre escouades et un trompette.

2°. En un piquet premier à marcher, lequel restera composé de huit escouades, un maréchal-des-logis et un trompette, formation correspondante à celle du demi-détachement, qui sera commandé par un capitaine.

Art. 26. La garde de police et d'étendards, commandée par un maréchal-des logis sous les ordres des officiers de police, fera le service à pied; les cavaliers et les brigadiers seront en bottes, armés de leur mousqueton et de leur sabre.

Art. 30. Le maréchal-des-logis de la garde de police, enverra successivement quatre cavaliers manger la soupe et panser leurs chevaux.

Art. 34. Les jours de marche, lorsqu'on sonnera le boute-selle, le maréchal-des-logis commandant la garde de police, enverra successivement la moitié des cavaliers pour aller seller, charger et arranger leurs chevaux; et lorsqu'on sonnera à cheval, et que les porte-étendards auront pris leur étendard, la garde du camp ira diligemment monter à cheval, et chaque cavalier rentrera dans sa compagnie.

Art. 37. S'il y avoit des prisonniers à la garde des étendards, le maréchal-des-logis enverroit d'avance le brigadier, avec la moitié de la garde, monter à cheval, et lorsqu'il seroit revenu au poste de la garde police, le maréchal-des-logis iroit lui-même monter à cheval avec l'autre moitié, et rejoindroit promptement sa garde, pour se porter ensuite où le capitaine de police lui indiqueroit.

(1) La *garde de police* est une institution qui ne date que de 1788; les règlemens antérieurs n'en connoissoient point : les

ter de leur poste sans la permission de l'officier; il leur sera permis d'aller manger la soupe à leur compagnie.

85   3. Le capitaine de police (1) sera aux ordres de l'officier supérieur de jour (2) de la brigade, et sera responsable envers ledit officier supérieur et le commandant du régiment, du bon ordre et de la police du camp du régiment pendant les vingt-quatre heures de son service.

86   4. Le capitaine de police veillera également à l'observation des règles générales de police et service intérieur, détaillées ci-après; il fera faire, par le tambour de sa garde, toutes les batteries et signaux qui y seront indiqués, recevra les appels de toutes

---

fonctions qu'elle accomplit étoient remplies, en toutes localités, par le *piquet*. Il parut, à cette époque, un règlement de police et de discipline intérieure, destiné au maintien de l'ordre dans les casernes; on crut devoir, par analogie, étendre quelques-unes des dispositions de ce règlement au service de campagne, et l'on institua *une garde de police* dans les camps; mais on conserva, par routine, à la *garde du camp*, quelques-unes des attributions qui eussent dû être essentiellement celles de la *garde de police*; telles que l'incarcération et la surveillance des prisonniers, etc. Le service de ces deux gardes est resté confus et mal précisé. Le Règlement de 1778, titre 11, art. 6, et celui de 1788, tit. 9, art. 38, décident que la *garde du camp* est instituée *plutôt pour la police que pour la sûreté de l'armée*: ce qui prouve qu'elle eût dû être fondue dans l'espèce de garde nouvelle désignée sous le nom de *garde de police*. Si on eût tenu à conserver la *garde du camp*, on eût dû n'en faire qu'un poste intermédiaire et d'observation.

(1) Il est mention ici d'un *capitaine de police* comme de chose existante et connue, quoique le règlement n'en ait point encore fait mention. Il convient de faire connoître qu'on ne trouve le mot d'*officier de police* dans les règlemens, que depuis la suppression des *officiers majors*, et comme indiquant des devoirs représentatifs des fonctions que remplissoient les *aides-majors et les sous-aides-majors*. Aujourd'hui que ces deux derniers grades sont recréés sous la dénomination *d'adjudant-major et d'adjudant*, il ne doit plus être question d'*officiers de police*.

(2) Le principe qui crée un *officier supérieur de jour de brigade*, n'a jamais été mis en pratique; ces fonctions doivent être exercées par l'*officier supérieur de semaine*, de chaque régiment.

les compagnies, dont il dressera un billet d'appel
général; le portera lui-même chez le commandant
du régiment, et en fera porter par le lieutenant de
police, un double chez chacun des lieutenans-colonels (1) du régiment.

87   5. L'emplacement de la garde de police sera
au centre de l'intervalle qui sépare les deux bataillons
de chaque régiment, et sur l'alignement des cuisines (2).

88   Il ne sera point affecté de tente, faisceau ni
manteau d'armes à cette garde; elle passera la nuit
au bivouac, et ses armes seront posées contre une
traverse supportée par deux fourches plantées exprès
pour cet usage.

89   La garde de police ne rendra jamais d'honneurs (3) à personne, mais elle prendra les armes
pour être inspectée, toutes les fois que le commandant
du régiment ou l'officier supérieur de jour de la
brigade le demanderont, et se formera sur trois rangs,
dans l'intervalle des deux bataillons, sur l'alignement
du front de bandière; le capitaine se placera à la tête,
le lieutenant en serre-file, le sergent à la droite, et
le premier caporal à la gauche du premier rang.

90   6. La garde de police fournira dix sentinelles de
jour, et onze de nuit; savoir:

91   Trois devant le front, dont une à la droite du
régiment, une à la gauche, et une au centre; trois
placées de même, pendant le jour, sur le derrière
du régiment, à environ cinquante pas en arrière des
tentes des officiers supérieurs (4);

---

(1) Il n'y a maintenant qu'un *lieutenant-colonel* par régiment. Ord. du 3 août 1815, art. 6. (Voy. la note 2 de la page 5.)

(2) Est-il convenable que ce soit à cet endroit que se pose
la *garde de police?* Ne devroit-elle pas être en avant des faisceaux?

(3) Pourquoi la *garde de police* ne rendroit-elle pas d'honneurs au moins à son colonel, comme lui en rend la garde de
police des casernes; n'est-ce pas le moyen de la tenir en éveil et
en ordre?

(4) La planche de l'Instruction de brumaire an 12, sur le campement, représente les *factionnaires* dans une position différente. Voy. la note du n° 81 et celle du n° 94.

92   Une sur chaque flanc du régiment, dans l'intervalle qui le sépare du régiment voisin;

93   Une à la tente du commandant du régiment;

94   Une devant les armes (1).

95   7. Les sentinelles du front empêcheront qu'aucun soldat ne prenne des armes aux faisceaux, qu'en présence d'un officier ou sous-officier de sa compagnie; celle du centre empêchera que personne ne touche, sans permission, aux drapeaux (2), qui seront toujours placés au centre de l'intervalle (3) qui sépare les deux bataillons, à une égale distance du front de bandière aux faisceaux.

96   Les sentinelles de la queue du camp, ainsi que celles placées sur les flancs, ne laisseront sortir du camp du régiment, pendant le jour, aucun soldat ni tambour, s'il n'est conduit par un officier ou sous-officier.

97   8. A la retraite, la garde de police prendra les armes, se placera et se formera comme il a été prescrit à l'article 5 ci-dessus; le capitaine en fera faire l'appel, fera l'inspection des armes pour s'assurer qu'elles sont chargées, amorcées et en bon état, et enverra en même temps le lieutenant de police (4) faire l'appel et l'inspection de la garde du camp.

---

(1) La planche de l'Instruction de brumaire an 12, représente, on ne sait pourquoi, un *factionnaire* à la tente du chef de bataillon.

(2) Il y avoit alors un *drapeau* par bataillon; il n'y en a maintenant qu'un par régiment (Ord. du 3 août 1815, art. 40.); cependant quelques seconds bataillons viennent de recevoir un *drapeau cramoisi et blanc*, (Voy. la note du n° 60.) et peut-être en sera-t-il donné un blanc et vert aux troisième bataillons. Il seroit convenable que chacun de ces *drapeaux* fût planté vis-à-vis le centre du bataillon auquel il appartient. Il seroit convenable que le *fanion* de chaque bataillon (même ordonn.) fût à la droite du bataillon qu'il distingue, et fût implanté sur le front de bandière, au milieu de l'intervalle.

(3) Cet art. est en opposition formelle avec l'art. 17 du tit. 5 du présent réglement. Voy. n° 60.

(4) Voyez la note première du n° 85.

98 Le sergent de police (1) repliera les drapeaux, et les couchera à côté l'un de l'autre, sur de petites fourches ou chevalets qu'on plantera exprès pour cet usage, à la place indiquée dans l'article 7 ci-dessus. (Voy. n° 95.)

99 La garde restera sous les armes jusqu'à ce que l'appel du régiment soit fait, et les compagnies rentrées.

100 9. Une heure après la retraite, au plus tard, le capitaine de police fera battre un roulement.

101 Immédiatement après ce roulement, le sergent de police ira chez les vivandiers, fera retirer les sous-officiers et soldats qui pourroient s'y trouver, et s'assurera ensuite que les feux des cuisines des compagnies sont bien éteints.

102 Le caporal ira en même temps avertir les sentinelles de la queue du camp de venir se placer entre les cuisines des compagnies et les tentes des lieutenans ; il posera ensuite la sentinelle d'augmentation, de manière qu'il y en ait pendant la nuit trois sur le front, une sur chaque flanc du régiment, et deux derrière chaque bataillon.

103 10. Les sentinelles du front du camp ne laisseront sortir, pendant la nuit, que les hommes qui voudront aller aux latrines, et remarqueront s'ils rentrent ensuite à leurs compagnies.

104 Les sentinelles placées sur le flanc et sur le derrière du régiment, ne laisseront sortir, pendant la nuit, aucun sous-officier ni soldat, si ce n'est pour affaires relatives au service, et sur l'ordre d'un des officiers de police en personne.

105 11. Toutes les sentinelles du camp arrêteront indistinctement, depuis l'heure de la retraite jusqu'à l'appel du lendemain matin, tout soldat, cavalier, dragon, hussard ou chasseur d'un autre régiment, passant à portée d'elles, et le feront conduire à la

---

(1) C'est-à-dire le *sergent de la garde de police* ; l'autre expression est obscure.

garde; l'officier de police l'y consignera ; et en informera sur-le-champ l'officier supérieur de jour de la brigade, qui en donnera avis le lendemain matin au commandant du régiment dont sera l'homme détenu , afin qu'il l'envoie chercher.

106   12. Les officiers de police feront arrêter les gens suspects qui pourroient s'introduire dans le camp pendant le jour; ils les questionneront, et les enverront ensuite chez l'officier supérieur de jour de la brigade, pour en tirer de nouveaux éclaircissemens, s'ils jugent qu'ils méritent attention ; sinon, ils les feront conduire hors du camp, et les consigneront aux sentinelles.

107   S'il s'introduisoit dans le camp, pendant la nuit, des gens suspects, les sentinelles les arrêteroient et appelleroient la garde; l'officier de police s'assureroit de leurs personnes, et après les avoir questionnés , en enverroit rendre compte à l'officier supérieur de jour de la brigade, lequel prendroit les ordres du commandant de ladite brigade pour les envoyer le lendemain matin au prévôt (1).

108   13. Les officiers de la garde de police de chaque régiment se partageront les vingt-quatre heures de leur service entre eux, de manière qu'il y en ait toujours un que la surveillance la plus active et la plus assidue mette dans le cas de répondre de tout ce qui pourra se passer dans l'enceinte du camp du régiment; ils feront faire, tant de jour que de nuit, les patrouilles qu'ils jugeront nécessaires, visiteront eux-mêmes les sentinelles, tant de la garde du camp

---

(1) Il n'existe point de grade ainsi appelé; il faut ici entendre par ce mot, celui de *commandant de la gendarmerie*, employé à l'armée. Il a été temporairement établi près l'armée d'Allemagne des officiers désignés sous le nom de *grands prévôts* et de *prévôts* (Règl. de 1809. tit. 24); ils étoient choisis parmi les *officiers supérieurs ou généraux de gendarmerie*. Le règlement de 1788 faisoit emploi du mot *prévôté*, dans tous les cas où il est fait maintenant emploi du mot *gendarmerie*. (Voyez règlement de 1788 , tit. 6, art. 9.) C'est par suite de cet usage, et irrégulièrement, que le mot *prévôt* se trouve ici.

que de celle de police, et veilleront à ce qu'elles soient alertes, et qu'elles remplissent exactement leur consigne.

109   Ils tiendront strictement la main à ce que les vivandiers ni autres ne donnent à boire après le dernier roulement.

110   14. A l'heure de la breloque du matin, les officiers de police se trouveront à la tête du camp; le capitaine fera mettre sa garde dans la tenue convenable, et le lieutenant se transportera pour le même objet à la garde du camp.

111   Le caporal enverra les sentinelles de la queue du camp prendre leur poste de jour, et retirera celle d'augmentation.

112   Le sergent de police prendra les drapeaux au chevalet, et les plantera à trois pas de distance l'un de l'autre (1), à la place indiquée dans l'article 7 ci-dessus. (Voy. n° 95.) Dans les beaux jours ils seront déployés.

113   15. Tous les jours, à l'heure de l'assemblée des nouvelles gardes, l'ancienne garde de police prendra les armes et se mettra en bataille à la place qui lui a été indiquée dans l'article 5 ci-dessus (voyez n° 87), observant de laisser sur sa gauche le terrain nécessaire pour y former la nouvelle garde (2).

114   La nouvelle garde de police s'assemblera devant le centre du régiment, l'officier supérieur l'inspectera, et ordonnera ensuite au capitaine de police de

---

(1) Cette disposition est changée par l'Instruction de brumaire an 12, subdivision intitulée : *Forme du camp.* Les *drapeaux* ou *enseignes* y déterminent le point central en avant du front de chaque bataillon. Voy. la note du n° 95 et celle du n° 60.

(2) Cavalerie, règlement du 12 août 1788, tit. 2, art. 2.

Lorsque la nouvelle garde approchera du poste qu'elle devra relever, la vieille garde montera à cheval, et après avoir reconnu la nouvelle, elle la laissera avancer et se placera à sa droite ; les deux gardes auront le sabre à la main, et les deux trompettes sonneront la marche.

2*

la mettre en marche pour aller relever l'ancienne garde. ··

115　　Au moyen de cette disposition, la garde de police n'ira point défiler au centre de la brigade.

116　　Dès que l'ancienne garde de police sera relevée, le capitaine lui fera présenter les armes et elle rentrera dans les compagnies.

117　　16. Les jours de marche, l'ancienne garde de police rentrera dans les compagnies lorsque le régiment s'assemblera.

118　　La nouvelle garde de police s'assemblera avec ses campemens et marchera à leur suite.

119　　A son arrivée au camp, elle se mettra en bataille à environ trente pas, en avant du centre du terrain marqué pour le camp du régiment.

120　　Le capitaine de police fera aussitôt environner de sentinelles ledit terrain, pour empêcher qu'aucun sous-officier, soldat ni valet ne puisse s'écarter.

121　　S'il se trouvoit des puits, des fontaines ou des magasins dans le terrain du camp d'un régiment, ou très-à-portée, le capitaine de police y feroit placer également des sentinelles.

122　　17. La nouvelle garde de police demeurera en bataille à la place qui lui a été indiquée dans l'article précédent (voyez n° 119), jusqu'à ce que le régiment soit arrivé et établi dans son camp.

123　　Le capitaine fera alors poser les sentinelles qui doivent former l'enceinte du camp, conformément à ce qui a été prescrit à l'article 6 du présent titre (voy. n° 91, etc.), et retirer celles qu'il avoit fait poser en arrivant au camp; après quoi, il conduira sa garde à l'emplacement qui lui a été fixé dans l'intervalle des deux bataillons, sur l'alignement des cuisines, et l'y établira.

De la garde du camp (1).

124   18. Il n'y aura qu'une seule garde du camp (2) pour chaque régiment.

125   Celles des régimens de première ligne (3) seront placées à deux cents pas en avant des faisceaux ; et celles de la seconde ligne, à pareille distance en arrière des tentes des officiers supérieurs ; les unes et les autres vis à-vis le centre de l'intervalle qui sépare les deux bataillons (4) de leur régiment.

126   Il ne sera point affecté de tentes, de faisceaux ni manteaux-d'armes à la garde du camp ; elle passera la nuit au bivouac, et ses armes seront posées contre une traverse, supportée par deux fourches, qu'on plantera exprès pour cet usage.

127   Il y aura à ce poste une tente de soldats pour loger les prisonniers.

128   19. La garde du camp sera commandée directement par un sergent (5) qui sera aux ordres des officiers de police, lesquels auront l'inspection sur cette garde ; ils seront également chargés de donner le mot d'ordre audit sergent.

129   Les sous-officiers et soldats de la garde du camp ne pourront, sous aucun prétexte, s'écarter de leur poste ; en conséquence, on leur portera la soupe.

---

(1) Les dispositions relatives à la *garde du camp* sont empruntées du titre XI du règlement de 1778.

(2) Voyez la note du n° 84, relative à la *garde de police*. Ces deux espèces de garde forment une complication inutile, et sont l'une et l'autre désignées sous un nom dépourvu de précision. Cette *garde* devroit être commandée par un officier, et non par un seul sergent.

(3) Il est indispensable qu'une troupe campée sur une seule ligne, ou qu'une troupe campée en deuxième ligne, aient également un poste sur leurs derrières. Le règlement y a pourvu pour une troupe campée sur deux lignes ; il reste à résoudre la question de savoir s'il doit y avoir deux *gardes du camp*, dans le cas où les corps camperoient sur une seule ligne.

(4) Ou vis-à-vis le point qui marque le *centre du régiment*.

(5) Voyez la note du n° 124.

13o   20. La garde du camp fournira de jour trois sentinelles, dont deux un peu en avant du poste, vis-à-
vis les ailes du régiment, et la troisième devant les
armes; elles empêcheront qu'aucun soldat ne sorte
du camp, s'il n'est conduit par un officier ou sous-
officier.

131   Lorsqu'il y aura des prisonniers (1), ils seront
consignés à la sentinelle de devant les armes, qui
ne les perdra point de vue et ne les laissera sortir de la tente que pour aller aux latrines; dans
ce cas, le sergent les fera escorter par un fusilier
armé.

132   21. Il sera consigné aux sentinelles de la garde
du camp d'arrêter, tant de jour que de nuit, les
gens suspects qui pourroient s'introduire dans le
camp, et de les faire conduire à la garde; le sergent
les fera conduire ensuite au capitaine de police.

133   22. Dès que les gardes du camp apercevront une
troupe armée, elles prendront les armes, et resteront en bataille jusqu'à ce que cette troupe soit passée et éloignée de leur poste.

134   Si la troupe marche tambour battant, ou trompette sonnante, le tambour de la garde du camp
battra aux champs.

135   23. La garde du camp rendra les honneurs prescrits (2) pour les divers grades, et recevra les visites
des officiers généraux et supérieurs de jour, comme
il est expliqué au titre *du service des gardes dans
leurs postes.* (Voyez n° 412 et suivans.)

136   Elle se conformera également à tout ce qui est
prescrit dans le même titre, pour relever les postes,
pour les patrouilles, pour la découverte du matin,
et pour arrêter et reconnoître les détachemens qui
pourroient passer à portée d'elle.

---

(1) Voyez la note du n° 84.

(2) Le décret du 24 messidor an 12, tit. 24, art. 2, s'exprime
ainsi : *les gardes de la tête du camp prendront les armes pour
les princes et pour le commandant de l'armée et d'un corps
d'armée.*

137   24. A la retraite, la garde du camp prendra les armes ; le lieutenant de police (1) en fera faire l'appel, et l'inspectera, conformément à ce qui a été prescrit à l'article 8 ci-dessus. (Voy. n° 97.)

138   Le caporal posera deux sentinelles d'augmentation vis-à-vis les ailes du régiment, à une égale distance des sentinelles extérieures aux faisceaux.

139   Depuis la retraite battue jusqu'à la breloque du lendemain matin, les sentinelles de la garde du camp ne laisseront sortir aucun sous-officier ni soldat, à moins que l'officier de police ne leur en donne lui-même l'ordre.

140   25. Le tambour de la garde du camp battra la diane au point du jour, et se réglera, pour commencer et finir cette batterie, sur le régiment qui est à sa droite.

141   26. A l'heure de la breloque du matin, le sergent de la garde du camp fera prendre les armes à sa garde, l'inspectera, et la fera mettre dans l'état de tenue convenable.

142   Le caporal retirera en même temps les deux sentinelles d'augmentation.

143   27. Tous les jours, à l'heure de l'assemblée des nouvelles gardes, l'ancienne garde du camp prendra les armes.

144   La nouvelle garde du camp s'assemblera devant le centre du régiment, et se placera à côté et à la gauche de la garde de police ; elle sera inspectée par l'officier supérieur comme cette dernière, et partira ensuite en même temps qu'elle, pour se rendre à son poste.

145   28. Toutes les fois que la garde du camp prendra les armes, elle se formera sur un rang, le sergent à la tête, le premier caporal en serre-file, et l'autre à la droite du rang ; le tambour se placera sur la droite, à un pas du caporal.

---

(1) L'inspection et l'appel de cette garde devroient être faits soit par *l'officier supérieur de jour* du régiment, soit par *l'adjudant major de semaine.*

-146   29. Les jours de marche, la nouvelle garde du camp partira avec les campemens du régiment (1); et marchera à leur tête; ensorte que lesdits campemens soient précédés de la garde du camp, et suivis de celle de police.

147   En arrivant au nouveau camp, et dès qu'il sera marqué, la garde du camp se portera à la place qui lui a été indiquée à l'article 18 ci-dessus (voy. n° 125), et travaillera aussitôt à élever un épaulement (voy. note du n° 414) devant elle; ce travail sera perfectionné les jours suivans, jusqu'à ce que les hommes soient couverts de quatre pieds et demi.

148   Le caporal posera, en arrivant à son poste, les trois sentinelles prescrites ci-dessus.

149   30. Les jours de marche, le sergent de l'ancienne garde du camp détachera, lorsqu'on battra l'assemblée, un caporal et deux fusiliers pour transporter la tente attachée à cette garde à la compagnie dont ce sera le tour de la porter ce jour là (2).

150   Lorsque le régiment s'assemblera, s'il y a des prisonniers à escorter, l'ancienne garde du camp se placera et marchera entre les deux bataillons (3), et le sergent les fera mettre au centre de sa garde.

151   S'il n'y a pas de prisonniers, cette garde rentrera dans les compagnies.

152   31. Les criminels, s'il y en a, seront attachés, et particulièrement gardés par des fusiliers qui marcheront à côté d'eux le fusil sur le bras, et tenant de l'autre main le bout de la corde; le caporal marchera derrière eux, ayant de même le fusil sur le bras, la baïonnette au bout.

153   A l'arrivée du régiment dans le nouveau camp,

---

(1) Il sembleroit, d'après cet article, que les *campemens* de chaque régiment devroient partir isolément. Il seroit irrégulier, en temps de paix, que les *campemens* ne fussent pas réunis à ceux de la brigade ou de la division, et il seroit impraticable, en temps de guerre, qu'ils marchassent en avant des *divisions*.

(2) Le réglement de 1809 supprimoit ce n° 149.

(3) Il n'y avoit alors que deux bataillons. Voy. note du n° 81.

l'ancienne garde conduira les prisonniers à la nouvelle garde déjà postée; le sergent rendra la consigne qui les regarde à celui de la nouvelle garde, et
ramenera l'ancienne garde, qui rentrera dans les
compagnies.

Du Piquet. (1)

154   32. Il sera commandé journellement, dans chaque
régiment, un piquet composé (2) de deux sergens,
quatre caporaux, quarante-huit fusiliers (3) à raison de trois par compagnie, et un tambour, et
commandé par un lieutenant ou sous-lieutenant.

155   En outre il sera commandé journellement un capitaine dans chaque brigade, fourni alternativement
par chacun des régimens qui la composent, lequel
aura l'inspection sur les deux piquets, et il en prendra le commandement dans le cas de leur réunion,
soit pour marcher, soit pour passer la nuit au bivouac.

156   Le service du piquet commencera tous les jours
à l'heure de la garde, et finira le lendemain à la
même heure.

157   33. Les piquets étant destinés à fournir tous les
détachemens, ainsi que les gardes qui pourroient
être commandés extraordinairement pendant les
vingt-quatre heures de leur service, les officiers,
sous-officiers et soldats du piquet qui viendront à
marcher avant la retraite battue, seront remplacés
sur-le-champ.

---

(1) Les dispositions relatives au *piquet* sont empruntées du
titre X du règlement de 1778; mais le règlement de 1778 le
commandoit par escouades: c'étoit encore un mode adopté par
le règlement de 1788. Voy. titre IX de ce règlement.

(2) Le règlement de 1809 transformoit ainsi cet article :

*Trois sergens, six caporaux, soixante-douze fusiliers, à rai-
son d'un nombre égal par, etc.*

(3) Voy. la note du n° 81. En admettant que les compagnies
d'élite doivent concourir au service de même que les autres, ce
nombre resteroit exact; mais il seroit différent si le régiment
étoit de plus de deux bataillons.

158　Ceux qui viendront à marcher après la retraite battue, ne seront pas remplacés, à moins que cela ne soit expressément ordonné.

159　Les officiers, sous-officiers et soldats du piquet devant être toujours prêts à marcher, seront tenus à être habillés et équipés de tout point, et à ne point sortir du camp du régiment pendant les vingt-quatre heures de leur service; les sous-officiers et soldats auront leurs sacs prêts à charger.

160　34. Pour pouvoir remplacer promptement les officiers, sous-officiers et soldats du piquet qui viendroient à marcher avant la retraite, le lieutenant ou sous-lieutenant, les deux sergens, les quatre caporaux, les trois fusiliers par compagnie, et le tambour, premiers à marcher dans chaque régiment, ainsi que le capitaine, premier à marcher du régiment dont ce sera le tour de fournir le lendemain le capitaine du piquet, seront nommés à l'heure de la garde, et seront assujettis à ne point sortir du camp jusqu'à ce qu'ils entrent de service effectif, mais sans être tenus d'être habillés et équipés; en conséquence, ils ne pourront être commandés pour aucune corvée hors du camp (1).

---

(1) Cavalerie, règlement du 12 août 1788, tit. IX.

Art. 7. *Pour que les escouades de piquet qui viendroient à marcher puissent être remplacées avec promptitude, il y aura dans chaque compagnie une escouade de même composition, désignée sous le nom d'escouade de remplacement au piquet; les hommes qui seront de cette escouade, ne seront point tenus à être habillés et équipés, ni à avoir leurs chevaux sellés; mais ils ne pourront être commandés pour aucun service, et seront assujétis à ne pas sortir du camp jusqu'à ce qu'ils soient de service effectif.*

Art. 13. *Pour que les officiers de piquet puissent être remplacés avec la même promptitude que les cavaliers, indépendamment des officiers de piquet, les officiers premiers à marcher ne quitteront jamais le camp de leur régiment, afin de pouvoir être avertis et prêts à remplacer le piquet, aussitôt qu'ils seront commandés.*

Art. 14. *Les officiers et cavaliers de piquet coucheront habillés, et auront leurs chevaux sellés et prêts à brider.*

161   35. Les piquets ne marcheront jamais sous ce nom, mais sous celui *de garde ou détachement.*

162   Les gardes ou détachemens tirés du piquet, seront composés des sous-officiers et soldats les premiers à marcher de chaque piquet, et fournis en égal nombre par les deux piquets de la brigade. S'il ne doit marcher avec le détachement ou garde qu'un des deux lieutenans de piquet, il sera fourni par chacun des régimens alternativement, en commençant par le plus ancien.

163   Les sous-officiers et soldats qui marcheront, emporteront toujours leur havre-sac.

164   36. Les piquets ne prendront jamais les armes sans un ordre positif du général de l'armée, des officiers généraux de jour, du chef de l'état-major, du commandant de la division ou de la brigade, ou en cas d'alarme.

165   Ils ne rendront jamais d'honneurs à personne; mais lorsqu'ils auront à paroître pour faire voir qu'ils sont en état, ils se mettront en bataille sans armes.

166   Les piquets se présenteront en cet état aux officiers généraux désignés ci-dessus, au commandant du régiment, et à l'officier supérieur de jour de la brigade, toutes les fois qu'ils le demanderont.

Art. 19. Lorsque les piquets iront à l'abreuvoir, ils y seront conduits par moitié, par des officiers et sous-officiers.

Art. 20. Les jours de fourrages, les nouveaux piquets monteront à cheval, et placeront des vedettes à la tête et à la queue du camp, pour empêcher les cavaliers et les valets de sortir avant que les fourrageurs aient reçu ordre de partir.

Art. 23. Les piquets ne monteront jamais à cheval sans un ordre du général, des officiers généraux ou supérieurs de jour, du commandant de la division ou de la brigade, du maréchal-général-des logis de la cavalerie, ou en cas d'alarme.

Art. 24. Ils ne rendront jamais d'honneurs à personne; mais lorsqu'ils auront à paroître, pour faire voir qu'ils sont en état, les cavaliers sortiront bottés, avec leur bandouillère et leur sabre, mais sans mousqueton, et se mettront en haie dans les rues de leur compagnie; les officiers et sous-officiers placés en avant de leur compagnie.

167   37. Lorsque le piquet devra s'assembler pendant le jour, il en sera averti par un signal que fera le tambour de la garde de police, et qui consistera dans un roulement suivi de trois coups de baguette et d'un rappel.

168   Lorsque le piquet devra s'assembler pendant la nuit, ce qui n'aura jamais lieu qu'en cas d'alarme (1) où dans celui où il devra marcher en tout ou en partie, on en avertira promptement les officiers de piquet; ceux-ci éveilleront aussitôt les sous-officiers, mais sans bruit ni batterie de caisse, et les sous-officiers éveilleront à leur tour les soldats.

169   Le piquet prendra tout de suite les armes et se mettra en bataille à la place qui lui sera indiquée à l'article suivant. (Voy. n° 174.)

170   Les sous-officiers et soldats auront leurs havre-sacs sur le dos.

171   38. Il sera affecté un faisceau avec un manteau d'armes à l'usage du piquet (2).

172   Le faisceau du piquet sera placé au centre de l'intervalle des deux bataillons sur l'alignement de ceux des compagnies, et les armes seront consignées à la sentinelle de la garde de police placée aux drapeaux.

173   Les pièces d'artillerie (3) attachées aux bataillons seront placées à côté l'une de l'autre, en avant du faisceau d'armes du piquet, consignées également à la sentinelle placée aux drapeaux. Les

---

(1) Le réglement de 1809 avoit changé ce mot en celui d'*alerte*.

(2) [illegible] supprimoit cet alinéa.

(3) Il étoit alors attaché *deux pièces de quatre* à chaque bataillon; nous avons vu abolir cet usage en l'an 3, et le pratiquer de nouveau depuis la guerre d'Auriche. Voyez décret du 9 juin 1809, et règlement de juillet 1778, tit. V, art. 5. Le réglement de 1809 transformoit ainsi cet alinéa :

Les pièces d'artillerie attachées aux régimens seront placées en batterie à côté l'une de l'autre, et dans les intervalles des bataillons, à deux mètres en avant de la ligne des chevalets ou faisceaux d'armes.

charrettes (1) des munitions seront placées sur un rang, immédiatement derrière leurs pièces respectives, et à six pas en avant dudit faisceau.

174 Toutes les fois que le piquet s'assemblera, soit de jour, soit de nuit, il se formera à six pas en avant des canons du régiment (2) sur trois rangs, le lieutenant à la tête, le premier sergent et le premier caporal en serre-file, le second sergent à la droite et le second caporal à la gauche du premier rang, le tambour à un pas sur la droite du second sergent.

175 39. A la retraite, le piquet de chaque régiment prendra les armes (3); le lieutenant du piquet en fera faire l'appel, inspectera de nouveau les armes pour s'assurer qu'elles sont en bon état ; après quoi il le fera rentrer, et les officiers, sous-officiers et soldats du piquet iront coucher dans leurs tentes, mais sans se déshabiller.

176 Les lieutenans de piquet auront soin de se faire indiquer les tentes des sous-officiers, et ceux-ci se feront indiquer également celles des soldats, afin de pouvoir les rassembler promptement au besoin.

177 S'il étoit ordonné de faire coucher les piquets au bivouac, ils se réuniroient au centre de chaque brigade, à cinquante pas en avant des faisceaux (4), où ils resteroient jusqu'à la breloque du lendemain matin, à moins qu'ils n'aient reçu l'ordre de marcher. Le capitaine de piquet de la brigade prendroit alors le commandement des deux piquets réunis.

178 40. Tous les jours à l'heure de la garde, le nouveau piquet sera assemblé devant le centre de chaque régiment, où il sera inspecté par un officier supérieur, et conduit ensuite avec les gardes et détachemens, s'il y en a, en avant du centre de la brigade

---

(1) Les caissons.

(2) Le réglement de 1809 changeoit ainsi cette phrase : *Se formera à six pas en avant de son faisceau d'armes.*

(3) Et dans la cavalerie *il montera à cheval.*

(4) Le placement de ce *piquet* devroit être ordonné en raison des localités, et sur le point que le chef du corps jugeroit convenable de lui assigner.

pour défiler ; les officiers de piquet se trouveront à la tête du piquet de leur régiment.

179   Le nouveau piquet, après avoir défilé, viendra se mettre en bataille à la place indiquée à l'article 38 ci-dessus (voy. n° 174), et posera ses armes au faisceau affecté à son usage.

180   Lorsque le nouveau piquet s'assemblera, l'ancien piquet prendra les armes, le lieutenant en fera faire l'appel , et le fera rentrer tout de suite dans les compagnies ; après quoi son tour sera censé fait, comme s'il avoit marché pour un détachement ou garde.

181   41. Les piquets devant être à tout moment en état et prêts à prendre les armes, il sera sévèrement défendu aux sous-officiers et soldats qui les composent, de s'écarter, ni entrer chez les vivandiers pour boire ; et afin d'assurer l'exécution de cet ordre, le lieutenant de piquet de chaque régiment en fera plusieurs appels dans la journée.

182   42. Toutes les fois que les régimens prendront les armes pour des revues, manœuvres ou actions de guerre, les piquets rentreront à leurs compagnies.

183   Les jours de marche, le piquet fera partie des nouvelles gardes de chaque régiment, et on ne formera le nouveau piquet qu'après l'arrivée du régiment dans le nouveau camp.

184   L'adjudant de jour veillera à ce que le chevalet et le manteau d'armes du piquet soient chargés sur un des chevaux de peloton attachés à l'état-major (1).

185   Les compagnies de grenadiers ne fourniront jamais (2) à la garde de police , garde du camp ni piquet.

---

(1) Le réglement de 1809 supprimoit cet alinéa.

(2) Les compagnies d'élite étant plus nombreuses qu'alors, et formant division avec les compagnies de fusiliers , ne sauroient être exemptes aujourd'hui de fournir aux mêmes services. (Voy. la note du n° 81.)

TITRE VII (1).

De l'ordre à observer dans les brigades et dans les régimens pour commander le service, et de la composition des détachemens et gardes.

186   Art. 1er. Les lieutenans-colonels de brigade (2) seront chargés de commander le service dans leur brigade, de manière que les régimens qui la composent, fournissent, dans une proportion égale, le nombre d'officiers de tous grades, de sous-officiers, soldats et tambours qu'elle devra fournir journellement pour le service de l'armée. En conséquence, lesdits lieutenans-colonels tiendront un contrôle, où ils marqueront jour par jour les officiers de chaque grade, ainsi que les sous-officiers, soldats et tambours que chaque régiment de leur brigade aura fournis (3).

187   Le tour commencera par le régiment le plus ancien.

188   2. Le plus ancien adjudant-major (4) de chaque régiment tiendra un contrôle par rang d'ancienneté

---

(1) Ce *titre* est du petit nombre de ceux dont le texte n'ait pas été emprunté dans les *titres analogues* des réglemens précédens, et qui ait été composé dans un esprit différent. Le *titre XV* du réglement de 1778 et le *titre X* du règlement de 1788 déterminoient, en un grand nombre d'articles fort obscurs, que c'étoit par escouades que devoit être commandé le service.

(2) Les fonctions indiquées dans cet article, comme étant du ressort des *lieutenans-colonels de brigade*, n'ont jamais été remplies par des officiers qui aient pris ce titre temporaire. Les *chefs d'état-major* ont toujours commandé ce service depuis 1792. Les réglemens antérieurs vouloient que ce devoir fût rempli par un *major de brigade*.

(3) Le réglement de 1809 terminoit cet alinéa par les mots suivans : *L'adjudant-major de jour, dans chaque régiment, remettra au chef de bataillon de brigade une situation sommaire des militaires de tout grade qui se trouveront de service.*

(4) Le réglement de 1809 changeoit ainsi ces mots : *L'adjudant-major de service tiendra*, etc. (Voy. note du n°. 189.)

des officiers dudit régiment, pour les commander chacun à leur tour pour les différens services.

189 En l'absence du plus ancien adjudant-major, ledit contrôle sera tenu par l'autre (1).

190 Le plus ancien adjudant tiendra, pour le même objet, un contrôle par rang de compagnie, pour les sergens et caporaux.

191 En l'absence du plus ancien adjudant, ce contrôle sera tenu par l'autre adjudant (2).

192 Les sergens-majors tiendront, chacun dans leur compagnie, un contrôle par rang d'ancienneté des soldats.

193 Enfin, le tambour-major en tiendra un par rang de compagnie, pour les tambours.

194 Ces contrôles commenceront du jour de l'arrivée de chaque régiment au lieu de l'assemblée de l'armée, et seront continués jusqu'à la fin de la guerre, de manière qu'ils soient suivis sans interruption, soit dans les camps et cantonnemens, soit dans les quartiers d'hiver.

---

(1) Il y a maintenant *quatre adjudans majors* par régiment (ordonnance du 3 août 1815); il n'y en avoit alors que deux. Le présent réglement ayant été réimprimé en l'an 7 par l'imprimerie de la république, cette phrase fut changée de la sorte : *Ledit contrôle sera tenu par le plus ancien des deux autres.* Cela résulte de ce que les corps, alors appelés *demi-brigades*, avoient trois bataillons. Le réglement de 1809 avoit transformé comme il suit l'art. 2 du titre VII :

L'adjudant-major de service tiendra un contrôle par ordre d'ancienneté des officiers du régiment ; l'adjudant sous-officier en tiendra également un des sous-officiers et caporaux pour les commander chacun à leur tour pour les différens services.

Les dispositions de 1809 sont obscures et sans justesse. Il n'y a point d'*adjudant-major de service* ; mais il y a seulement un *adjudant-major de semaine* ; par le fait de leur grade, ils ne cessent jamais d'être de service. Puisque les majors sont recréés avec leurs attributions primitives, c'est aujourd'hui à eux à tenir ce contrôle.

(2) Il y a maintenant *quatre adjudans* par régiment. (ordonnance du 3 août 1815.) Ce que prescrivoient les alinéa 190 et 191, est dépourvu de précision. Chaque adjudant tient le contrôle des sous-officiers de son bataillon.

195   3. Il n'y aura pour les officiers, sous - officiers, soldats et tambours que deux tours de service, non compris les siéges, dont il sera parlé ci-après, savoir :

1°. Le service armé ;

2°. Les corvées.

196   4. Le premier tour ou service armé comprendra les différentes espèces de service ci-après :

Les détachemens ;

Les grandes gardes, ou gardes extérieures ;

Les gardes d'honneur ;

Les gardes intérieures ; (1).

La garde de police ;

Le piquet.

197   Ces différens services commenceront tous les jours à l'heure de la garde, et finiront le lendemain à la même heure, à l'exception des détachemens, dont la durée dépendra des ordres du général.

198   Les compagnies de grenadiers, lorsqu'elles seront présentes sous les drapeaux, ne seront jamais commandées (2) pour ces différens services, à moins qu'il ne soit expressément ordonné.

199   Les officiers et sous-officiers (3) desdites compagnies ne marcheront jamais qu'avec leur troupe (4).

---

(1) Le règlement de 1792 ajoutoit ces mots comme note: « *La dénomination de gardes intérieures comprend les gardes aux magasins, hôpitaux et autres du même genre.* »

(2) Voyez la note du n°. 185.

(3) Si les compagnies d'élite qui s'endivisionnent actuellement avec les compagnies du centre sont appelées à faire le même service, les *officiers de ces compagnies d'élite* devront concourir avec les officiers des compagnies du centre à toute espèce de service. (Voyez la note du n° 81.)

(4) Cavalerie, réglement du 12 août 1788, titre X.

Art. 4. *Le service de la cavalerie sera divisé en service à cheval et service à pied.*

Art. 5. *Il y aura deux tours pour le service à cheval. Le premier sera pour toutes les gardes, détachemens et piquets; le deuxième pour les gardes d'honneur.*

Art. 6. *Le service à pied sera partagé en deux tours ; le premier pour les gardes à pied ; le deuxième pour les corvées. Les petites escortes pour les fourrages, quoique armées et à cheval,*

200   5. Les officiers, sous-officiers et soldats commandés pour le premier tour de service, y marcheront dans l'ordre indiqué ci-dessus ; ainsi, les premiers à marcher seront employés par préférence aux détachemens, jusqu'à concurrence du nombre d'officiers, sous-officiers, soldats et tambours dont ils devront être composés.

201   Les premiers à marcher après ceux-là, seront employés aux grandes gardes, pareillement jusqu'à concurrence du nombre d'officiers, sous-officiers, soldats et tambours dont elles devront être composées; et ainsi de suite, jusques et y compris le piquet, lequel devra employer les derniers à marcher de l'état du service de chaque jour.

202   6. Les jours où le régiment ne devra pas fournir de détachement, les officiers, sous-officiers, soldats et tambours, premiers à marcher, seront employés aux grandes gardes, s'il y en a ; sinon, aux gardes d'honneur par préférence aux gardes intérieures ; à celles-ci, par préférence à la garde de police ; et à la garde de police, par préférence au piquet.

203   Les officiers, sous - officiers et soldats premiers à marcher après ceux-là, seront employés dans le même ordre, et ainsi de suite jusqu'aux derniers.

204   7. Les officiers seront commandés, pour le premier tour de service, par rang d'ancienneté, en commençant par la tête.

---

seront comprises dans le tour des corvées, il en sera de même des détachemens commandés pour assister aux exécutions.

Art. 32. On commandera de préférence pour le service à pied, les cavaliers démontés ou dont les chevaux seront éclopés ; on observera que les cavaliers démontés ou éclopés soient commandés autant de fois pour le service à pied, que les autres cavaliers pour le service à cheval.

Art. 33. Tout sous-officier ou cavalier commandé pour le service à pied, avant de quitter sa tente, remettra, en présence d'un maréchal des-logis, au brigadier de son escouade, son équipage ployé et prêt à charger, ainsi que celui de son cheval, et le maréchal des-logis ou brigadier, nommera tout de suite un cavalier pour en avoir soin, et pour, en cas d'alarme, mener son cheval tout chargé où il lui sera indiqué, suivant les circonstances, par le commandant de la compagnie.

205   Les capitaines rouleront entre eux.

206   Les lieutenans et sous-lieutenans rouleront ensemble.

207   8. Les sous-officiers seront commandés, pour le premier tour de service, par rang d'ancienneté de compagnie, en commençant par la première et dernière compagnie du régiment (1) à la fois, et afin que les détachemens et gardes soient toujours composés d'anciens et de nouveaux sous-officiers ils seront commandés dans l'ordre suivant :

208   1º Le plus ancien sergent et caporal de la première compagnie de fusiliers du régiment, et le moins ancien sergent et caporal de la dernière compagnie.

209   2º Le plus ancien sergent et caporal de la deuxième compagnie et le moins ancien sergent et caporal de la quinzième (2) ou avant-dernière.

210   3º Le plus ancien sergent et caporal de la troisième compagnie, et le moins ancien sergent et caporal de la quatorzième, ainsi de suite, jusqu'à ce que tous les sergens et caporaux du régiment aient été employés; après quoi, on commencera un nouveau tour dans le même ordre (3).

211   9. On observera de ne jamais commander en déta-

---

(1) Le règlement de 1809 avoit ainsi transformé cet article : *La première du premier bataillon et la dernière du dernier bataillon à la fois;* parce qu'il y avoit alors plus de deux bataillons par régiment. Il convient de dire maintenant : *en commençant par le premier du premier bataillon, et par le dernier du troisième bataillon,* si le régiment se compose de trois bataillons, comme le prescrit l'ordonnance du 3 août; et si le troisième bataillon, qui doit être organisé en chasseurs, n'est pas destiné à un service particulier.

(2) Cette expression *quinzième compagnie,* résulte de ce que les seize compagnies de fusiliers, ainsi nommées en raison de l'ancienneté des seize capitaines de fusiliers, étoient désignées sous cet ordre numérique dans chaque régiment (Voy. l'ordonnance du premier août 1791, tit. 1er, alinéa troisième.

(3) Le règlement de 1809 supprimoit les nº. 208, 209, 210, et les remplaçoit par ces mots intercallés dans l'art. 8 : *En commandant alternativement le service des sous-officiers par la tête et par la queue, afin que,* etc.

chement, lorsqu'il devra être de plusieurs jours, deux officiers d'une même compagnie; ainsi, s'il arrivoit que deux officiers de la même compagnie se trouvassent en même temps dans le cas de marcher en détachement pour plusieurs jours, l'officier du grade inférieur seroit employé à une garde de vingt-quatre heures, et seroit remplacé au détachement par le premier à marcher après lui.

212   La même règle sera observée pour les sergens, ainsi que pour les caporaux.

213   En conséquence de ce principe, et afin qu'il y ait toujours sous les drapeaux le nombre d'officiers et de sous-officiers par compagnie nécessaire pour les surveiller et les conduire, lorsqu'une compagnie aura fourni un officier ou sous-officier pour un détache-ment de plusieurs jours, il n'en sera plus commandé de ladite compagnie que pour une garde de vingt-quatre heures, jusqu'à ce que les premiers soient rentrés.

214   10. Les soldats seront commandés dans chaque compagnie, pour le premier tour de service, par rang d'ancienneté, en commençant par la tête et par la queue de la compagnie à la fois, de manière que les détachemens et les gardes soient toujours com-posés d'anciens et de nouveaux soldats, fournis, autant que faire se pourra, à nombre égal par toutes les compagnies du régiment.

215   Les tambours seront commandés par rang d'an-cienneté de compagnie.

216   Les sous-officiers (1), soldats et tambours, qui marcheront pour un des services du premier tour,

---

(1) Ce réglement considéroit les *caporaux* comme *sous-offi-ciers*; c'est pourquoi il ne les mentionne point ici, non plus qu'aux n° 207, 213, 218, etc., tandis que le réglement de 1809 s'exprime toujours ainsi: *Les sous-officiers et les caporaux.* Le réglement de 1788 considéroit les *caporaux* comme *bas-officiers*, titre X, art. 11. Il en est de même dans le réglement de 1778, tit. XVI. art. 33; dans la loi du 29 octobre 1790, titre premier, article premier; du 27 avril 1791, art. 1er; dans le réglement du 25 germinal an 13, article 204.

emporteront toujours leurs havre-sacs, à moins d'un ordre contraire.

217   11. Tout officier qui, étant à marcher pour un des services du premier tour, ne se trouvera pas au camp, ou ne pourra faire ce service pour quelque cause que ce soit, sera remplacé par le premier à marcher après lui, et son tour sera passé sans qu'il puisse le reprendre; il ne pourra même venir prendre le commandement du détachement ou garde, dès qu'il aura passé les gardes du camp ou l'enceinte de la brigade; ou bien, si c'est la garde de police ou le piquet, dès qu'ils auront monté.

218   Les sous-officiers, soldats et tambours qui, étant à marcher pour un des services du premier tour, ne pourront faire ce service pour quelque cause que ce soit, seront remplacés également par les premiers à marcher après eux, et leur tour passé sans qu'ils puissent le reprendre.

219   12. Le service du premier tour sera censé fait pour les officiers, sous-officiers et soldats qui marcheront en détachement, ou pour une grande garde, garde d'honneur ou garde intérieure, lorsqu'ils auront passé les gardes du camp ou l'enceinte de la brigade.

220   Il sera censé fait pour ceux qui auront été commandés pour la garde de police, lorsque ladite garde aura monté et pris son poste.

221   Enfin, le tour des officiers, sous-officiers et soldats du piquet, ne sera censé fait que le lendemain à l'heure de l'assemblée des gardes et détachemens, excepté toutefois pour ceux qui, conformément à ce qui a été prescrit à l'article 35 du titre 6 (voy. n° 161), auront été tirés dudit piquet pour marcher à un détachement ou garde.

222   13. La force des détachemens et gardes sera toujours proportionnée à leur objet, et ils seront commandés par des officiers et sous-officiers de divers grades, en raison du nombre d'hommes dont ils sont composés, ainsi qu'il suit :

223   Le détachement du capitaine ne pourra être

moindre que de soixante-douze fusiliers, six caporaux, trois sergens et deux tambours, et pourra
s'accroître jusqu'à quatre-vingt-seize fusiliers, huit
caporaux, quatre sergens et deux tambours, faisant
la totalité du piquet d'une brigade (1).

224   Le détachement du lieutenant ou sous-lieutenant
ne pourra être moindre que de trente fusiliers, deux
caporaux, un sergent et un tambour, et pourra
s'accroître jusqu'à quarante-huit fusiliers, quatre
caporaux, deux sergens et un tambour, faisant la
totalité du piquet du régiment.

225   Le détachement du sergent sera habituellement
de douze à dix-huit hommes et d'un caporal, et
pourra s'accroître, en cas de besoin, jusqu'à vingt-
quatre hommes et deux caporaux : les sergens n'auront de tambour avec eux, que lorsqu'ils commanderont la garde du camp.

226   Le détachement du caporal sera habituellement
de trois à neuf hommes, et pourra s'accroître, en cas
de besoin, jusqu'à douze hommes.

227   14. Lorsque plusieurs détachemens, commandés
séparément par des lieutenans ou sous-lieutenans,
ou par des sous-officiers devront marcher réunis, ou
être postés à portée l'un de l'autre, on pourra, lorsqu'on le jugera à propos, en donner le commandement à un capitaine qui sera nommé alors à son
tour de service.

228   15. Toutes espèces de service, non mentionnées en
l'article 4 du présent titre (voyez n° 196), seront
réputées corvées.

229   Ainsi, le second tour de service comprendra
les corvées du camp, les corvées hors du camp, armées ou non armées, et leurs escortes ; les escortes
de travailleurs et de distributions, et les détache-

____

(1) Le réglement de 1809 changeoit ainsi ce nombre (ce qui
résultoit de ce que les compagnies étoient alors de cent-quarante
hommes) : *Moindre que de quatre-vingt seize fusiliers, huit
caporaux, quatre sergens ; et pourra s'accroître jusqu'à cent
quarante quatre fusiliers, douze caporaux, six sergens,* etc.
Les autres détachemens étoient proportionnés à celui-ci.

mens pour assister aux exécutions; enfin, le service d'ordonnance dont il sera parlé à l'article 18 du présent titre. (Voy. n° 240 , etc.)

230 Les grenadiers, ainsi que les officiers, sous-officiers, caporaux et tambours attachés à ces compagnies, lorsqu'ils seront présens aux drapeaux, ne pourront jamais être commandés pour d'autres corvées que celles de leur compagnie (1).

231 16. Les capitaines seront exempts de corvées et ne pourront être commandés pour ce service, que dans le seul cas où la force des escortes armées qui les accompagneront, se trouveroit égale à celle du détachement affecté à leur grade, et ils seront commandés alors pour ce service par rang d'ancienneté, en commençant par le moins ancien ou par la queue.

232 Les lieutenans et sous-lieutenans rouleront ensemble pour le second tour de service, et y marcheront par rang d'ancienneté, en commençant par le moins ancien ou par la queue.

233 Les sergens seront commandés pour ce service par rang d'ancienneté de compagnie, en commençant par la dernière et par le moins ancien de cette compagnie.

234 Il en sera de même pour les caporaux.

235 Les soldats seront également commandés pour ce service, dans chaque compagnie, par rang d'ancienneté, en commençant pas le moins ancien et remontant successivement jusqu'au plus ancien de chacune (2).

236 Les corvées seront toujours composées de soldats fournis, autant que possible, à nombre égal par toutes les compagnies de fusiliers (3).

---

(1) Si cette disposition est observée pour les *grenadiers* , il semble convenable qu'elle soit étendue aux *voltigeurs*. Ces compagnies remplacent celles de *chasseurs*, que le règlement de 1778 et celui de 1788 assimiloient aux *grenadiers* pour le service à l'armée.

(2) Le règlement de 1809 fondoit en un seul article les alinéas 233, 234, 235.

(3) Le règlement de 1809 avoit supprimé cet alinéa.

237   17. Le second tour de service sera toujours subordonné au premier; ainsi, s'il arrivoit qu'un officier, sous-officier ou soldat se trouvât dans le cas d'être commandé en même temps pour l'un et pour l'autre, il seroit employé de préférence au premier tour de service.

238   Par une suite de ce principe, le lieutenant ou sous-lieutenant, les deux sergens, les quatre caporaux, les trois fusiliers par compagnie de chaque régiment, les premiers à marcher pour le premier tour ou service armé, ne seront jamais commandés pour aucune corvée hors du camp (1).

239   S'il arrivoit qu'un officier, sous-officier ou soldat actuellement employé à un service quelconque du second tour, se trouvât dans le cas de marcher pour un des services du premier tour, il quitteroit celui auquel il étoit employé; bien entendu que si c'est hors du camp, il puisse y être rendu avant l'heure fixée pour le départ du détachement ou garde avec lequel il devra marcher, et que le régiment l'aura fait remplacer, s'il est nécessaire.

240   18. Lorsque le général ou les officiers généraux commandant une réserve ou une division, demanderont des officiers d'ordonnance, ils seront pris dans la colonne des lieutenans ou sous-lieutenans, au choix du commandant du régiment.

241   Ce service d'ordonnance ne devant jamais exempter un officier d'être employé à son tour de service armé, il ne sera réputé que pour une corvée, et l'officier premier à marcher pour le service armé, ne pourra jamais être commandé d'ordonnance.

242   Si, pendant qu'un officier sera employé d'ordonnance, il vient à se trouver premier à marcher, il sera tenu, sur l'avis qui lui en sera donné, de se rendre au camp; et le commandant du régiment auquel il en sera rendu compte, enverra sur-le-champ un autre officier à son choix pour aller le relever.

____

(1) Le règlement de 1809 avoit supprimé l'alinéa 238.

243 Tout ce qui vient d'être prescrit relativement aux officiers, sera observé de même pour les sous officiers, lorsque le général ou les officiers généraux commandant une division ou réserve, en demanderont pour être d'ordonnance auprès d'eux.

244 19. Tout officier, sous-officier ou soldat dont le tour écherra pour être de corvée, pendant qu'il sera premier à marcher ou effectivement employé à un des services du premier tour, détaillés dans l'article 4 du présent titre (voy. n° 196), le reprendra, à l'exception toute fois de ceux qui auront été employés à un détachement de plusieurs jours, lesquels seront exempts de reprendre les tours de corvées qui pourroient leur être échus pendant cet intervalle.

245 20. Lorsqu'il devra marcher plusieurs corvées en même temps, l'officier le plus ancien sera employé, par préférence, à celle qui se trouvera la plus nombreuse.

246 21. Le second tour de service sera censé fait, quand on aura été employé à une corvée effective au camp, ou, si c'est hors du camp, lorsqu'on aura passé les gardes du camp ou l'enceinte de la brigade.

247 22. Un capitaine (1) commandant un régiment par accident, sera exempt de tout autre service pendant le temps qu'il commandera ledit régiment et ne reprendra aucun de ceux qui pourroient lui être échus pendant ce temps.

248 Il en sera de même d'un capitaine commandant par accident un bataillon détaché.

249 23. Les capitaines de grenadiers marcheront avec leurs compagnies, quand elles seront détachées, alors même qu'ils se trouveront commander le régiment.

250 24. En l'absence des officiers et sous-officiers de grenadiers, si ces compagnies se trouvent détachées, lesdits officiers et sous-officiers seront remplacés sur-

---

(1) Le réglement de 1809 changeoit ainsi ces mots : *un capitaine commandant un corps ou un bataillon momentanément.*

le-champ par des officiers de leur grade et des sous-officiers, au choix du colonel, lesquels resteront attachés auxdites compagnies jusqu'au retour des titulaires; ces officiers et sous-officiers postiches ne reprendront aucun des tours de service qui pourroient leur être échus pendant ce temps.

251   Si lesdites compagnies n'étoient pas détachées, les officiers et sous-officiers absens ne seroient remplacés qu'au moment où ces compagnies viendroient à marcher.

252   25. Si le commandement du régiment ou d'un bataillon détaché venoit à échoir accidentellement à un capitaine attaché comme postiche à la compagnie de grenadiers, ledit capitaine demeureroit, par une suite de l'article 23 ci-dessus, attaché à son service de postiche jusqu'à ce que la compagnie rentrât au corps ou que le titulaire reprît le commandement.

253   26. Lorsqu'un des emplois d'officiers dans les compagnies de grenadiers viendra à vaquer, le colonel (1) attachera immédiatement à l'emploi vacant l'officier qui devra être proposé à la cour pour remplir ledit emploi; mais il sera tenu préalablement de faire approuver cette disposition provisoire en s'adressant, à cet effet, au commandant de la brigade, et celui-ci au commandant de la division.

254   Les autres mutations (2) que cette vacance pourroit produire dans le régiment, n'auront néanmoins lieu qu'après l'arrivée des brevets ou lettres de passe qui y auront rapport.

255   27. Les adjudans-majors, le quartier-maître-trésorier, les adjudans, les sergens-majors et caporaux-fourriers, le tambour-major et le caporal-tambour ne seront jamais commandés pour aucun

_____

(1) Le règlement de 1809 transformoit ainsi la fin de cet article : *Le colonel pourvoira sur-le-champ à son remplacement par un officier du régiment, à son choix.*

(2) Le règlement de 1809 supprimoit les alinéa 254 et 255,

des services indiqués dans le présent titre, et seront employés, dans le camp, aux distributions, exercices et aux différens détails de police et discipline, ainsi que les commandans des régimens le jugeront le plus avantageux pour le bien du service.

256　28. Lorsque le colonel d'un régiment marchera en détachement, et soit qu'il commande ou non ledit détachement, il marchera toujours un des deux adjudans-majors (1) de son régiment, à tour de rôle avec lui, pour être employé aux différentes fonctions dont cet officier supérieur jugera à propos de le charger.

257　29. Les lieutenans - colonels, lorsqu'ils marcheront en détachement, seront également accompagnés par un des adjudans-majors (1) du régiment, mais seulement dans le cas où ils devront avoir le commandement dudit détachement.

258　30. Les contrôles qui seront tenus dans chaque régiment pour commander le service, seront conformes aux modèles annexés au présent réglement.

---

(1) Puisqu'il y a maintenant quatre *adjudans-majors* dans les régimens (Ordonn. du 3 août 1815), et qu'il n'y a que trois bataillons par régiment, il conviendroit que l'*adjudant-major* emmené par le colonel, fût celui des quatre qui n'appartiendroit spécialement à aucun des trois bataillons. Le règlement de 1809 changeoit ainsi cette phrase : *Un des adjudans-majors de son corps.*

259 N° 1. *TABLEAU pour commander le service des capitaines.*

NOMS des CAPITAINES par rang d'ancienneté.	TOUR DE SERVICE.		Observat.
	Premier tour ou service armé.	Deuxième tour ou corvée.	
MM.			
Bonneval. .	| |	| | |	
Lamberty. .	| |	| | |	
Vallory. . .	| |	| | |	
Lepoyade. .	| |	| | |	
D'Avrecourt	|	| | | |	
Lessernouet.	|	| | | |	

260

N° 2. *TABLEAU pour commander le service des lieutenans et sous-lieutenans.*

NOMS des lieutenans par rang d'ancienneté.	TOURS DE SERVICE.		Observ.	NOMS des sous-lieuten. par rang d'ancienneté.	TOURS DE SERVICE.		Observ.
	Premier tour ou service armé.	Deuxième tour ou corvée.			Premier tour ou service armé.	Deuxième tour ou corvée.	

N° 3. *TABLEAU pour commander le service des Fusiliers de la compagnie.*

NOMS des FUSILIERS par ancienneté.	TOURS DE SERVICE.		NOMS des FUSILIERS par ancienneté.	TOURS DE SERVICE.	
	Premier tour ou service armé.	Deuxième tour ou corvée.		Premier tour ou service armé.	Deuxième tour ou corvée.

N° 4. TABLEAU pour commander le service des Sergens.

NOMS des compagnies par rang d'ancienneté.	Première colonne des sergens.	TOURS DE SERVICE.		Seconde colonne des sergens.	TOURS DE SERVICE.	
		Premier tour ou service armé.	Deuxième tour ou corvée.		Premier tour ou service armé.	Deuxième tour ou corvée.
Darblay. . . .	Labrie. . .	I I	I I I			
Champagny. . .	Bergemont.	I	I I I I			

TITRE VIII.

TITRE VIII (1).

Des Officiers supérieurs de piquet.

263   Art. 1er. Il sera nommé tous les jours à l'ordre, outre les officiers généraux de jour, un colonel et deux lieutenans-colonels (2), pour être de piquet (3) pendant vingt-quatre heures ; leur service commencera tous les jours à l'heure de l'ordre.

264   2. Ces officiers se trouveront à la tête des piquets toutes les fois qu'on les assemblera.

255   3. Lorsque le général jugera nécessaire de faire coucher les piquets au bivouac, le colonel et les deux lieutenans-colonels de piquet feront chacun une ronde dans le camp pendant la nuit, dont l'heure

---

(1) Ce *titre* est copié textuellement du *titre XII* du réglement de 1778, qui a seulement quelques articles de plus : le réglement de 1788 l'avoit sagement supprimé. Il a été réintégré mal-à-propos dans celui de 1792 ; et, ce qui est inexplicable, recopié encore en 1809. Les dispositions qu'il renferme témoignent qu'il avoit été rédigé en conformité de l'esprit de l'organisation des anciennes armées. Voyez le réglement de 1753, art. 132.|

(2) Le réglement de 1809 changeoit ainsi ces mots : *un colonel et un chef de bataillon pour être de piquet.*

(3) On a vu qu'autrefois (voyez la note du n°. 84.) le mot *piquet* signifioit *réunion d'une troupe commandée pour un service de police.* La création d'une garde de police a détruit cette signification. On voit dans le présent réglement que le mot *piquet* signifie : *troupe prévenue de se tenir prête à prendre les armes en cas de service subit*, et destinée à être de garde, vingt-quatre heures après avoir commencé à être de piquet (voy. les n°s. 160 et 181.). Voici, dans le présent titre, le mot *piquet* rendu à sa signification originaire, devenue fausse, et exprimant par méprise des devoirs de police ; car on y voit que les *officiers de piquet* ne sont autre chose que des *officiers de police*, et sont destinés à un service actif ; tandis qu'au premier aperçu, on pourroit supposer qu'ils ne sont appelés qu'à un service expectant, et que leur dénomination indique qu'ils sont institués chefs des *piquets* (Voy. note du n° 452.), pour marcher à leur tête, si ces piquets sont appelés à un service actif ; ce qui seroit en opposition avec l'esprit du présent titre. L'emploi vicieux du mot implique contradiction et produit obscurité.

sera réglée par le colonel(1) et ils passeront à la tête et à la queue du camp, et entre les deux lignes, pour examiner si les piquets sont en état.

266 . 4. Le colonel et les lieutenans colonels de piquet se trouveront à l'heure de la garde chez le lieutenant-général de jour pour y recevoir ses ordres.

267 5. Le second lieutenant-colonel de piquet remettra aux officiers généraux de jour l'état des gardes, en indiquant les lieux où elles seront postées.

268 6. Les officiers supérieurs de piquet suivront les officiers généraux de jour dans la visite qu'ils feront des postes, ou recevront leurs ordres pour les aller visiter.

269 7. Dans ce dernier cas, ils examineront si les postes et leurs sentinelles sont bien placés, et si on les a mis hors d'insulte et en état de défense; ils questionneront les capitaines pour savoir si on leur a consigné tout ce qui sera nécessaire.

270 8. A leur retour, ils rendront compte aux officiers généraux de jour de ce qu'ils croiront qu'il y auroit à changer.

271 9. Lorsque les détachemens de plusieurs divisions devront s'assembler sur un des points de la ligne, un des officiers supérieurs de piquet les rassemblera au rendez-vous indiqué.

272 10. Il y aura tous les jours à chaque brigade un adjudant-major (2) de piquet, qui sera nommé à l'ordre par le lieutenant-colonel de brigade.

273 11. Cet adjudant aura l'état des officiers de la brigade qui seront les premiers à marcher.

274 12. Il ne sortira pas du camp, pour être toujours

---

(1) Le réglement de 1809 changeoit ainsi ces mots : *réglée par le général de brigade*, etc.

(2) Depuis la promulgation de ce réglement, il n'a pas plus été fait emploi d'*adjudant-major de piquet* que d'*officier supérieur de piquet*. Le genre de service qu'il leur assignoit se fût contrarié avec le service de semaine et avec celui des capitaines de police. (Voyez la note suivante).

3**

prêt à faire exécuter diligemment les ordres qui arriveront, tant de jour que de nuit.

275   13. Il conduira les détachemens commandés au rendez-vous donné pour les assembler, ainsi que les piquets de la brigade, lorsqu'ils devront marcher aux exécutions.

276   14. Il fera toutes les nuits une ronde dans la brigade, à l'heure qui lui paroîtra la plus convenable, escorté d'un sergent et de deux fusiliers du bivouac, pour examiner si les sentinelles sont alertes, et s'il ne se passe pas de désordre.

277   15. Il visitera pareillement les gardes du camp, pour voir si les sergens et leurs gardes font leur devoir, après néanmoins leur avoir donné le mot, afin d'en être reconnu.

278   16. Les jours de marche, les officiers supérieurs de piquet (1) se trouveront au rendez-vous général des campemens, s'il en a été indiqué un; ou, s'il n'y a rien eu d'ordonné de particulier, ils se rendront à la tête des grenadiers (2) de la deuxième division d'infanterie pour marcher à la tête des campemens de cette division, et s'employer sous les ordres du maréchal-de-camp du jour, à tout ce qui sera relatif à l'établissement et à la sûreté du nouveau camp.

---

(1) Toutes les fonctions prescrites ici n'ont point été mises en pratique sous la dénomination de service d'*officier de piquet*; il eût résulté de l'exercice d'une partie de ses devoirs et des attributions des *officiers généraux et supérieurs de jour*, un conflit presque continuel. (Voyez la note précédente).

(2) Le réglement de 1809 changeoit ainsi ces mots : *grenadiers de la brigade pour marcher à la tête des campemens de la brigade, et prendre les ordres du général de brigade de jour, pour tout ce qui sera relatif à l'établissement et à la sûreté du nouveau camp.*

TITRE IX (1).

De l'Organisation de l'armée et des Etats-majors généraux.

279   Art. 1er. Il sera fait au commencement de chaque campagne, d'après les ordres du général par le chef de l'état-major de l'armée, un tableau de l'ordre de bataille dans lequel les officiers généraux seront placés, suivant les dispositions qu'en fera le général de l'armée (2) ; les officiers généraux seront attachés, par préférence à l'arme dans laquelle ils auront servi.

280   2. L'armée sera partagée en un nombre de divisions d'infanterie et de cavalerie (3), proportionné à la quantité de troupes de chaque arme.

281   3. La division de la droite de l'infanterie sera nommée première division, et celles qui la suivront, seconde, troisième, etc., en sorte que la dernière fermera la gauche.

282   4. Lorsqu'il aura été détaché une ou plusieurs brigades d'une division, et qu'elles rentreront, en ligne, elles reprendront leur rang dans la division.

283   5. Il y aura des brigades d'infanterie destinées à couvrir les flancs de l'armée.

284   Chacune de ces brigades sera aux ordres du lieutenant-général commandant de l'aile, elles s'appelleront brigades de flanc.

---

(1) Les dispositions que contient ce *titre* se rattachoient à des principes tombés en désuétude. Une partie de ces dispositions étoit une tradition de quelques usages essayés dans la guerre de 1756. Ce *titre* est emprunté, sauf de très-légères différences, du *titre XIII* du réglement de 1778 ; copié lui-même au *titre XIII* du réglement de 1788. Le réglement de 1778 est le premier dans lequel soit mentionnée la distibution de l'armée en divisions ; le réglement de 1753 n'en disoit rien.

(2) Le réglement de 1809 ajoutoit ces mots : *suivant les ordres du ministre et d'après les dispositions*, etc.

(3) Le réglement de 1809 terminoit ainsi cet article : *de cavalerie, et chaque division en deux brigades*. Il supprimoit les numéros 281, 282, 283, 284.

285 6. Au cas que le général commandant la division fût absent, l'officier général le plus ancien de la division la commandera, sans que ceux de la division la plus prochaine puissent en aller prendre le commandement, à moins d'un ordre exprès du général.

286 7 Il y aura dans chaque brigade un officier supérieur de jour (1) par brigade, lequel sera aux ordres du maréchal-de-camp de jour de la division, et assujetti à ne pas quitter sa brigade.

287 8. Tous les officiers généraux et supérieurs de jour (2), seront eux-mêmes aux ordres de l'officier général de jour, commandé à cet effet sur tous les officiers généraux de l'armée, de quelque arme qu'ils soient, par le chef de l'état-major général.

288 9. Le plus ancien lieutenant - colonel de brigade (3) de chaque division fera le détail de cette division.

289 Pendant la nuit, il aura un fanal élevé au haut d'une perche, qui indiquera sa tente, laquelle restera placée où elle doit l'être dans l'ordre de campement du régiment. Le lieutenant colonel de divi-

---

(1) Ce genre de service tenoit à un mécanisme trop compliqué pour avoir pu, en France, être mis en usage ; et pourtant le réglement de 1809 a prétendu rajeunir ces dispositions. Elles appartiennent au réglement de 1753, époque où des armées d'un foible nombre n'étoient point encore distribuées en divisions. (Voyez note du n°. 279.) L'introduction de cette distribution eût dû produire des réglemens de forme nouvelle ; mais au lieu de se perfectionner, ils se sont successivement recopiés, alors même que les lumières et l'expérience condamnoient ce que perpétuoit la routine. Depuis 1792, les travaux d'écriture connus sous le nom de *détails d'armée*, se sont centralisés en la personne des *chefs d'état-major*. Les devoirs de surveillance spéciale et de transmission d'ordres ont appartenu aux *colonels d'état-major*, créés d'abord en 1790 sous le nom d'*adjudans généraux*. Les *maréchaux de camp* sont arrivés à commander réellement à leurs brigades, et chaque corps de troupes a été destiné à garder son terrain, et chargé d'en répondre. (V. note du n° 319.)

(2) Voyez la note du n°. 278.

(3) Cela n'a point été pratiqué. Nous avons toujours vu chaque *chef a'état-major de division* se charger du détail de leur division, et transmettre les ordres aux maréchaux de camp et aux colonels.

sion, ne devant point, par ses fonctions, être dispensé du service qu'il doit remplir à son régiment (1).

290   10. Ce sera à lui que le chef de l'état-major général adressera directement tous les ordres; il les distribuera sur-le-champ aux lieutenans colonels (2) des brigades de la division, et en rendra compte au lieutenant-général commandant.

291   11. Il y aura à la tente du lieutenant-colonel (3) d'état-major de la division un sergent et un caporal d'ordonnance de chacune de ces brigades, par lesquels il leur fera passer sur-le-champ les ordres qu'il aura à leur envoyer.

292   12. Il y aura outre cela, quand les circonstances l'exigeront, un officier d'ordonnance prêt à aller porter au lieutenant-général les ordres qui parviendront au lieutenant-colonel de la division (4).

293   13. Les officiers généraux attachés à la division devant être logés à portée de l'officier général qui la commandera, ils feront prendre tous les jours, chez lui, par leurs aides de camp, l'ordre journalier (5).

294   14. Quant aux ordres inattendus, ou ceux les concernant particulièrement, ils leur seront envoyés par l'ordonnance de leur garde, et même, dans un cas pressé, ils seront portés par l'officier chargé d'aller chez le lieutenant-général commandant la division.

---

(1) Le réglement de 1809 supprimoit cette phrase : *le lieutenant-colonel ne devant point*, etc.

(2) Le réglement de 1809 changeoit ainsi ces mots : *sur-le-champ aux généraux de brigade de la division.*

(3) Le réglement de 1809 changeoit ainsi ces mots : *à la baraque où au logement du chef de l'état-major de la division un sergent*, etc.

(4) Le réglement de 1809 disoit : *au chef de l'état-major de la division.*

(5) Le réglement de 1809 avoit ainsi tranformé cet article : *les officiers-généraux attachés à la division feront prendre tous les jours, par leurs aides-de-camp, l'ordre-journalier chez le général de la division.*

295. 15. Les gardes des officiers généraux de chaque
aile de cavalerie seront fournis par la brigade d'infanterie de flanc attachée à cette aile ; s'ils étoient
trop nombreux pour qu'elle pût y suffire, le chef
de l'état-major général nommeroit d'autres régimens
pour y suppléer (1).

296 16. Pour accélérer de plus en plus le service, il
partira tous les jours de chaque aile (2) de cavalerie, à l'heure où l'on battra *la garde*, des cavaliers ou dragons d'ordonnance, qui se rendront aux
tentes des lieutenans-colonels de division d'infanterie (3), dans un nombre proportionné aux besoins et
aux circonstances, et fixé à cet effet par le chef de
l'état-major général.

297 17. Les lieutenans-colonels de troupes à cheval
donneront à l'un de ces cavaliers un billet qui indiquera la division à laquelle ils seront destinés.

298 18. Il sera fait mention, dans le même billet, de
l'heure à laquelle ils auront été expédiés. Le lieutenant-colonel de division (4) donnera un reçu aux
cavaliers relevés, et il marquera l'heure de l'arrivée
des nouveaux, et celle du départ des anciens.

299 19. De ces cavaliers, le lieutenant-colonel de
la division en enverra deux sur-le-champ chez le
chef de l'état-major général pour lui rapporter les
ordres quand celui-ci en aura à envoyer (5).

300 20. Si la division fournissoit des grandes gardes
à portée de l'ennemi, le lieutenant-colonel de la
division enverroit aussi à chacune d'elles un cavalier
d'ordonnance.

301 21. Les commandans des grandes gardes se serviront de ces cavaliers pour faire passer promptement

---

(1). Le réglement de 1809 avoit supprimé cet article.
(2) Le réglement de 1809 disoit : *de chaque régiment*, etc.
(3) Le réglement de 1809 changeoit ainsi ces mots : *se ren-*
dront aux baraques ou logement du chef de l'état-major de la
division dans un nombre, etc.
(4) Le réglement de 1809 changeoit ainsi ces mots : *le chef de*
l'état-major de la division, etc.
(5) Le réglement de 1809 supprimoit l'alinéa 299.

au lieutenant-colonel de la division les nouvelles qu'ils pourroient avoir à lui mander; et si cela étoit pressant, comme la marche d'un corps ennemi, etc., ils enverroient directement leur ordonnance au général.

302   22. (1) Il y aura pareillement trois ordonnances de cavalerie attachées à chacune des deux brigades qui couvriront les ailes de cavalerie, dont l'une sera envoyée chez le général, la seconde restera chez le lieutenant-colonel de brigade, et la troisième sera envoyée au posté que la brigade pourra fournir sur le flanc de l'armée.

303   23. Il sera expressément défendu de se servir de ces ordonnances pour d'autres objets que ceux marqués ci-dessus.

304   24. Les jours de marche, les ordonnances du chef de l'état-major général marcheront avec (2) la garde du quartier-général, et les six autres cavaliers qui seront d'ordonnance chez chaque lieutenant-colonel de division, marcheront à la tête de la première brigade de la division, et ne la quitteront pas sans avoir été relevés.

305   25. L'ordre sera envoyé par écrit et cacheté, aux lieutenans-colonels (3) des divisions, qui les distribueront aux brigades qui les composent, et feront le détail particulier de leur service.

306   26. Le chef de l'état-major général enverra pareillement l'ordre par écrit aux lieutenans-colonels des brigades de flanc et à ceux de l'artillerie et du génie (4).

307   27. Les adjudans-généraux (5) seront eux-mêmes porteurs de tous les ordres importans, comme marches d'armée ou d'un gros détachement.

---

(1) Le réglement de 1809 supprimoit l'article 22.

(2) Le réglement de 1809 terminoit ainsi l'article 24 : *avec la garde du quartier-général ; et ceux du chef de l'état-major de la division, avec la garde du quartier-général de la division.*

(3) Le réglement de 1809 disoit : *aux chefs d'état-major.*

(4) Le réglement de 1809 terminoit ainsi cet article 26 : *par écrit aux commandans de l'artillerie et du génie.*

(5) Les colonels d'état-major.

308   28. (1) Les officiers de l'état-major de l'armée, ceux des divisions et des brigades, feront mention dans les ordres qu'ils enverront, de l'heure à laquelle ils les auront expédiés ; ces officiers donneront des reçus de tous les ordres qu'ils recevront ; ces reçus porteront également l'heure à laquelle lesdits ordres leur auront été remis ; ces reçus ne pourront être écrits qu'avec de l'encre.

309   29. Les lieutenans - colonels de division auront un contrôle pour faire fournir chaque brigade à son tour, et le chef de l'état-major général en aura un pour égaliser le service des divisions autant qu'il sera possible.

310   30. Lorsque les commandans des divisions jugeront à propos de placer des gardes pour la sûreté ou police de leur division, ils en feront informer le lendemain, le chef de l'état-major général, par le lieutenant-colonel de division.

311   31. Dans les camps de séjour, le lieutenant colonel (2) de division aura soin que les mêmes postes soient, autant qu'il se pourra, occupés par des gardes des mêmes brigades.

312   32. Il enverra tous les matins au chef de l'état-major général, avec le rapport de la division, le détail des gardes et des détachemens qu'elle aura fournis dans les vingt-quatre heures.

---

(1) Le réglement de 1809 supprimoit les articles 28, 29 et 30.

(2) Le réglement de 1809 changeoit ainsi ces mots : *dans les camps de séjour, l'adjudant commandant de la division ,* etc. C'est assurément une erreur.

TITRE X (1).

De l'ordre à observer dans l'armée, pour commander les gardes et les détachemens (2).

313   Art. 1er. L'état major de l'armée commandera les troupes pour les différens services, par divisions (3), observant d'avoir égard au nombre des brigades dont elles sont composées, pour que les divisions ne fournissent qu'à proportion de leur force.

314   2. Pour cet effet, le chef de l'état-major général aura un contrôle des divisions de l'armée, sur lequel seront marquées exactement toutes les troupes commandées, afin de pouvoir égaliser le service des divisions.

315   3. Dans les cas pressés, il pourra faire fournir les troupes dont on aura besoin, par la division qui se trouvera le plus à portée, et il lui en tiendra compte ensuite.

316   4. Le chef de l'état-major général tiendra des contrôles des colonels et lieutenans-colonels de l'ar-

---

(1) Il existe un *titre* dont l'intitulé est le même dans le réglement de 1778 ; c'est le *titre quinzième;* mais il n'a point servi de modèle à celui-ci, et n'avoit point été renouvellé par le réglement de 1788. Ce que contient le *titre X* du réglement de 1792 semble n'avoir trouvé place sous forme de titre, que par respect pour les intitulés de 1778 ; et ce contenu est d'une si foible importance, qu'il eût semblé devoir être naturellement fondu dans le *titre VII.* Voyez le réglement de 1753, art. 205.

(2) Le mot *détachement* est un terme que les ordonnances se sont dicté, et qui, depuis 1792, a perdu son sens primitif. La guerre, depuis le commencement de l'autre siècle, ne s'étoit presque faite que par *détachemens.* L'accroissement considérable qu'a pris chaque armée s'est opposé à ce que la guerre se fît autrement que par *corps*, et le système de *détachemens*, a tellement cessé, que ce mot, tel que le conçoit le réglement, n'a plus de signification.

(3) Tout ce qui est mentionné dans cet article n'a jamais été pratiqué.

mée (1), pour les commander chacun à leur tour et selon leur rang d'ancienneté.

TITRE XI (2).

De l'Ordre et du Mot.

317   Art. 1er. L'ordre et le mot seront donnés tous les jours à midi (3).

318   2. Il sera nommé, tous les jours, le nombre d'officiers généraux déterminés par le général. Le chef de l'état-major fera mention dans l'ordre qu'il enverra aux divisions, des officiers généraux qui devront être de jour le lendemain (4), afin que le lieutenant-colonel des divisions auxquelles ils sont attachés, puisse lès en faire prévenir.

319   Les chefs des différens états-majors de l'infan-

---

(1) Le réglement de 1809 changeoit ainsi ces mots : *tiendra des contrôles des généraux de brigade, colonels et chefs de bataillon de l'armée*, etc.

(2) Ce titre est emprunté presque mot à mot du *titre dix-septième* du réglement de 1778, également recopié au *titre seizième* du réglement de 1788. Voyez le réglement du 17 février 1753, art. 154.

(3) L'usage est de donner l'*ordre* dès le matin, (Voyez note du n°. 325.) et de donner le *mot d'ordre* au départ des gardes. Le chef de l'état-major général adresse ordinairement, par série de quinzaine, le mot d'ordre à chaque *chef d'état-major de division*; ceux-ci le communiquent aux *maréchaux-de-camp* commandant les brigades. Le réglement de 1809 transformoit en trois articles, comme il suit, les six premiers articles du titre XI :

Art. 1. *L'ordre et le mot seront donnés tous les jours à la garde montante, et au plus tard une demi-heure avant le coucher du soleil, pour qu'il puisse être, avant la nuit, transmis à tous les postes environnant le camp ; le mot d'ordre sera cacheté.*

Art. 2. *Il sera désigné chaque jour des officiers généraux et supérieurs de jour dans chaque division.*

Art. 3. *Le plus ancien officier général, en l'absence du général commandant la division, donnera le mot d'ordre.*

(4) Lorsque ce mode de service a été pratiqué, les officiers généraux ont été prévenus, sans intermédiaire, par l'envoi de l'ordre du jour, qu'ils devoient être de jour.

terie et de la cavalerie, se concerteront (1) à cet égard entre eux, et les officiers généraux qui, devant entrer de jour le lendemain, se trouveroient malades, sont tenus de les en faire prévenir par leurs aides-de-camp.

320   3. Si le général ne se trouvoit pas à midi au quartier-général, le plus ancien officier général, entrant de jour, donnera le mot, afin qu'il n'y ait jamais de retard dans la distribution de l'ordre journalier.

321   4. Les officiers généraux entrant de jour, et les officiers supérieurs entrant de piquet (2), ainsi que les différens chefs des états-majors, ou, en leur absence, un de leurs aides, seront tous les jours rendus à onze heures et demie chez le général, pour se trouver à l'ordre.

322   5. Le lieutenant-général prendra le mot du général, et le donnera ensuite au maréchal-de-camp,

---

(1) On supposeroit d'abord que ces *chefs d'états-majors* dont il est ici mention, seroient les *chefs d'états-majors* chargés de la direction des divisions d'infanterie et de celles de cavalerie. Ce seroit une erreur ; et même dans cette supposition., la mesure ici prescrite seroit inexécutable. Mais quand cet article du réglement fut rédigé originairement, on n'avoit point encore consacré en principe la distribution de l'armée en divisions. (Voyez note du n°. 286.) Son organisation comprenoit alors un *major général*, un *maréchal général des logis de l'infanterie* et un *maréchal général des logis de la cavalerie*. Ils employoient sous leurs ordres les *majors de régiment*, sous le titre de *majors de brigade*, et même, depuis 1778, sous celui de *majors de division*. Ce sont ces *états-majors* qu'a voulu mentionner ici le réglement, encore bien que ce système de constitution n'existât plus depuis la suppression des *maréchaux généraux des logis*, etc. Sans égard pour des innovations contemporaines, le réglement de 1792 a reproduit des principes devenus faux, puisqu'ils avoient servi d'appui à des usages détruits. Cela indiqueroit que ce réglement fut refait à la hâte, probablement par des copistes, et sans l'intervention d'aucun militaire. (Voyez note du n°. 327.)

(2) Avant l'ordonnance de 1788, les *officiers de piquet* remplissoient les fonctions attribuées depuis aux *officiers de police*; ils ont été mentionnés ici, par erreur, les uns pour les autres. (Voyez la note 3 de la page 56.)

qui le distribuera aux officiers de l'état-major de l'armée.

323 Dans les avant-gardes ou corps détachés, l'ordre sera donné par le commandant dans la même gradation.

324 6. Le chef de l'état-major de l'armée enverra ensuite le mot et le détail du service au lieutenant-colonel des divisions et des réserves qui ne seront point détachées de l'armée, de manière que l'ordre puisse toujours être distribué aux troupes avant la retraite.

325 7. L'ordre (1) envoyé par le chef de l'état-major général aux lieutenans-colonels des divisions sera rédigé dans la forme suivante :

Il commencera par : *Au camp de... ce (quantième du mois) an...*

Suivra le mot de l'ordre,

Celui du ralliement ;

Le nom des officiers généraux de jour et des officiers supérieurs de piquet.

On énoncera ensuite les bans et défenses, s'il y en a de nouvelles à publier ;

On indiquera les heures des appels,

Celles des inspections, des piquets et gardes ;

Après quoi, on fera le détail du service général de l'infanterie (2) de l'armée par division.

Suivront les ordres pour les fourrages et distributions.

Enfin, les ordres particuliers, s'il y en a à donner.

---

(1) *L'ordre du jour* doit être distingué de *l'ordre du cercle*. Le premier, comme on l'a dit, doit être notifié dès le matin. Il est adressé à chaque corps par écrit ; ou bien, si les distances le permettent, un *adjudant major* ou un *major* de chaque régiment se rendent au quartier-général pour le transcrire. Le *mot d'ordre* est écrit en tête de cet *ordre du jour*. Le chef de chaque corps ou l'officier supérieur de semaine le fait connoître dans le *cercle d'ordre*, au chef de chaque poste, à l'instant où les troupes de service vont se mettre en marche pour se rendre à leur poste. (Voyez note du no. 317 et note de la page 86.) Voy. Manuel d'Infanterie, 4e édit., page 101, etc.

(2) Ainsi que celui de la cavalerie.

326   Le chef de l'état-major de l'armée ne fera mention, dans l'ordre qu'il enverra à chaque lieutenans-colonel (1) de division, que des détails qui les concernent.

327   8. Les lieutenans - colonels de brigade iront tous les jours prendre l'ordre chez le major (2) de la division, qui le leur dictera, ainsi que le détail du service de la division ; ils le présenteront ensuite au commandant de la brigade, de qui ils recevront les ordres pour ce qu'ils auront à y ajouter ; après quoi il le distribueront aux lieutenans-colonels (3) des brigades chargés des détails des régimens ou bataillons de leur brigade dans la forme marquée ci-dessus, article 7.

328   9. Les lieutenans-colonels des régimens iront à l'ordre chez le lieutenant-colonel de la brigade, qui le leur dictera avec le détail concernant le service de leur régiment, et ce que le commandant de la brigade aura jugé à propos d'ordonner.

329   10. Tous les autres ordres qui seront adressés, soit de jour, soit de nuit, par le chef de l'état-major de l'armée, aux lieutenans-colonels des divisions, seront envoyés par eux aux lieutenans-colonels des brigades qui les composeront, qui les feront passer

---

(1) Le règlement de 1809 disoit : *aux chefs d'état-major des divisions*, etc.

(2) Le mot *major* employé ici est une nouvelle preuve de la précipitation avec laquelle fut conçu ce règlement, (Voyez note du n°. 319.) copiant sans examen les termes consacrés par les réglemens antérieurs, encore que ces termes eussent depuis long-temps perdu toute signification. La note 2 du n°. 14 fait connoître qu'il n'existoit plus de *majors* dans les corps comment donc eût-il pu y avoir un *major de division* ? aussi l'art. 7 ci-dessus, dit-il : *lieutenant-colonel de division*, et non pas *major de division*. Mais l'art. 12 du titre XVII du règlement de 1778, et l'art. 12 du titre XVI du règlement de 1788, dont l'article du présent titre est copié, ayant exprimé que c'étoit le *major de la division* qui dictoit l'ordre, ce mot *major de division* a été irrégulièrement recopié ici.

(3) Le règlement de 1809 disoit : *après quoi ils le distribueront aux chefs des corps.*

aux lieutenans-colonels des régimens, par le sergent et le caporal d'ordonnance (1).

330 11. (2) Dès que les lieutenans-colonels des régimens auront pris l'ordre et le mot chez le lieutenant-colonel de brigade, ils iront le porter à leur colonel, lui feront la lecture de l'ordre et recevront ceux qu'il aura à donner; après quoi, ils iront donner l'ordre à leur régiment.

331 12. Les lieutenans – colonels ne s'enverront jamais l'ordre d'un régiment à l'autre, autrement que par un officier, ou par écrit.

332 13. Lorsque le lieutenant-colonel du régiment (3) voudra donner l'ordre, un tambour de piquet fera trois roulemens pour y appeler, sans jamais crier à l'ordre.

333 14. Alors les officiers de piquet, le quartier-maître, l'adjudant-major et l'adjudant de semaine, le vaguemestre, les sergens-majors et sous-officiers d'ordre (4) s'assembleront au centre du régiment, à vingt pas en avant des faisceaux (5).

334 15. Les sergens-majors et sergens, portant le fusil sur le bras droit, formeront un cercle, en se rangeant suivant l'ordre de leurs bataillons et compagnies.

---

(1) Le réglement de 1809 transformoit ainsi cet article : *tous les autres ordres qui seront adressés, soit de jour, soit de nuit, par le chef de l'état-major de l'armée, aux chefs de l'état-major de la division, seront envoyés par eux aux chefs de corps.*

(2) Le réglement de 1809 supprimoit les articles 11 et 12.

(3) Le réglement de 1809 changeoit ainsi ces mots : *lorsque l'adjudant de service pour les brigades,* etc.

(4) C'est-à-dire les *sous-officiers de semaine.* La désignation de *sous-officiers d'ordre* étoit celle dont faisoit usage l'ordonnance du 1er. mars 1768. (Voyez tit. 21 de cette ord. art. 86.) Cette désignation a cessé d'être en usage. (Voy. régl. du 24 juin 1792 , tit. 3 art. 5.) Voy. Manuel d'Inf. , 4e édit. p. 320 et 362.

(5) Le réglement de 1809 transformoit ainsi l'article 14 : *alors l'adjudant-major de service assemblera au centre de la brigade les officiers de piquet et les sous-officiers venus pour prendre l'ordre ; il le leur communiquera après avoir fait l'appel des postes. Une garde de police sera toujours commandée pour se trouver au cercle d'ordre, et empêcher que personne n'approche.*

335   16. Les caporaux en feront un deuxième, derrière les sergens, tenant les armes présentées au dehors, en empêchant que personne n'approche.

336   17. Les officiers de piquet, les adjudans, le quartier-maître, le vaguemestre et le tambour-major se mettront entre les sergens et caporaux.

337   18. Le lieutenant-colonel (1) du régiment entrera seul dans le cercle.

338   19. Le lieutenant-colonel expliquera l'ordre aux adjudans, au quartier-maître, au vaguemestre, sergens-majors et sergens ; ainsi que ce qu'ils auront à exécuter, et nommera les officiers commandés pour les différentes espèces de service de la nuit ou du lendemain.

339   20. Il s'informera quels seront les sergens qui doivent être de garde, de détachement, de piquet, d'ordonnance et de corvée, et il leur recommandera les attentions nécessaires pour ces différens services.

340   21. Il donnera ensuite le mot aux officiers de piquet, puis à l'adjudant-major, lequel le donnera à l'adjudant, et celui-ci au premier sergent-major du cercle, qui s'avancera pour le recevoir ; et étant retourné à sa place, le donnera au second, celui-ci au troisième, et ainsi de suite.

341   22. Les sergens-majors et sergens présenteront les armes (2) jusqu'à ce que le dernier sergent du cercle ait rendu le mot au lieutenant-colonel.

342   23. (3) Aussitôt que l'ordre aura été donné à la tête du camp, les deux officiers de piquet iront en rendre

---

(1) Le réglement de 1809 disoit: *le chef de bataillon.*

(2) Le réglement de 1809 disoit : *Les sergens et caporaux resteront au port d'armes comme sous-officiers, jusqu'à ce que le dernier sergent ait rendu le mot à l'adjudant-major.*

(3) Le réglement de 1809 transformoit cet article de la manière suivante : *Aussitôt l'ordre donné à la tête du camp, les adjudans rendront le mot à MM. les chefs de leurs corps respectifs.*

compte chacun au commandant de leur bataillon, et lui donneront l'ordre en même temps (1).

343   24. Les sergens-majors porteront l'ordre aux officiers de leur compagnie, sans pouvoir jamais en être dispensés.

344   25. Les sergens-majors iront ensuite, ainsi que les sergens, aux tentes de leurs compagnies, expliquer aux caporaux et chefs d'escouade, ce qui aura été défendu et ordonné.

345   26. Les caporaux avertiront les soldats qui devront marcher.

346   27. Le quartier-maître (2) donnera ensuite aux vivandiers, les ordres qui les concernent; le vaguemestre, aux valets des officiers, ceux qui regarderont les équipages.

347   28. Un sergent et un caporal de chaque piquet, de même que les sergens des gardes du camp, se trouveront au cercle pour prendre l'ordre et le mot, et le recevront des officiers desdits piquets.

348   29. Les lieutenans-colonels des régimens enverront l'ordre cacheté aux grandes gardes que leur régiment aura fournies, par l'ordonnance de ces gardes.

349   30. Les jours de marche, lorsque l'ordre se donnera après la retraite, les sous-officiers du bivouac tiendront au cercle le rang et la place des sous-officiers du piquet.

350   31. On ne battra jamais à l'ordre pendant la nuit pour assembler des gardes ou des détachemens, afin de ne point éveiller les troupes, et d'empêcher les ennemis d'en avoir connoissance.

---

(1) Le réglement de 1809 ajoutoit à la suite du n° 342 un article conçu comme il suit : *On n'admettra jamais de soldats au cercle d'ordre ; s'il manquoit un sous-officier pour un poste, le chef du grand poste fera donner le mot d'ordre par son sergent ou caporal au caporal du petit poste.*

(2) Le réglement de 1809 commençoit ainsi cet article : *Le vaguemestre donnera ensuite aux vivandiers les ordres qui les concernent, ainsi qu'aux domestiques des officiers, etc.*

35ı   Les officiers de piquet éveilleront sans bruit les soldats qui le composent.

352   32. Le même silence et les mêmes précautions seront observées lorsqu'il sera demandé pendant la nuit des bataillons de grenadiers (1), des bataillons ou des brigades entières, et l'on éveillera sans bruit les troupes qui devront marcher.

353   33. Lorsque l'ordre arrivera pendant la nuit pour que l'armée entière ou un corps détaché marche le lendemain, les lieutenans-colonels n'avertiront personne dans la nuit, la générale devant seule en instruire, ainsi qu'il sera dit au *Titre des Marches.* (Voy. n° 592 et suivans.)

TITRE XII (2).

De la Retraite, Appels et autres Règles du camp.

354   Art. 1er. On battra tous les jours la retraite au soleil couchant, au signal d'un coup de canon, ou à son défaut, au signal que donneront les tambours de la brigade de la droite, afin que les tambours de la ligne puissent commencer à battre ensemble (3).

---

(1) Voyez la note du n°. 36.

(2) Ce *titre* est la copie très-peu abrégée du *titre dix-huitième* du réglement de 1778. Ce *titre* avoit été fondu dans le réglement de 1788, au *titre* XII de ce réglement, intitulé *des règles de police, discipline,* etc. art. 28. Voyez le réglement de 1753, art. 178.

(3) Cavalerie ; réglement du 12 août 1788, tit. 12,

Art. 25. *Deux heures avant la retraite, il sera sonné trois appels. A ce signal, la moitié du piquet ira à l'abreuvoir. Successivement et à son retour, tous les chevaux du régiment y seront conduits de la même manière que le matin ; après quoi l'on donnera l'avoine.*

Art. 26. *Lorsque les commandans des régimens jugeront à propos de faire mener les chevaux à l'abreuvoir plus souvent pendant les grandes chaleurs, ils s'y feront autoriser par les maréchaux-de-camp commandant leur brigade. Dans les camps de séjour, ils pourront ordonner un pansage après midi, et en fixeront l'heure.*

355   2. Les tambours, tant pour la retraite que pour tout ce qu'ils auront à battre, se placeront devant le drapeau de leur bataillon (1) au signal, et ils battront, de pied ferme, vingt-cinq reprises de chaque batterie, ayant attention de commencer et de finir tous à la fois (2).

356   3. La retraite battue, le sergent ou le caporal de bivouac repliera les drapeaux, et les posera ensemble sur les petits chevalets qui seront mis à cet usage.

357   4. Les drapeaux ainsi placés seront consignés à la nouvelle sentinelle du bivouac.

358   5. Immédiatement après la retraite, le sergent-major de chaque compagnie (3) fera mettre le manteau d'armes sur les faisceaux, s'il en a été ôté pendant le jour.

359   6. Il en visitera en même temps les armes en présence des officiers de piquet (4); et, s'il en manque, après avoir vérifié à qui elles appartiennent, il fera arrêter les soldats qui les auront prises, et les sentinelles à qui elles étoient consignées.

360   7. On éteindra les feux des cuisines; les vivandiers cesseront de donner à boire, et les soldats rentreront dans les tentes, une heure après la retraite au plus tard.

361   8. Avant la nuit, il sera consigné aux sentinelles de la queue du camp de chaque bataillon, d'arrêter les soldats qui rentreront au camp par les derrières (5), ou qui voudront en sortir (6).

---

(1) Chaque bataillon avoit alors un drapeau. (Voyez note 2 de la page 24.)

(2) Cavalerie. Réglement de 1788, tit. 12, art. 30. *Pour toutes les sonneries, les trompettes se placeront auprès des étendards, et auront attention de commencer au signal et de finir tous à-la-fois.*

(3) Le règlement de 1809 terminoit ainsi cet article : *fera couvrir les armes.*

(4) Le réglement de 1809 disoit : *des officiers de semaine.*

(5) Il ne conviendroit pas moins de donner une consigne semblable aux sentinelles des flancs et du front. (Voy. n° 463.)

(6) Cavalerie. Réglement de 1788, tit. 12, art. 34. *Avant la nuit, les rues seront barrées par des cordeaux du côté du* -

362   9. Après la retraite, toutes les compagnies se mettront en haie dans les grandes rues du camp, pour l'appel.

363   10. Cet appel sera fait dans chaque compagnie par le lieutenant ou sous-lieutenant de semaine, qui dressera ensuite un billet d'appel, sur lequel il marquera s'il manque quelqu'un ou non, et le mouvement d'un appel à l'autre.

364   11. L'officier de semaine datera et signera ce billet, et il le portera à l'officier de piquet (1), qui sera chargé de rassembler ceux du bataillon et de les remettre au lieutenant-colonel (2) de semaine du régiment. Il ira ensuite en rendre compte au capitaine de la compagnie.

365   12. Indépendamment de cet appel, il en sera fait un autre, à l'heure de la soupe, par les lieutenans et sous-lieutenans de semaine, qui en rendront compte à leurs capitaines. Ces appels se feront, les compagnies étant en haie dans les grandes rues (3).

366   13. Les officiers ou sous-officiers qui manqueront à ces appels par négligence, ou qui ne rendront pas compte des soldats qui ne s'y seroient pas trouvés, seront punis.

367   14. Les lieutenans-colonels des régimens forme-

---

front de bandière, et à la queue du camp du côté des cuisines ; et il sera placé un cavalier de garde d'écurie dans chaque rue, pour veiller sur les chevaux.

Ce cavalier, qui ne sera ni armé ni équipé, sera fourni alternativement par chacune des chambrées qui formeront la rue. Les maréchaux-des-logis auront soin qu'il soit relevé de demi-heure en demi-heure. Le cavalier de garde d'écurie, quand sa fonction sera finie, ira appeler à la tente celui qui devra le remplacer, sans qu'il soit besoin qu'un sous-officier aille les conduire. Les officiers de police veilleront à ce que les gardes d'écurie soient assidus à leurs fonctions.

(1) C'est au *capitaine de police,* ou bien à l'*adjudant major,* mais plus particulièrement à ce dernier, que doit être laissé ce soin. Le réglement de 1809 disoit : *le portera au capitaine de police.*

(2) Le réglement de 1809 disoit : *au chef de bataillon de service du corps.*

(3) Le réglement de 1809 disoit : *en avant des baraques.*

4*

ront, sur les comptes qui leur auront été rendus des appels, des billets datés et signés d'eux, qu'ils enverront tous les matins au lieutenant de brigade (1).

368   15. Quand il n'auroit manqué personne, ils n'en feront pas moins mention sur leurs billets; ils y marqueront aussi le nombre des soldats entrés à l'hôpital, ou revenus des convalescens (2).

369   16. (3) Chaque lieutenant-colonel de brigade formera de même sur les billets des lieutenans-colonels des régimens qui la composent, un billet détaillé qu'il enverra au lieutenant-colonel de division; (4) et celui-ci, sur la totalité des brigades de la division, en formera un général qu'il enverra chaque jour au chef de l'état-major de l'armée.

---

(1) Le mot *lieutenant de brigade* est une erreur de typographie; il faut lire : *lieutenant-colonel de brigade*. L'art. 19 du titre XVIII du réglement de 1778, d'après lequel cet article est transcrit, vouloit que ces billets fussent envoyés au *major de brigade*. Ce devroit être actuellement au *major* de chaque régiment, plutôt qu'au *lieutenant-colonel*, à dresser le billet d'appel général. Le réglement de 1809 termine ainsi l'article 14 : *qu'ils enverront tous les matins au général de brigade.*

(2) Le *billet d'appel* ne doit mentionner simplement que les absens à l'appel; c'est par l'envoi de la situation générale et journalière, dressée par le *major*, que doivent être indiqués tous autres mouvemens.

(3) Le réglement de 1809 commençoit ainsi l'art. 16 : *chaque général de brigade formera de même, sur les billets des chefs de bataillon des régimens qui la composent, un billet détaillé qu'il enverra au chef de l'état-major de la division, et celui-ci,* etc.

(4) Toutes ces cascades rendroient nulles les communications, dans un camp d'un terrain étendu; aussi n'avons-nous jamais vu le service être réglé d'après ce mécanisme. C'est à la constitution des troupes, à servir de base aux réglemens; mais bien qu'elle eût changée, les derniers réglemens se sont prêté, l'un à l'autre, des règles qu'un calcul approfondi auroit dû modifier ou proscrire. Ainsi la constitution de 1750 a servi de base au réglement de campagne du 17 février 1753; la constitution de 1776 a servi de base au réglement de campagne de juillet 1778; la constitution préparée par le conseil de la guerre a servi de base au réglement ébauché, du 12 août 1788; mais celui de 1792 a

370   17. Le chef de l'état-major formera pareillement sur tous les appels des divisions, un appel total de l'armée, qu'il remettra au général à l'heure de l'ordre.

371   18. La garde se battra tous les matins à l'heure indiquée au *Titre suivant.* (Voy. le n°. 398.)

372   19. (1) La messe sera battue les dimanches et fêtes. Tous les tambours la battront au centre de leur bataillon, ainsi qu'il a été prescrit ci-dessus pour les autres batteries, art. 2. (Voyez n°. 355.)

373   20. On aura attention, dans les brigades, que les messes des régimens, les dimanches et fêtes, se disent à des heures différentes.

374   21. Les jours de fête, après que les tambours auront battu le premier coup de la messe, les soldats s'assembleront en haie dans les rues des compagnies, habillés, mais sans armes ; les officiers des compagnies en feront l'appel et ensuite l'inspection, pour voir s'il ne manque rien à leur habillement et à leur tenue.

375   22. Après que les gardes seront partis du camp (2), le tambour du piquet du premier bataillon de la droite battra la *breloque*, qui sera suivie par tous les tambours des piquets de la ligne, et qui servira d'avertissement pour faire balayer les rues et la tête du camp, jusqu'à trente pas au-delà des faisceaux (3).

---

recopié celui de 1778, quoique la constitution eût varié et par la suppression des maréchaux généraux des logis, et par la création des adjudans-généraux, etc. (Voy. la note du n° 319.)

(1) Le réglement de 1809 avoit supprimé les articles 19, 20 et 21.

(2) Le réglement de 1809 avoit supprimé ce commencement d'article.

(3) Cavalerie; réglement du 12 août 1788, titre 12 :

Art. 11. *Les officiers feront ensuite relever le fumier sous les chevaux, balayer les rues et le front du camp, et panser les chevaux. Après le pansage, les cavaliers commandés de garde, de piquet et de détachement, selleront leurs chevaux.*

Art. 15. *Après que la garde de police aura été relevée, les*

376   23. Dès que le camp aura été balayé, le sergent-major de chaque compagnie fera ôter le manteau d'armes de dessus le faisceau, si le temps le permet. Il visitera les armes en présence des officiers de piquet(1), et aura soin qu'elles soient bien rangées autour du faisceau, les platines en dehors, avec des couvres platines (2).

377   24. Le sergent de piquet plantera les drapeaux à leur place, en se réglant sur le bataillon de la droite ; on les y déploiera si le temps le permet, et on les consignera de nouveau à la sentinelle du front du bataillon.

378   25. Toutes les fois que les soldats auront besoin d'être conduits au bois, ils y seront menés par des escortes armées, ainsi qu'il a été dit au *Titre de l'établissement dans le camp.* (Voy. n°. 44.)

379   26. Comme il est nécessaire d'aller à l'eau plusieurs fois dans la journée, les soldats de chaque compagnie pourront y aller, conduits par un sous-officier.

380   27. Les valets pourront aller au bois et à l'eau sans escorte ; mais ils seront sévèrement punis des dégâts qu'ils commettront.

381   28. Les lieutenans ou sous-lieutenans de semaine feront tous les matins la visite des tentes,

---

chevaux seront menés à l'abreuvoir, par escadron, un maré-chal-des-logis à la tête, un brigadier à la queue, et conduits par un lieutenant ou sous-lieutenant de corvée.

Art. 16. *Au retour de l'abreuvoir, on donnera l'avoine aux chevaux, en présence des officiers de jour. Les cavaliers auront soin de balayer ensuite la place des chevaux, et releveront le fumier derrière eux.*

(1) Le réglement de 1809 disoit : *en présence de l'officier de semaine, et aura soin,* etc. Ce réglement avoit laissé subsister dans cet article le mot : *manteau-d'armes,* quoique partout ailleurs il l'eût supprimé. C'est une des preuves du peu de soin qui fut apporté dans cette révision de 1809.

(2) Le réglement de 1809 avoit supprimé ces mots : *avec des couvre-platine.* (Voy. note du n° 428) et cependant à ce n° 428, le réglement de 1809 enjoignoit de faire couvrir les platines, comme si l'usage des couvre-platine, existoit encore.

afin de voir si les soldats sont propres, et s'ils font ordinaire ; et ils en rendront compte à leur capitaine.

382 29. Ils feront également tous les jours la visite des armes ; ils s'adresseront à leurs capitaines, et ceux-ci à l'officier supérieur de leurs bataillons, pour qu'il y soit ordonné les réparations nécessaires, et ils tiendront la main à ce qu'elles soient bien et promptement faites.

383 30. Ils veilleront de même, ainsi que les sergens-majors et autres sous-officiers, lorsque la distribution de la poudre, des balles et des pierres à fusil aura été faite, à ce que les soldats aient toujours leur porte-cartouches garni (1), et chacun deux pierres de rechange, avec les autres petits ustensiles nécessaires pour la propreté et l'entretien des armes.

384 31. A mesure que ces munitions seront consommées, les chefs des régimens en informeront le chef de l'état-major, afin qu'il puisse les faire remplacer.

385 32. Au cas que les cartouches fussent mouillées, ils seront tenus de faire rapporter les balles au parc de l'artillerie, sans quoi la retenue en sera faite aux régimens.

386 33. Dans les camps où l'armée séjournera plus de deux jours, on fera faire l'exercice aux troupes le plus souvent qu'il se pourra.

387 Ces exercices se feront à feu, et on aura attention de les redoubler, lorsqu'on prévoira quelque action (2).

388 34. L'infanterie manœuvrera par bataillon, par régiment, par brigade, et même par division, lorsque les commandans de division le jugeront à propos.

389 35. Les soldats n'emploieront jamais, dans les

---

(1) Mot suranué, même dès 1792. Le réglement de 1809 disoit : *leur giberne.* (Voyez la note du n°. 389.)

(2) Le réglement de 1809 supprimoit cet alinéa.

exercices, les munitions qui seront dans leurs cartouches (1), mais seulement la poudre qui leur sera
donnée à cet effet.

390   36. Les sergens - majors auront attention de retirer la poudre et les balles des soldats de leurs compagnies qui seront envoyés aux hôpitaux, et de les
donner à ceux qui en manqueront.

391   37. Lorsqu'après la pluie, il sera nécessaire de faire
décharger les fusils, les sergens-majors auront soin
de faire décharger avec un tire-bourre (2) ceux qui
auront été mouillés; et s'il y en a qu'on ne puisse
décharger de cette manière, ils ne pourront être tirés qu'entre neuf et dix heures du matin, en présence d'un officier de piquet qui prendra les précautions nécessaires pour éviter les accidens.

392   38. La sûreté de l'armée exigeant qu'il y ait toujours au camp un assez grand nombre d'officiers
pour se mettre à la tête des troupes en cas d'événement, il ne s'en absentera jamais plus de la moitié;
et les chefs des corps en répondront.

393   39. Les officiers supérieurs des régimens ne s'ab-
senteront de même jamais tous à-la-fois, et il restera
toujours ou le colonel ou un lieutenant-colonel (3).

394   Le capitaine de piquet dans chaque division,
l'adjudant-major et l'adjudant de piquet dans chaque
brigade, les officiers de semaine dans les régimens,
ainsi que les officiers premiers et seconds à marcher, ne pourront quitter le camp, sous tel prétexte
que ce puisse être.

395   40. On ne se servira jamais, dans les camps, du
mot *arrête*, pour quelque chose que ce soit.

---

(1) C'est-à-dire dans leur porte-cartouches, ou plutôt dans
leur giberne. (Voyez la note ci-avant à ce sujet). Il doit être,
pour les exercices à feu, confectionné des cartouches à poudre.
(Voyez l'instruction du 19 juin 1806, au paragraphe : *cartouches
à fusil*. Voy. Mémorial de l'Offi. d'inf., 2ᵉ édit., p. 419.)

(2) Avec un *tire-balle*.

(3) Le réglement de 1809 supprimoit les mots : *et il restera
toujours le colonel ou le lieutenant-colonel.*

396   41. Le terme d'*alerte* sera aussi interdit dans tous les postes, pour y faire prendre les armes, et les officiers et sergens de ces postes tiendront la main à ce que l'on se serve du cri : *aux armes*.

397   42. Les tambours ne battront que pour les choses ordonnées et pour leurs écoles qu'ils ne commenceront jamais par *la générale*, et qu'ils feront d'abord après le départ des gardes.

TITRE XIII (1).

De l'*Assemblée, Inspection et Départ des gardes et Détachemens.*

398   Art. 1er. On battra la garde tous les matins à sept heures, depuis le premier mai jusqu'au premier septembre ; et à huit heures, depuis le premier septembre.

399   2. L'assemblée et l'inspection des gardes et détachemens seront faites habituellement par brigade ; elles n'auront lieu par division, que dans les camps de séjour (2), et quand le commandant de la division l'ordonnera.

400   3. Une demi-heure avant qu'on batte la garde, les commandans des régimens feront assembler à la tête de leur camp les piquets, gardes et détachemens, et ils en feront ou feront faire, par un officier supérieur, une inspection, pour s'assurer que les piquets, gardes et détachemens sont pourvus chacun de ce qui est nécessaire ou relatif au service qui lui est destiné.

401   4. Si les gardes ou détachemens devoient être à poste fixe ou de plusieurs jours, et avoient reçu en conséquence ordre de se pourvoir de pain, de viande,

---

(1) Ce *titre* est copié mot pour mot du *titre onzième* du réglement de 1788 ; ils sont l'un et l'autre un abrégé du *titre XIX* du réglement de 1778. Voyez le réglement de 1753, art. 243.

(2) Le réglement de 1809 supprimoit les mots : *dans les camps de séjour*.

de marmites, et d'un supplément d'outils (1) ou de munitions de guerre, l'officier supérieur veillera à ce que les ordres soient ponctuellement remplis.

402 Si les outils de compagnie ne sont pas d'une espèce assez forte, les lieutenans-colonels de leur brigade (2) leur en feront donner, sur leur reçu, par la division d'artillerie attachée aux brigades, et ils en rendront compte aux chefs de l'état-major de l'armée (3).

403 5. Les officiers commandés joindront à la tête de leur régiment les gardes et détachemens avec lesquels ils devront marcher.

404 Ils assisteront à l'inspection qu'en fera l'officier supérieur, et lui feront les demandes et observations qu'ils jugeront convenables pour assurer le bon état de la troupe qu'ils doivent commander.

405 6. Lorsqu'on battra la garde, tous les piquets, détachemens et gardes, de quelque nature qu'ils soient, se rendront en avant du centre de leurs brigades, à cinq toises (neuf mètres) des faisceaux, où l'officier supérieur de jour de la brigade se trouvera pour en faire l'inspection, s'il le juge à propos, ou si le commandant de la brigade l'ordonne, et pour la faire défiler.

406 7. Si l'assemblée et l'inspection doivent avoir lieu par divisions, l'officier supérieur de jour de la brigade se mettra à la tête des piquets, gardes et détachemens de la brigade, pour les conduire au centre de la division, où il recevra les ordres du chef de la division, qui en aura fait prévenir les maréchaux de camp commandant les brigades, et les commandans des régimens, pour qu'ils s'y rendent.

407 8. Les officiers généraux de jour et le chef de

---

(1) Le réglement de 1809 supprimoit ces mots : *d'un supplément d'outils.*

(2) Ce seroit le maréchal de camp commandant la brigade, qui prendroit ce soin, ou qui emploieroit les sapeurs du génie.

(3) Le réglement de 1809 supprimoit cet alinéa.

l'état-major de l'armée se trouveront, quand ils le jugeront à propos, aux inspections des piquets, gardes et détachemens, soit qu'elles se fassent par brigade ou par division, pour pouvoir s'assurer de l'exécution des ordres donnés, et en rendre compte au général; mais ils ne pourront, pour se trouver à ces instructions, rien changer à l'heure et à la marche réglées pour le service.

408   9. Les lieutenans - colonels (1) des régimens (2) auront soin de faire trouver au rendez-vous des gardes, les ordonnances (3) des postes extérieurs, s'il en ont fourni. Ces soldats se mettront, à l'inspection, en face de la garde qu'ils auront à conduire, et en prendront la tête lorsqu'elle défilera.

409   10. L'inspection des piquets, gardes et détachemens de la division étant faite, le lieutenant-général ou le plus ancien officier supérieur de jour de la division, donnera ordre au lieutenant-colonel (4) de les faire défiler.

410   11. Les premières gardes qui seront posées à l'arrivée de l'armée dans le camp, ou celles qui seront commandées d'augmentation, seront conduites par ceux qui auront été chargés de reconnoître (5) leurs postes.

---

(1) Il n'y avoit plus alors de *major*, dont c'étoit autrefois la fonction. Ce grade étant rétabli, ce soin doit être laissé au major. (Voyez note 2 , page 5.)

(2) Le réglement de 1809 disoit : *les chefs de bataillon des corps.*

(3) Et les *cavaliers d'ordonnance* dans la cavalerie.

(4) C'est ordinairement un colonel qui commande le défilement de la garde, quand un officier général y assiste; et cela doit être ainsi.

(5) La manière dont les *postes* doivent être reconnus, n'est point assez détaillée ici; ce qui résulte des changemens que notre constitution militaire a subis. Si chaque brigade doit se garder elle-même, le *maréchal de camp* qui la commande reconnoît lui-même les postes qu'il a à placer, accompagné de son *chef d'état-major.* Les *officiers-majors* des régimens doivent être

411　　12. Les jours de marche, chaque brigade enverra avec ses campemens les détachemens qui lui seront ordonnés, pour servir de nouvelles gardes en arrivant au camp.

T I T R E X I V (1).

Du Service des gardes dans leurs postes.

412　　Art. 1er. A l'arrivée d'une garde à son poste, soit qu'elle en relève une autre ou non, le commandant la disposera comme il voudroit qu'elle fût en cas d'attaque.

413　　2. Il aura soin que les soldats arrangent leurs

---

rendus à l'avance sur le terrain où leur corps doit s'établir et se garder ; et c'est surtout pour ce service qu'ils sont montés, et qu'il convient réellement qu'ils le soient. Le *chef de l'état-major* ou le *général* lui-même donnent au *major* de chaque corps les instructions générales, tandis que les *adjoints à l'état-major* ou les *aides-de-camp* parcourent à cheval avec les *adjudans-majors* les points sur lesquels les gardes doivent être établies. Toutes ces reconnoissances doivent être faites, et ces détails connus, à l'arrivée des corps. Les *adjudans sous-officiers* s'empressent alors d'appeler les hommes de garde que les sergens-majors ont commandés à l'avance. Le *major* conduit lui-même les postes les plus intéressans ou les plus exposés. Les *adjudans-majors* conduisent les autres postes de sûreté ou de communication, et les *adjudans* vont placer la garde du camp et la garde de police. (Voy. note du nº 286.)

Si c'est par division et non par brigade qu'on doit se garder, ce qui a été dit du *maréchal-de-camp* commandant la brigade, et de son *chef d'état-major*, devient applicable au *lieutenant-général* qui commande la division, et au général qui remplit près de lui les fonctions de *chef d'état-major*; c'est ce *chef d'état-major* qui rend au maréchal de camp les ordres du lieutenant-général.

Mais ces principes ne sauroient être applicables à un chef d'armée.

(1) Copié mot pour mot du *titre vingtième* du réglement de 1778, qui avoit lui-même été recopié au *titre 22* du réglement de 1788, mais avec quelques développemens de plus. Voyez réglement de 1753, art. 261.

armes près d'eux, par files (1) complettes (2), et le long de la banquette lorsque le poste sera retranché.

414   3. Il fera travailler diligemment à retrancher (3) son poste, et à le mettre en état de défense.

415   4. Les lieutenans-colonels de brigade (4) veilleront personnellement à ce que les grandes gardes de leurs brigades soient retranchées (3).

416   5. Lorsqu'on arrivera au nouveau camp, ils visiteront les postes qu'auront fournis leurs brigades ; et s'ils ne les trouvent pas suffisamment retranchés (5), ils enverront des travailleurs des brigades, en assez grand nombre pour les mettre en état de défense le même jour.

---

(1) Le réglement de 1809 mettoit à la place de ces mots : *par files complettes*, ceux-ci : *par files en faisceaux.*

(2) Le mot *par files complettes* n'est pas intelligible. S'agit-il de la formation des faisceaux, à raison de trois fusils, qui seroient ceux d'une file ? Mais ces faisceaux seroient dérangés sans cesse par le départ et le retour des sentinelles ; puis des armes venant à tomber, pourroient estropier des hommes. S'agit-il d'appuyer les armes contre une traverse, ou contre le parapet ? Cette réunion des armes par files ne peut être d'une grande importance, puisqu'un poste ayant toujours le quart de ses hommes en faction, il en résulte que quand le poste prend les armes, ou est obligé d'y faire completter les files et les rangs, suivant une disposition qui n'est jamais celle que cette troupe avoit primitivement.

(3) C'est une question délicate et difficile à résoudre, que celle de savoir s'il convient de maintenir comme principe absolu la règle qui veut que les postes *se retranchent.* Cela ne s'est point pratiqué depuis ce réglement, si ce n'est dans les guerres de montagnes, ou dans les camps permanens. On se contente de faire des abatis sur les chemins aboutissans, ou de les obstruer par divers autres moyens.(Voy. notes des n° 416 , 440 et 482.)

(4) Les notes précédentes ont fait connoître que cette fonction n'avoit point existé. (Voyez note 2 de la page 39 ; voyez note du n°. 288.)

(5) Il pourroit résulter de l'établissement arbitraire de ces fortifications légères, un système non-seulement informe, mais même dangereux. C'est au corps du génie du corps d'armée, ou au moins à celui de la division, à décider quels sont les ouvrages à élever, et à les faire exécuter. (Voy. la note du n°. 414.)

417 6. Le commandant du poste fera placer les sentinelles, ou les changera s'il les trouve mal placées,
observant, autant qu'il sera possible, de les placer
de manière qu'elles puissent découvrir de loin, sans
être elles-mêmes fort en vue; les postant, pour cela,
près de quelques banques de fossé, broussailles ou
arbre, derrière lesquels elles puissent se cacher.

418 Il en augmentera ou diminuera le nombre,
selon qu'il le jugera à propos, et se fera rendre
compte de leurs consignes.

419 7. Il reconnoîtra les chemins et débouchés par
lesquels l'ennemi pourra venir à lui, afin d'y
mettre, s'il en est besoin, quelques petits postes
en avant, qui se retireront à la nuit au gros de la
troupe.

420 8. L'ennemi pouvant reconnoître facilement les
sentinelles fixes, et échapper à leur vigilance, le
commandant du poste y ajoutera, pendant la nuit,
des sentinelles volantes.

421 9. Il prescrira à chacune d'elles le chemin
qu'elles devront parcourir, et les points qu'elles
devront éclairer.

422 10. Il se promenera souvent en-dehors de ses
sentinelles, pour s'assurer de leur vigilance, et pour
juger si toutes les avenues de son poste sont bien
gardées.

423 11. Il fera reconnoître pendant le jour les chemins que les patrouilles auront à tenir pendant la
nuit, et fera faire ces reconnoissances par ceux
mêmes qu'il destinera à faire ces patrouilles.

424 12. Vers le soir, il expliquera aux officiers et sous-
officiers qui seront avec lui, la manière dont ils devront faire leurs ronde et patrouille pendant la nuit;
mais les heures n'en seront jamais réglées, et il les
fera partir quand il le jugera à propos.

425 13. A l'entrée de la nuit, il leur donnera le mot
d'ordre et de ralliement qui lui aura été envoyé (1),

____

(1) Suivant le système actuel de constitution, il conviendroit
que le major fît porter ce *mot* au poste par l'adjudant-major de

dans un billet cacheté, par le (1) lieutenant-colonel de son régiment.

426   14. Il réglera le nombre et la disposition de ses sentinelles, telles qu'elles devront l'être pendant la nuit.

427   15. Il fera prendre ensuite les armes à son détachement, pour en faire la visite, et instruire encore plus précisément les soldats de la manière dont ils défendront le poste en cas d'attaque.

428   16. Il fera couvrir les platines (2) des fusils, pour que la pluie et la rosée ne puissent les mouiller.

429   17. Il veillera à ce que les soldats se tiennent toute la nuit, autour du feu, vis-à-vis leur poste, et sans dormir.

430   18. Il fera faire, pendant la nuit, en dehors de son poste, des patrouilles plus ou moins fréquentes, suivant les circonstances.

431   19. Celui qui sera chargé de faire la patrouille, prendra avec lui deux hommes à son choix, et partira après avoir reçu ses ordres.

432   20. Il observera de marcher avec le moindre bruit qu'il sera possible, et de faire halte de temps en temps pour écouter.

433   21. Quelque rencontre qu'il fasse, il ne tirera jamais que, lorsqu'étant coupé, il ne pourra retourner à son poste pour l'avertir.

---

semaine du régiment; si l'on n'adoptoit pas la règle de le faire donner à chaque chef de poste, à l'instant de son départ pour son poste. (Voyez la note du n°. 325.)

(1) Le réglement de 1809 changeoit ainsi les derniers mots de cet article : *par l'adjudant major de jour de la brigade.* Cette phrase étoit dépourvue de sens. (Voyez la note du n°. 189.)

(2) Ce réglement faisoit mention de *couvre-platine.* Cet usage, encore qu'il fût convenable et bien entendu, n'a point été pratiqué depuis 1792 par les troupes françaises. Les soldats soigneux enveloppent leur platine avec leur mouchoir, ou bien avec des morceaux de linge qu'ils se procurent à cet effet. Il conviendroit de faire usage de *couvre-platine* en cuir, ou au moins de *couvre-batterie* en peau. (Voyez note 2 de la page 78.)

434   22. Sa tournée étant finie, il s'arrêtera lorsque la sentinelle du poste lui aura crié: *halte-là !* (1) et il attendra qu'un caporal, escorté de deux fusiliers, vienne le reconnoître, et recevoir de lui le mot de ralliement.

435   23. Dès qu'il aura été reconnu, on le laissera entrer dans le poste avec ses fusiliers, et il rendra compte au commandant de ce qu'il aura vu et entendu.

436   24. Il rendra pareillement compte de la vigilance des sentinelles.

437   Les commandans des patrouilles qui se seront écartés de leur poste, ou du chemin qu'ils devoient tenir, seront sévèrement punis (2).

438   25. Pendant que la patrouille sera dehors, une partie des soldats du poste en bordera le retranchement.

439   26. Dans les postes exposés, où il seroit à craindre que le cri des sentinelles ne les fît découvrir, on leur donnera, de même qu'à ceux qui feront les patrouilles, un signal muet dont on sera convenu.

440   27. Au petit point du jour, les officiers et leurs détachemens borderont le parapet du poste (3), et y resteront jusqu'à ce que la découverte ait été faite.

441   28. Lorsqu'il sera jour, on détachera un sergent et quatre fusiliers pour aller à la découverte.

442   29. Ce sergent ira exactement dans tous les endroits qui lui auront été indiqués par son commandant, et il visitera tous les lieux circonvoisins où l'ennemi auroit pu s'embusquer.

443   30. La découverte étant faite, on relèvera les

---

(1) Le régl. de 1809 ajoutoit après *halte-là!* ces mots: *qui vive?*

(2) Article trop vaguement exprimé ; on auroit dû dire : *qui se seront volontairement, et sans raison valable, écartés,* etc.

(3) Le régl. de 1809 ajoutoit ces mots: *ou, à défaut de parapet, seront sous les armes ;* cette alternative laissoit indécise la question : les postes doivent-ils se retrancher. (V. p. 85, n. 3 et 5.)

sentinelles d'augmentation qui auront été posées pendant la nuit.

444 31. Les soldats remettront leurs armes à leur place, et les sergens les leur feront essuyer.

445 32. Toutes les gardes placées pour la sûreté du camp, feront reconnoître exactement les troupes et personnes qui en approcheront, soit pour entrer dans le camp, ou pour en sortir.

446 33. Dès que les sentinelles apercevront une troupe de quatre ou cinq personnes qui viendra de leur côté, ils la feront arrêter (1), avertiront le poste et présenteront les armes.

447 34. Aussitôt l'officier fera prendre les armes aux soldats de son détachement, et en même temps il enverra reconnoître la troupe par un sergent et quatre fusiliers, qui iront se placer près la sentinelle, les armes présentées.

448 35. Lorsque le sergent sera à portée d'être entendu, il criera : *qui vive ?* et après qu'il lui aura été répondu : *France*, il demandera : *quel régiment ?* et si ce sont des officiers généraux : *de quel grade ?*

449 Ayant reconnu la troupe par les réponses qui lui auront été faites, il détachera un fusilier pour en aller rendre compte au commandant du poste, et cependant il fera faire halte à cette troupe, jusqu'à ce que ledit commandant lui ait envoyé ordre de la laisser approcher ou passer.

450 36. Le commandant du poste fera rester sa garde en état, jusqu'à ce que la troupe soit passée et hors de sa vue ; et si ce sont les officiers généraux de jour, ou officiers supérieurs de piquet, il leur fera rendre les honneurs qui leur seront dus.

451 37. Les honneurs rendus par les différentes batteries de tambours, cesseront à la retraite, et ne

---

(1) Le règlement de 1809 changeoit ainsi la fin de cet article : *Ils la feront arrêter en criant halte-là, apprêteront leurs armes et avertiront le poste.*

recommenceront qu'à l'heure marquée pour battre
la garde (1).

452   38. Lorsque les officiers généraux de jour et supérieurs de piquet (2) visiteront les gardes la nuit,
ils seront reçus par elles ainsi qu'il est ordonné.

453   39. Le chef de l'état-major (3) aura le droit de
visiter les grandes gardes, dont les commandans
exécuteront ce qu'il leur prescrira de la part du
général, et il sera reçu par les gardes, suivant son
grade.

454   40. Si pendant la nuit, il se présente une troupe
devant un poste pour entrer au camp, l'officier qui
la commandera sera obligé de venir avec le sous-
officier qui aura été le reconnoître, trouver le commandant du poste, et celui-ci la fera rester à l'écart,
et ne la laissera pas entrer (4), quoiqu'il l'ait positivement reconnue pour être un détachement de l'armée, à moins d'un ordre par écrit du général, du
chef de l'état-major ou des officiers généraux de
jour.

455   41. Les commandans des gardes permettront
néanmoins à l'officier qui commandera cette troupe,
s'il y a des nouvelles pressées à donner au général,
d'aller chez lui ou d'y envoyer.

456   42. Les étrangers qui se présenteront au camp,
et qui mériteront attention, seront conduits au chef
de l'état-major de l'armée.

---

(1) Le règlement de 1809 changeoit ainsi la fin de cet article :
et ne recommenceront qu'après le soleil levé.

(2) Nous avons quelquefois vu commander au camp, des of-
ficiers généraux et supérieurs de jour; mais jamais des *officiers
supérieurs de piquet.* (Voy. la note 3 de la page 56.)

(3) On a substitué ce mot, dans le règlement de 1792, au mot :
major général de l'infanterie; ce qui étoit une attribution fort
différente.

(4) Cette rigoureuse mesure étoit prescrite par précaution
contre les surprises, avant qu'on eût créé de nombreuses
troupes légères, et qu'on eût couvert l'armée par des avant-
gardes vigilantes; mais nous n'avons pas vu qu'on se soit astreint
à l'exécuter depuis 1792.

457   43. Les gardes ne laisseront jamais arriver jusqu'à leurs postes, les tambours ou trompettes venant des ennemis; les sentinelles les feront arrêter aussitôt qu'ils les apercevront, et avertiront sur-le-champ le commandant de la garde.

458   44. Celui-ci enverra son lieutenant ou son sergent, recevoir les paquets dont les tambours ou trompettes pourroient être chargés, leur en donnera un reçu, et les fera repartir sur le champ pour retourner à leur armée, sans permettre qu'ils s'arrêtent à portée de leur poste.

459   Il enverra ensuite les paquets au général de l'armée.

460   45. Lorsqu'un tambour ou trompette ennemi entrera dans le camp, sans avoir été arrêté par les grandes gardes, le commandant du poste où il aura passé, sera puni sévèrement.

461   46. A l'égard des déserteurs, on commencera par les désarmer; si le logement du chef de l'état-major se trouve trop éloigné, ou qu'il n'y ait pas de sûreté à les y conduire, on les fera garder à vue; s'ils sont en grand nombre, on ne les laissera pas approcher, mais on les fera demeurer à quelque distance de la garde, qui les menera avec elle au camp, lorsqu'elle sera relevée.

462   On désarmera les déserteurs, et on ne leur laissera vendre ni chevaux, ni aucune partie de leur équipement et armement, jusqu'à ce qu'ils aient été conduits au chef de l'état-major, qui en ordonnera d'après les ordres du général.

463   47. Les grandes gardes qui seront en avant et sur les flancs du camp, n'en laisseront sortir aucun soldat, cavalier ou dragon; elles arrêteront ceux qui tenteroient de passer au-delà, les enverront (1) au

---

(1) Le règlement de 1809 changeoit ainsi la fin de cet article : *Elles arrêteront ceux qui tenteroient de passer au-delà, et les enverront à l'officier supérieur de piquet.* L'ancienne mesure étoit impraticable dans un camp étendu, et la nouvelle rédaction ne remédioit à rien. (Voy. n⁰ 361.)

commandant de la gendarmerie, et en donneront avis en même temps aux chefs de l'état-major de l'armée.

464   48. Les gardes postées sur les derrières du camp, observeront la même chose, à l'exception qu'elles laisseront passer les soldats, cavaliers ou dragons qui auront des congés (1) en la forme prescrite par les réglemens.

465   49. Elles ne causeront, ni les unes ni les autres, aucun trouble ni empêchement aux allans et venans pour le commerce et la subsistance du camp ; mais, au contraire, elles leur procureront toute la liberté et sûreté nécessaires, ainsi qu'à ceux qui apporteront des vivres et denrées.

466   50. Les officiers et sous-officiers resteront assidûment à leur poste pendant tout le temps de leur garde, et ils contiendront exactement les soldats, de manière que nul ne s'en écarte sous tel prétexte que ce soit.

467   51. Toute garde postée pour la sûreté de l'armée ne changera jamais la position de son poste, et elle ne le quittera qu'après avoir été relevée par une autre, ou (2) par un ordre par écrit, soit du général ou du lieutenant-colonel de brigade, à moins qu'un officier général de jour ou un officier supérieur de piquet, ne vienne la déplacer ou la retirer.

468   52. Le commandant d'une garde ne pourra refuser de se laisser relever par une autre garde, sous prétexte qu'elle seroit moins nombreuse que la sienne, ou commandée par un officier d'un grade inférieur au sien.

469   Mais s'il arrivoit qu'une troupe se présentât à une garde pour la relever sans avoir été annoncée à

---

(1) Le règlement de 1809 ajoutoit ces mots : *Qui auront des congés, billets d'hôpitaux, permissions, etc., en la forme prescrite par les réglemens, ou ordres généraux de l'armée.*

(2) Le règlement de 1809 changeoit ainsi la phrase :'*Ou par un ordre écrit de l'officier supérieur de piquet, ou à moins que cet officier supérieur de piquet ne vienne la déplacer ou la retirer.*

l'ordre, et sans que celui qui la commande fût porteur
d'un ordre signé du général ou du chef de l'état-major de l'infanterie ou de la division, l'ancienne garde
restera à son poste, n'y laissera point entrer l'autre
et la fera tenir à quelque distance, jusqu'à ce que
l'ordre lui soit arrivé de se laisser relever par elle.

470   53. Quand il y aura des consignes particulières
ou de nouveaux ordres à donner aux postes, ils ne
pourront l'être que par les officiers généraux de
jour (1) ou de la division, les officiers supérieurs
de piquet et ceux de l'état-major général de l'infanterie, qui les donneront par écrit ou par des
billets signés du lieutenant-colonel de la division
ou de la brigade.

471   54. Les commandans des gardes se serviront des
cavaliers d'ordonnance qu'ils auront près d'eux,
pour faire passer promptement au lieutenant-colonel
de leur division, les nouvelles intéressantes qu'ils
apprendront des ennemis pendant la durée de leur
garde ; et si cela étoit fort pressant, comme la marche d'un corps de troupes, ils le manderont en même
temps au général.

472   55. Les postes des brigades de flanc se serviront
de leurs cavaliers d'ordonnance pour le même objet (2).

473   56. Le lieutenant qui devra être détaché du poste
du capitaine, marchera avec lui jusqu'au poste que
le capitaine devra occuper, où il le quittera, pour
aller prendre le sien, conduit par un soldat d'ordonnance.

474   57. Le capitaine enverra, pendant la journée, le
mot d'ordre ou de ralliement au lieutenant détaché

---

(1) Le règlement de 1809 changeoit ainsi la fin de cet article :
*que par les officiers généraux de jour, les officiers supérieurs
de piquet et ceux de l'état-major général, qui les donneront
par écrit ou par billets signés du chef de l'état-major de la
division.*

(2) Le règlement de 1809 changeoit ainsi cet article : *Tous
les postes d'officiers se serviront des mêmes moyens.*

de son poste, et celui-ci ne le donnera que le soir aux sous-officiers qui seront avec lui.

475   58. Le lieutenant détaché n'enverra pas d'ordonnance chez le lieutenant-colonel du régiment, mais au poste du capitaine.

476   59. Il se conduira, pour relever ce poste, pour sa sûreté et pour son service, de la même manière qu'il est dit ci-dessus pour le capitaine.

477   60. Lorsqu'il sera relevé, il viendra rejoindre le capitaine à son poste, pour retourner au camp avec lui, sans que ni l'un ni l'autre puisse s'en retourner séparément.

478   61. Les officiers de garde descendront exactement la parade à la tête du camp de leur régiment.

479   62. Ils y mettront leur détachement en bataille, en feront l'appel, et après lui avoir fait faire demi-tour à droite, ils le congédieront (1).

---

(1) Cavalerie, règl. du 12 août 1788, tit. XXII:

Art. 7. Le commandant de la grand'garde fera habituellement mettre pied à terre à une partie de sa garde pour faire manger les chevaux, de manière qu'il y en ait cependant toujours un quart à cheval, non compris le petit corps de garde.

Art. 8. Le petit corps de garde sera habituellement d'un brigadier ou appointé et quatre hommes ; il restera toujours à cheval, et sera posté intermédiairement entre la grand'garde et les védettes.

Art. 9. Avant de faire mettre pied à terre à une partie de sa troupe, le commandant de la brigade fera fouiller les bois, les haies, censes ou villages qui seroient à portée de son poste, et quand même le pays paroîtroit découvert autour de lui, il enverroit des patrouilles pour examiner s'il n'y auroit point de ravins ou chemins creux à portée de sa garde; et dans ce cas, il auroit soin de les faire éclairer souvent pendant la journée.

Art. 14. Au coucher du soleil, le commandant de la garde la fera monter à cheval, fera retirer ses védettes, et se retirera au poste de nuit, son petit corps de garde faisant son arrière-garde.

En faisant cette retraite, il fera deux haltes ; il observera de

480   63. Ils feront rapporter en même temps à la division d'artillerie de la brigade, les outils qui auroient pu être donnés à leur détachement, et en retireront le reçu.

---

se retirer en même temps que les gardes qui seront à sa droite et à sa gauche.

Art. 15. *La garde ordinaire étant arrivée au poste de nuit, le commandant enverra à l'abreuvoir. On fera boire ordinairement les chevaux de la garde, avant d'aller prendre le poste de jour; le soir, après être revenu au poste de nuit; et au milieu de la journée, dans les plus grandes chaleurs; mais, lorsque la proximité de l'ennemi obligera à de plus grandes précautions, on n'ira point pendant la journée.*

Art. 16. *Quand on ira à l'abreuvoir, le commandant de la garde la fera monter toute entière à cheval, et y enverra successivement le quart de la troupe, conduit par un officier ou sous-officier.*

Art. 17. *On aura, le soir, attention d'envoyer le premier à l'abreuvoir, le quart de rang qui devra relever le petit corps de garde.*

Art. 18. *Après que tous les chevaux de la garde seront revenus de l'abreuvoir, et que le petit corps de garde, les védettes et sentinelles auront été placés, si la position le permet, le commandant de la garde lui fera mettre pied à terre, et il en fera l'appel; mais il fera rester toujours, non compris le petit corps de garde qui sera à cheval, un quart de rang bridé, dont les cavaliers tiendront les chevaux par la bride.*

Les védettes seront toujours doublées pendant la nuit, et elles seront placées assez près l'une de l'autre, pour qu'il ne puisse passer personne entre elles sans être entendu.

Art. 29. *Avant le point du jour, toute la garde montera à cheval; et lorsqu'il fera bien jour, on détachera du quart de rang, qui devra être placé au poste de jour ou petit corps de garde, un maréchal des logis avec six cavaliers par la droite, et un brigadier avec le même nombre par la gauche, pour aller faire la découverte dans tous les endroits que le commandant leur aura marqués, et ils visiteront tous les lieux autour et circonvoisins du poste, que la garde ordinaire devra aller reprendre, et où l'ennemi auroit pu s'embusquer.*

Ils placeront de distance en distance ces cavaliers ou védettes, dans le terrain qu'ils parcourront.

Lorsque les deux sous-officiers se seront rejoints, le maréchal

481   64. (1) Ils iront ensuite rendre compte à leur (2) lieutenant - colonel de brigade des hommes qui pourront manquer, et des autres choses qui mériteront attention, et celui-ci en rendra compte au chef de l'état-major de l'armée

---

des logis restera avec la védette la plus avancée, et le brigadier viendra rendre compte au commandant de la garde.

Les jours de brouillard, la découverte demandera encore plus de précaution de la part des sous-officiers.

Art. 30. La découverte étant faite, et le brouillard dissipé, de manière qu'on puisse voir autour de soi, le commandant de la garde y ayant fait rentrer le petit corps de garde et les védettes du poste de la nuit, marchera pour reprendre son poste de jour; et s'il y a une garde d'infanterie dans le cas d'aller se placer auprès du sien, elles observeront d'y marcher ensemble pour se protéger mutuellement.

Art. 31. Lorsque la garde sera arrivée à son poste de jour, le commandant se portera, avec le brigadier qui aura fait la découverte, à la védette la plus avancée où sera resté le maréchal des logis; et après avoir vu par lui-même la vérité du rapport qui lui aura été fait, il enverra les deux sous-officiers retirer les védettes qu'ils avoient placées; il en fournira le petit corps de garde, fera partir les védettes de jour, et donnera au maréchal-des-logis les consignes qu'il jugera nécessaires.

Art. 32. Tout cela étant exécuté, le commandant reviendra à sa garde, et, suivant les circonstances, en fera mettre une partie pied à terre, ainsi qu'il a été expliqué ci - dessus art. 7.

Art. 37. Les honneurs rendus par les différentes sonneries de trompettes, cesseront à la retraite et ne recommenceront qu'à l'heure marquée pour battre la garde.

(1) Le titre XX du règlement de 1778 avoit un soixante-cinquième article, qui prescrivoit d'informer pareillement *le major de brigade*, afin que celui-ci informât le *major-général.* (Voy. règlement de 1788, tit. 22, art. 73.)

(2) Le règlement de 1809 avoit mis ces mots : *au chef de bataillon de piquet*, au lieu de ceux-ci : *à leur lieutenant-colonel de brigade.* L'un n'avoit pas plus de précision que l'autre.

TITRE XV (1).

Instruction particulière pour tout officier commandant dans un poste ou lieu fermé (2).

482   Tout officier en arrivant dans le poste qu'il doit occuper, s'y retranchera (3) et emploiera tous les moyens possibles pour le mettre en état de défense.

483   Il déterminera la force et l'espèce de son retranchement, relativement à la nature du terrain, à la force de son détachement et à l'objet de son poste.

484   Si son poste est en avant de l'armée, et à portée d'être attaqué, il se retranchera par une redoute ; les redans, flèches ou autres sortes de retranchemens pouvant être tournés par leur gorge, et ne devant être employés que quand ils seront soutenus et appuyés par un corps de troupes.

485   S'il est dans un village ou autre endroit fermé dont il ne puisse défendre l'enceinte entière, il se placera (4) dans un cimetière, masure de pierre ou réduit avantageux, d'où il puisse couvrir, à la

---

(1) Entièrement calqué sur le titre XXI du réglement de juin 1778 et le titre XXIII du réglement de 1788.

(2) Les dispositions qui font la matière de ce titre ont été reproduites d'une manière plus développée dans le décret du 24 décembre 1811, art. 101. Ce décret se trouve à la fin du présent volume.

(3) La question de savoir si tout poste doit être retranché, a été agitée et débattue par des militaires d'un égal mérite ; leurs sentimens sont partagés. Il ne nous appartient pas de pronostiquer quels seront les principes admis dans le réglement de campagne à intervenir, quand la refonte des matériaux que nous avons rassemblés ou indiqués s'opérera enfin. Il n'est pas surprenant que le réglement de 1792, époque où l'expérience de la guerre manquoit, se soit modelé textuellement sur le réglement suranné de 1778 ; mais il est inconcevable qu'en 1809, époque d'expérience acquise, on n'ait pas cru pouvoir s'écarter d'un seul mot des mêmes dispositions. (Voy. la note du n° 414.)

(4) Le réglement de 1809 ajoutoit ces mots : *dans une maison isolée qu'il fera créneler.*

fois, le chemin par où il devra se retirer et celui par où l'ennemi pourra venir à lui.

486   Lorsque l'ennemi paroîtra en force, il fera rentrer ses postes et sentinelles avancées dans son retranchement, et en fera fermer toutes les barrières et avenues.

487   Il enverra sur-le-champ informer le général de l'armée, et avertir le corps de troupes le plus à portée de son poste.

488   Si le poste n'étoit susceptible d'aucune défense, ou que, par quelques circonstances, il ne se trouvât pas suffisamment retranché, l'officier qui y commandera pourra se retirer lorsque l'ennemi menacera de l'attaquer avec des forces très-supérieures.

489   Tout poste retranché à portée de l'armée ou d'un corps de troupes, devant s'attendre à être secouru, l'officier qui y commandera fera en conséquence ses dispositions de défense, ne prenant conseil que de lui seul, parlant aux troupes d'un ton ferme, et n'écoutant aucune sommation de la part de l'ennemi, en quelque nombre qu'il arrive.

490   Il aura attention sur-tout de ne point confondre les attaques volantes avec les attaques véritables, afin de ne pas consommer ses munitions mal à propos.

491   Il ne garnira le parapet de son poste que de quelques fusiliers, gardant le gros de sa troupe ensemble, laissant arriver l'ennemi au pied du retranchement, et s'avançant alors en force sur la banquette pour le repousser.

492   Il n'abandonnera le poste qu'après s'y être long-temps défendu (1), et après avoir perdu, par la supériorité de l'ennemi, toute espérance de s'y soutenir ou d'y être secouru.

493   Si l'ennemi lui a coupé le chemin de la retraite, et qu'il ne puisse plus se l'ouvrir, ni compter sur

---

(1) Il y avoit dans le réglement de 1809 ces mots : *qu'après y avoir épuisé tout les moyens possibles de défense.*

aucun secours, il ne capitulera qu'à l'une des extrémités suivantes :

494   De n'avoir plus de munitions, après les avoir ménagées avec soin ;

495   De manquer de vivres, après avoir réduit la nourriture du soldat, et avoir souffert quelque temps la faim ou la soif ;

496   Et enfin d'avoir perdu la plus grande partie de son monde (1).

497   Il observera toutefois, en se rendant, qu'il n'y a que deux formes de capitulation, dont on ne peut s'écarter : l'une, d'obtenir les honneurs de la guerre ; et la seconde, de se rendre prisonnier de guerre : dernière condition, qu'il n'acceptera qu'à toute extrémité. Toute autre capitulation, comme de ne pas servir de la guerre, ou dans un pays déterminé, ou contre la puissance avec laquelle on est en guerre, ne pouvant jamais être admise dans sa justification.

498   Aucun officier ne pourra de même capituler, par la considération de ménager le lieu et les habitans, ou de conserver les troupes qui lui sont confiées : ce n'est point à lui à calculer ces motifs, à moins qu'ils ne lui soient recommandés dans les ordres qui lui ont été donnés (2) ; son premier et unique objet doit (3)

---

(1) La réglement de 1809 ajoutoit ces mots : *et enfin, avec le reste, d'avoir fait son possible pour traverser l'ennemi, en fonçant sur lui avec la baïonnette* (à la baïonnette).

(2) Le réglement de 1809 avoit supprimé la phrase ci-après : *à moins qu'ils ne lui soient recommandés dans les ordres qui lui ont été donnés.*

(3) Cavalerie, réglement du 12 août 1788, titre XXIII ;
Art. 1. *Toute grand'garde de cavalerie sera partagée en deux ou en quatre divisions, suivant sa force.*

Dès qu'une grand'garde de cavalerie sortira des gardes du camp, l'officier qui la commandera détachera une avant-garde composée de la première division, en tout ou en partie et commandée par un officier ou sous-officier, suivant la force de la garde.

Les avant-gardes porteront pendant le jour le mousqueton

être de se défendre jusqu'à l'extrémité, et de saisir l'occasion de se signaler.

---

haut; elles ne s'avanceront jamais à plus de cent pas de la troupe, et elles pousseront devant elles et sur les flancs les cavaliers nécessaires pour éclairer la marche.

Pendant la nuit, elles marcheront le sabre à la main; afin que, si elles rencontroient l'ennemi, elles pussent le charger vivement sans lui donner le temps de se reconnoître, et elles seront suivies et soutenues de plus près de la troupe entière.

Un officier ou sous-officier, suivant la force de la grand'garde, sera détaché avec une petite troupe pour marcher cinquante pas derrière elle; cette arrière-garde se fera suivre à trente pas par un ou deux cavaliers, pour l'avertir de ce qui pourroit venir derrière elle.

Lorsque la grand'garde arrivera à son poste, le commandant ira lui-même placer le petit corps de garde composé de la totalité ou d'une partie de sa première division; il fera ensuite poser les védettes qui devront entourer non seulement ce petit corps de garde, mais la troupe entière, et il les disposera de manière qu'elles puissent, s'il est possible, tout découvrir sans être elle-même en vue.

Il tâchera de couvrir sa troupe de quelque butte ou hauteur, pour empêcher l'ennemi d'en connoître la force, de façon cependant qu'au besoin elle puisse facilement se porter en avant ou se retirer; il aura attention qu'elle n'ait pas près d'elle, sur ses derrières, des ravins ou des défilés, et qu'elle ne soit pas masquée de trop près par un bois ou quelqu'autre obstacle, qui pourroit empêcher qu'elle ne s'aperçût de l'arrivée de l'ennemi.

Quand cette troupe sera obligée de se retirer après avoir fait rentrer son petit corps de garde, elle fera ce mouvement par division, la première marchant quelques pas en avant, pendant que la seconde fera une demi-conversion, et se portera au trot à cent pas en arrière, où elle fera volte-face; au moment où elle sera reformée, la première division fera sa demi-conversion, pour aller joindre la seconde, et ainsi successivement, jusqu'à ce que la grand'garde ait gagné le terrain où elle sera en sûreté; sa retraite se fera d'ailleurs plus ou moins promptement, suivant la manière dont elle sera suivie.

L'objet d'une grand'garde de cavalerie étant d'avertir et non de combattre, le commandant doit s'occuper de bien éclairer en avant de lui, d'instruire promptement, et, si le temps le permet, par écrit, de ce qui en vaudra la peine, le général, les postes d'infanterie et de cavalerie qui sont les plus proches de lui, et le major de sa division; et, dans les cas

TITRE XVI (1).

Des sentinelles.

499   Art. 1ᵉʳ. Les sentinelles seront toujours placées à portée, et, s'il se peut, en vue de la garde qui les pose.

500   Si, pour quelque raison particulière, on étoit obligé d'en placer une assez éloignée pour n'être vue ni entendue du poste, l'officier qui le commandera placera un sous-officier et quatre hommes pour fournir cette sentinelle et communiquer avec elle, ou au moins il sera posé une sentinelle intermédiaire, qui puisse voir et entendre la sentinelle la plus avancée, et avertir le poste.

501   2. Les sentinelles des postes seront relevées de deux heures en deux heures, sans qu'on puisse les laisser plus long-temps en faction.

502   3. Lorsqu'on campera dans les temps des grandes gelées, on les relèvera toutes les heures, et même plus souvent si cela étoit nécessaire.

---

pressés, les brigades de cavalerie ou d'infanterie qui seroient les plus menacées d'attaque. Ces rapports se feront dans la forme prescrite au titre XIV.

Lorsque l'ennemi arrivera sur lui en force à peu près égale à sa troupe, il retirera son petit corps de garde et ses védettes, et se repliera lentement sans s'amuser à escarmoucher, calculant le terrain que l'ennemi a à parcourir pour arriver sur lui, et celui qu'il a à traverser pour gagner le poste qui doit le soutenir, ou le camp, de manière qu'il ait le temps de faire sa retraite en bon ordre et sans être obligé de combattre.

Si cependant, par quelque circonstance qu'il n'auroit pu ni prévoir ni prévenir, il se trouvoit entouré par l'ennemi, il prendroit alors en homme de courage, le parti de se faire jour le sabre à la main, et de regagner le camp par une charge vigoureuse, toute capitulation, dans ce cas, lui étant expressément défendue.

(1) Copié mot à mot du titre XXII du réglement de juin 1778. Les dispositions que contenoit ce *titre* de 1778 avoient été fondues au *titre* XXII du réglement de 1788, art. 74, etc. (Voy. le réglement de 1753, art. 319.)

503   4. Avant que les sentinelles partent d'un poste, elles seront présentées par le caporal de pose à celui qui le commandera.

504   5. Celui-ci les fera mettre en haie, et examinera si elles sont en état de tout point, si leurs fusils sont bien amorcés, si les pierres sont fermes et bien placées.

505   6. Il aura soin, avant leur départ, de régler les lieux où chacune d'elles devra être posée; les plus anciens soldats devant toujours être mis en faction dans les postes avancés.

506   7. Elles partiront toutes ensuite, sous la conduite du caporal, qui marchera à la tête, et elles le suivront deux à deux sans le quitter, ni l'aller attendre en chemin, pour quelque raison que ce soit.

507   Le caporal commencera toujours par relever la sentinelle la plus avancée.

508   8. Celles qui seront relevées, le suivront de même pour revenir au poste, et aucune d'elles ne pourra poser les armes, qu'après que le caporal les aura présentées à l'officier, et qu'il aura ordonné de les faire rentrer.

509   9. Les sentinelles, en se relevant, se présenteront les armes l'une à l'autre, et elles se donneront la consigne en présence de leur caporal, qui s'avancera seul pour l'entendre donner, les sentinelles qui ne seront pas encore posées s'arrêtant quatre pas derrière lui.

510   Les officiers de garde iront successivement visiter les sentinelles, leur faire répéter la consigne qu'elles auront reçue, et la leur expliquer.

511   10. Aucune sentinelle ne se laissera jamais relever que par les caporaux de son détachement.

512   Les sentinelles doivent regarder attentivement de tous les côtés pour bien découvrir ce qui se passe autour d'elles, et avertir de la voix ou par des signes quand elles découvrent des troupes ou plusieurs personnes venant de leur côté.

513   11. Pendant tout le temps qu'une sentinelle sera en faction, elle ne pourra jamais quitter ses armes,

ni s'asseoir, ni lire, ni chanter, ni même parler à personne sans nécessité.

514   Les sentinelles doublées ne doivent jamais parler ensemble que pour ce qui regarde le service ; elles seront tournées de deux côtés opposés, et lorsqu'il paroîtra quelques troupes, l'une viendra avertir la garde, pendant que l'autre restera pour observer. Si l'une des deux déserte, l'autre tirera dessus et avertira au poste.

515   12. Toute sentinelle qui sera trouvée en contravention sur quelqu'un de ces objets, ou qui aura manqué à sa consigne, sera punie à la descente de la garde.

516   13. Toute sentinelle quelconque aura la baïonnette au bout du fusil.

517   14. Lorsqu'il passera un officier à portée d'elle, elle s'arrêtera, fera face en tête et portera les armes.

518   15. Elle ne présentera les armes que lorsque des troupes passeront à portée d'elle, ou qu'elle croira devoir se mettre en état de défense (1).

519   16. Tout soldat commandé, soit pour marcher à l'avant-garde, soit pour aller en faction, à la découverte ou en patrouille, portera l'arme au bras et la baïonnette au bout.

520   17. Les sentinelles placées pour la garde de l'artillerie ou des poudres, feront faction le sabre ou la baïonnette à la main.

---

(1) Le réglement de 1809 avoit transformé cet alinéa en ces termes : *Elle ne présentera les armes qu'aux généraux et colonels pendant le jour, et aux rondes et patrouilles pendant la nuit.*

TITRE XVII (1).

Des détachemens, du rang que les troupes y garderont entre elles, et du rang que les officiers tiendront entre eux pour les commander.

521   Art 1er. Tout détachement sera formé à la tête du camp de son régiment, et de là conduit (2) au centre de la brigade, où le capitaine de piquet de la brigade (3) sera chargé d'assembler (4) la totalité des détachemens.

522   2. Le capitaine de piquet (5) de la brigade prendra, en arrivant, le nom et le grade de l'officier qui commande le detachement, pour le remettre au lieutenant-colonel de brigade (6).

523   3. S'il ne doit pas y avoir d'assemblée de détachement au centre de la brigade, il partira en droiture du camp de son régiment pour se rendre à sa destination.

524   4. Les détachemens d'infanterie, de quelque régiment qu'ils soient, marcheront entre eux suivant le rang de leur brigade; mais les capitaines et officiers

---

(1) Emprunté textuellement du *titre* XXIII du réglement de 1778, à deux articles près. Ce *titre* de 1778 avoit été recopié avec développement au *titre XVIII* du réglement de 1788. (Voy. réglement de 1753, art. 33o.)

(2) Ce *détachement* doit être conduit au rendez-vous par l'*adjudant-major* de semaine du régiment. Ce rendez-vous doit être fixé et indiqué par le chef d'état-major de la brigade.

(3) Le réglement de 1778 portoit, au lieu de ces mots, ceux-ci : *le capitaine de piquet de la division.*

(4) La fonction d'assembler les *détachemens* des corps d'une brigade semble devoir être celle d'un *des majors* de la brigade ; il seroit nommé, à cet effet, de jour ou de semaine.

(5) Le réglement de 1809 changeoit ainsi cet article : *L'adjudant-major de piquet de la brigade prendra, en arrivant, le nom et le grade de l'officier qui commande le détachement, pour le remettre au chef de bataillon de la brigade.* Tout cela n'avoit aucun sens.

(6) Ce *nom* seroit donné par l'*adjudant-major* de semaine au major de semaine.

commanderont suivant l'ancienneté de leurs commissions ou brevets (1); les capitaines de grenadiers n'auront, à cet égard, aucun autre avantage sur les capitaines des fusiliers (2).

525   5. L'ancienneté des commissions ou brevets, à parité de grade, déterminera de même le commandement entre les officiers supérieurs.

526   6. En conséquence, afin de prévenir à cet égard toutes contestations ou méprises, tous les officiers supérieurs et subalternes qui marcheront en détachement, seront tenus de porter sur eux la commission ou le brevet de leur grade (3), où, à son défaut, une attestation signée des officiers supérieurs de leurs régimens qui en constate la date.

527   7. Si, lors de la réunion de plusieurs détachemens, il n'y a pas eu de commandant spécialement nommé, le commandement sera dévolu au plus ancien officier, d'après la confrontation de leurs titres, faite en présence du lieutenant-colonel de brigade (4); et, s'il y a un commandant, cette confrontation se fera pareillement en présence de ce dernier, afin qu'à son défaut, celui qui doit le remplacer soit instruit qu'il doit prendre le commandement.

528   8. A parité de grade et d'ancienneté dans ce grade, l'officier qui auroit obtenu une commission

---

(1) Il en sera de même dans la cavalerie, 12 août 1788, titre XVIII, art. 3.

(2) Les capitaines de grenadiers pouvoient, dans ce temps-là, être derniers capitaines d'un régiment. Ils sont maintenant de première classe ; ce qui semble rendre cette explication sans objet.

(3) Le dictionnaire militaire de l'encyclopédie considérant cette loi d'hiérarchie comme une source de contestations possibles et de conflits dangereux, proposoit, pour y remédier, d'exiger que la date d'ancienneté du dernier grade des officiers fût gravée sur leur hausse-col.

(4) Le réglement de 1809 avoit mis : *en présence du chef de bataillon de piquet.*

d'un grade supérieur, quoiqu'il n'eût pas marché en cette qualité, prendra le commandement.

529 A parité absolue de grade et d'ancienneté de grade, l'ancienneté de service aura le commandement; et à parité de grade, d'ancienneté de grade et d'ancienneté de service, ce sera l'officier du plus ancien régiment (1) qui prendra le commandement (2).

530 9. Tout commandant du détachement assignera à son choix aux officiers supérieurs ou particuliers, les postes qu'ils devront y occuper, sans qu'ils puissent former aucune prétention relativement à leurs grades.

531 Il placera de même les troupes comme il le jugera nécessaire, sans que, sous prétexte de rang ou de prérogative, elles puissent refuser de se conformer à ce qui sera par lui ordonné; il observera cependant, autant qu'il sera possible, de ne point séparer les détachemens d'un même régiment et d'une même brigade.

532 10. L'officier de grade supérieur, soit d'infanterie, de cavalerie ou de dragons, commandera partout à celui d'un grade inférieur.

533 11. A parité de grade, l'officier d'infanterie commandera dans les lieux fermés, par préférence à celui de cavalerie et de dragons; et lorsqu'ils se trouveront ensemble en campagne, ou dans des lieux ouverts, l'officier de cavalerie ou de dragons prendra le commandement par préférence à celui d'infanterie.

534 12. Dans les détachemens mêlés d'infanterie, de cavalerie ou de dragons à pied, les officiers d'infan-

---

(1) Cette dernière règle devient fausse, puisque maintenant les régimens n'ont point d'ancienneté l'un sur l'autre. Il conviendroit de considérer le numéro de leur département comme portant prérogative, lorsque toutes les autres parités laisseroient douteux le droit de commander. (Voy. note du n° 1091.)

(2) Le réglement de 1809 avoit ajouté ces mots à la fin de l'art. *à préférence d'ancienneté d'âge*. Nous n'en avons pas compris le sens.

térie commanderont, à grade égal, ceux de cavalerie ou de dragons qui auroient marché avec ces cavaliers ou dragons à pied; bien entendu que dans les détachemens où les cavaliers et dragons serviroient à cheval, leurs officiers, à grade égal, commanderont en campagne ceux de l'infanterie.

535 13. Tout officier d'infanterie ou de cavalerie, ou de dragons qui aura été nommé à l'ordre de l'armée, ou aura reçu un ordre particulier du général ou commandant du camp pour commander un détachement composé d'infanterie, de cavalerie ou de dragons, le commandera pendant tout le temps que le détachement sera hors du camp, et dans quelque lieu qu'il se trouve.

536 14. Lorsque l'officier commandant un détachement composé d'infanterie, de cavalerie et de dragons, sera tué, fait prisonnier, ou se trouvera hors d'état de le suivre, l'officier du grade supérieur après lui en prendra le commandement, ainsi qu'il a été dit ci-dessus, à l'article 8. (Voy. n° 528 et 529.)

537 15. Lorsqu'il ne se trouvera point d'officiers de grade supérieur dans le détachement, mais plusieurs officiers de ces différens corps d'un grade égal; si, au moment où le commandant viendra à manquer, le détachement se trouve en plaine, le plus ancien capitaine de cavalerie ou de dragon en prendra le commandement; si, au contraire, il est alors dans un lieu fermé, le commandement appartiendra au plus ancien capitaine d'infanterie.

538 Les lieutenans et sous-lieutenans de ces corps en useront de même entre eux.

539 L'officier auquel le commandement d'un détachement sera ainsi échu, le conservera jusqu'à ce qu'il soit rentré au camp.

540 16. Quand un détachement sera dans le cas de se mettre à couvert dans un lieu où il trouvera d'autres troupes établies pour la garde, l'officier qui le commandera sera aux ordres de celui qui commandera ledit poste, pendant le temps que ledit commandant du détachement jugera à propos d'y de-

meurer, quand même le commandant dudit poste seroit inférieur en grade au commandant dudit déta-chement ; mais le commandant du poste ne pourra y retenir le détachement sous quelque prétexte que ce soit.

541 17. Si plusieurs détachemens se recontrent en-semble dans un lieu fermé où il n'y aura pas d'autres troupes établies, le commandement sera réglé entre eux pour tout le temps qu'ils seront réunis, comme s'ils n'étoient qu'un seul et même détachement, sans néanmoins que le commandant d'un détachement puisse empêcher l'autre de suivre ses ordres et sa destination.

542 18. Les colonels et autres officiers d'infante-rie qui seront détachés pour escorter les convois d'artillerie, se conformeront à ce qui leur sera de-mandé par l'officier d'artillerie chargé du convoi, de quelque grade qu'il soit, pour l'ordre de marche des voitures, la disposition du parc, et les postes et sentinelles à placer pour éviter les accidens.

543 Ils déféreront aussi à ce qui leur sera proposé par l'officier d'artillerie pour l'heure du départ et des haltes, autant que cela pourra s'accorder avec les nouvelles qu'ils auroient des ennemis, et avec la sûreté et la défense du convoi, dont le commandant de l'escorte sera personnellement chargé.

544 19. Lorsqu'avec un convoi d'artillerie, il n'y aura point de détachement du corps de l'artillerie, les trou-pes qui serviront d'escorte à ce convoi d'artillerie, fourniront un soldat d'ordonnance au logis ou à la tente de l'officier d'artillerie commandant ledit con-voi ; et si cet officier est lieutenant-colonel d'artil-lerie, ou d'un grade supérieur, il aura de plus une sentinelle.

545 20. Tout officier qui commandera un détache-ment sortant du camp pour aller aux ennemis, don-nera un mot de ralliement à sa troupe, et même, s'il en est besoin, un rendez-vous pour la rassembler, en cas que, par quelques circonstances, elle se trou-vât séparée.

546　21. Le commandant d'un détachement pourra
choisir l'officier qu'il voudra pour commander les
petites troupes qu'il enverra en avant, ou un détachement particulier.

547　22. Les officiers commandant les différentes troupes qui composeront un détachement, se tiendront
exactement à leur tête, soit en halte, soit en marche, et ils ne souffriront pas qu'aucun soldat quitte
son rang et ses armes.

548　23. Pendant toute la durée du détachement, ils
seront responsables de la discipline des troupes qu'ils
commanderont, et ils les tiendront avec autant d'ordre qu'au camp.

549　S'ils sont en poste fixe, ils les feront exercer régulièrement.

550　Le commandant en chef du détachement sera
chargé de la discipline et tenue de toutes les troupes qui le composeront, et en sera personnellement
responsable.

551　24. Les détachemens observeront en marche le
même ordre et les mêmes précautions qui seront
détaillées ci - après pour les régimens au titre des
marches.

552　25. Lorsqu'un détachement rentrant à l'armée
se trouvera à la vue du camp, et en dedans des
grand'gardes, l'officier qui le commandera fera
faire halte à son avant-garde, et mettra les troupes
en bataille à mesure qu'elles arriveront, faisant face
au-dehors du camp.

553　26. Lorsque son arrière-garde l'aura joint, il fera
défiler devant lui chaque troupe, et la renverra à
son camp.

554　27. Il examinera, avant de les faire défiler, s'il
ne manque personne.

555　28. Après avoir fait l'arrière-garde de tout le
détachement, il ira en rendre compte au lieutenant général commandant la division, ou au général
de l'armée s'il en a reçu une instruction particulière.

556　29. Si le détachement est chargé d'escorter quelque convoi ou équipages, il ordonnera aux troupes

de l'escorte qui auront la tête, de s'arrêter successivement dès qu'elles seront à portée du camp,
de se mettre en bataille; et après que les convois
ou équipages seront tous entrés dans le camp, il y
fera rentrer son escorte.

557   3o. Les détachemens de chaque régiment ne se sépareront qu'à la tête de leurs régimens, et il ne sera
permis à aucun soldat de quitter plus tôt sa troupe.

558   31. Les officiers qui auront commandé ces détachemens, en rendront compte, à leur retour, à leurs
officiers supérieurs, et, en leur absence, au commandant de leur régiment.

559   32. Ils informeront aussi (1) le lieutenant-colonel de brigade (2) de ce qui s'y sera passé de nouveau, pour qu'il puisse en rendre compte au chef
de l'état-major de l'armée.

560   33 (3). Il sera commandé avec un détachement
de colonel ou de lieutenant-colonel, un frater (4) de
leur brigade, et au détachement d'officiers-généraux, un détachement d'hôpital ambulant (5) proportionné à leurs forces.

561   34. Lorsqu'il sera fait des prises par les détachemens commandés par un officier général, chaque
commandant de régiment, s'il y a des corps entiers,
ou les commandans de chaque troupe, si on a marché
par détachemens, feront rassembler les chevaux,
mulets, effets, voitures, etc., pris par les soldats

---

(1) Le réglement de 1809 transformoit ainsi cet article : *Ils
en informeront aussi le chef de l'état-major.*

(2) Ils informeront aussi le major de jour ou de semaine,
s'il en est commandé un, afin que celui-ci en informe le chef
de l'état-major de la brigade.

(3) Les articles 33, 34, 35, avoient été supprimés par le réglement de 1809.

(4) Il n'y avoit plus de *frater* reconnu depuis longtemps,
quand le réglement de 1792 copia ce terme du réglement de
1778. Ce mot ici signifie *barbier.*

(5) Voyez l'extrait de l'arrêté du 24 thermidor an 8, relatif aux *hopitaux militaires*, et transcrit à la fin du présent
volume.

de leur régiment ou troupe, les feront vendre et en distribuer le prix à chaque sous-officier et soldat (1).

562　35. A l'égard des détachemens des colonels et lieutenans-colonels, il sera observé tout ce qui est prescrit au *titre des partis.* (Voy. n° 947 et suiv.)

563　Il y aura seulement cette différence que, soit dans les détachemens d'officier général, soit dans ceux de colonel et de lieutenant-colonel, les commandans ni les officiers n'auront aucune part à la vente des prises, (2) dont le produit sera partagé tout entier entre les sous-officiers et soldats qui les auront faites.

---

(1) Cette vente avoit été assujétie à des formes inexécutables en temps de guerre, par l'article 11 du titre 17 du réglement du 1er. mars 1768. Nous n'avons point vu s'exécuter ces ventes et ces répartitions régulières, prescrites cependant par un esprit de justice qu'on desireroit voir revivre.

(2) C'étoit une injustice. Pourquoi les officiers n'avoient-ils pas, comme ceux de marine, un droit aux prises faites en conformité des lois de la guerre. De-là vient qu'ils s'approprient presque toujours les chevaux de prise, malgré toutes les défenses toujours renouvelées à cet égard, et ne s'occupent nullement de faire rapporter en commun le butin fait par chacun, pour en faire compte à la manière des anciens. En général, le titre 17 du réglement de 1792 y est pour ainsi dire superflu; nous avons démontré par la note seconde du titre X que le mot *détachement* avoit perdu son sens primitif; que l'usage d'en commander tenoit à un système de guerre tombé dans l'oubli ; que cela supposoit un camp fermé et une armée de 20 à 25 mille hommes, partagée en deux états-majors, administrés, l'un par un maréchal général des logis de l'infanterie, l'autre par un maréchal général des logis de la cavalerie, agissant tous deux sous les ordres d'un major général. Le temps ayant détruit tous ces principes constitutionnels, les règles qui en étoient déduites sont devenues inapplicables.

TITRE XVIII(1).

Instruction (2) pour les Commandans des détachemens et escortes de convois (3).

564   Tout officier, de quelque grade qu'il soit, chargé du commandement d'un détachement, doit tâcher de bien comprendre l'instruction qui lui sera donnée en partant, et se la bien faire expliquer; puisque c'est en conséquence qu'il doit régler la conduite qu'il a à tenir, qui doit être différente suivant les différens objets qu'il lui sera ordonné de remplir.

565   Ils peuvent être de plusieurs espèces; 1°. faire une avant-garde d'armée ou d'un gros corps, pour occuper un poste avantageux et important; 2.° faire une arrière garde; 3°. suivre un ennemi battu;

---

(1) Calqué entièrement sur le *titre XXIV* du réglement de 1778, sauf la suppression des deux derniers alinéa de ce réglement, recopié tout-à-fait lui-même au titre XXIV du réglement de 1788.

(2) Cette instruction, trop vague peut-être dans ses applications, a été minutée cependant par des militaires d'expérience et de savoir. Sous l'empire d'une constitution différente, elle eût été conçue probablement dans un esprit différent. Elle est le produit des principes énoncés dans les ouvrages de Guibert, mais resserrés dans un ordre mal approprié aujourd'hui à la forme de nos armées et à notre manière de combattre. Tels préceptes donnés ici à un simple chef de détachement seroient un sujet de méditation pour un maréchal de camp, pour un général même d'un grade plus élevé; ce qui tient toujours à cet ancien système qui ne faisoit mouvoir l'armée que par détachemens. La multiplication de la cavalerie légère, la création des adjudans généraux, de l'artillerie légère, des lanciers, des cuirassiers, du train et des troupes du génie; l'extension donnée à l'arme de l'artillerie, la réunion de corps de cavalerie sous forme de division, et enfin la distribution de l'armée en corps, en divisions, en brigades, témoignent que les principes confondus ici seroient de nature à se coordonner en instructions spéciales, mises en harmonie avec la destination de tous ces genres de troupe.

(3) Le réglement de 1788, titre XIV, indiquoit que cette instruction étoit commune à l'infanterie et à la cavalerie.

4°. pousser un corps que l'ennemi auroit avancé pour couvrir ses mouvemens ou sa retraite ; 5°. escorter un convoi ou des équipages ; 6°. aller aux nouvelles , et reconnoître la marche ou la position d'un ennemi.

566   L'officier chargé de faire l'avant-garde d'une armée (1) ou d'un corps, doit pousser vivement les troupes qu'il peut trouver devant lui , jusqu'à ce qu'il ait gagné la hauteur ou le poste avantageux qu'il doit occuper. Quand il y est parvenu, il doit s'y maintenir et s'y défendre avec la plus grande opiniâtreté, puisqu'il est soutenu de l'armée ou d'un gros corps à qui il doit donner le temps d'arriver.

567   Dans une arrière-garde (2) , au contraire , il doit éviter de combattre et de s'engager , le plus qu'il lui sera possible ; et s'il y est forcé , après avoir repoussé l'ennemi, il doit bien se garder de le suivre , puisque l'objet de l'ennemi qui l'attaque doit être de retarder sa marche, pour donner le temps à des forces plus considérables d'arriver sur lui , et que le sien doit être de faire sa retraite sans perte.

568   Lorsqu'il aura à suivre un ennemi battu (3) , il ne peut le faire trop vivement, sans cependant abandonner à sa poursuite la totalité du détachement ; mais, suivant sa force, il en laissera débander une ou plusieurs troupes pour l'atteindre et l'empêcher de se rallier , et suivra avec le gros au trot et en bon ordre , pour être toujours en état de résister à des troupes fraîches, s'il en survenoit.

569   Au contraire, lorsqu'il lui sera ordonné de pous-

---

(1) Ceci seroit la matière d'une instruction adressée aux *généraux* , et pourroit ne point entrer dans le réglement de campagne destiné aux troupes ; car les réglemens doivent être moins volumineux, en proportion du grade moins élevé ou de l'emploi plus circonscrit de ceux à qui l'étude en est prescrite.

(2) Ceci peut être l'objet d'une instruction à l'*infanterie* et à l'*artillerie*.

(3) Ceci peut être l'objet d'une instruction à la *cavalerie* ; mais surtout aux *lanciers*.

ser un corps (1) que l'ennemi présenteroit devant lui
pour couvrir ses manœuvres, sa marche, sa retraite,
il doit l'attaquer avec la totalité du détachement et
le plus vivement possible, l'objet étant alors de
percer ce masque pour voir ce que l'ennemi a, ou ce
qu'il fait au delà.

570   L'escorte d'un convoi (2) étant faite pour le défendre et le conduire sûrement à sa destination, l'objet
unique de l'officier qui la commande doit être de le
couvrir, d'éviter de combattre autant qu'il lui est
possible, de ne le faire que forcément, mais avec
vigueur ; et quelque avantage que dans ce cas il puisse
avoir sur l'ennemi, de ne le point poursuivre, et de
continuer sa marche aussitôt qu'il le peut avec sûreté.

571   Quand il sera chargé d'aller aux nouvelles (3), ou
de reconnoître la marche ou la position d'un ennemi, il doit marcher avec la totalité du détachement, jusqu'à une certaine distance de l'ennemi ;
de là, il détachera des troupes à cheval qui se soutiendront en échelons ; il se portera légèrement avec
les plus avancées sur quelque hauteur ou autre point
d'où il puisse bien découvrir ; et après avoir observé attentivement ce qu'il a ordre de tâcher de
connoître, il repliera de même légèrement les
troupes qu'il aura avancées, et rejoindra le gros de
son détachement, son objet étant alors rempli, et
n'en devant plus avoir d'autre que d'aller informer
le général de ce qu'il aura vu et appris.

572   Pour s'acquitter de ces différentes commissions,
tout commandant de détachement observera ce qui
suit :

---

(1) Ceci pourroit être l'objet d'une instruction aux *cuirassiers*
et à *l'artillerie légère.*

(2) Ceci pourroit être l'objet d'une instruction aux *officiers
d'état-major*, et surtout aux *colonels d'état-major* ordinairement
chargés du commandement de ces escortes.

(3) Ceci pourroit être l'objet d'une instruction aux *hussards*
et aux *chasseurs.*

573   De quelque force que soit son détachement, il le fera toujours marcher avec les plus grandes précautions, ayant des patrouilles en avant de lui, et derrière et sur ses flancs, et ne s'engageant dans aucun village, chemin creux, bois ou plaine, sans les avoir fait soigneusement reconnoître.

574   Il observera de disposer les troupes qui composeront son détachement, dans le terrain et dans l'ordre qui leur est propre, de manière que dans la plaine, la cavalerie couvre l'infanterie ; et que dans les pays coupés, l'infanterie protège la cavalerie.

575   Dans les pays mêlés de plaines, de défilés ou bois, il entremêlera ces deux corps de manière qu'ils puissent au besoin se secourir mutuellement.

576   Lorsqu'il marchera la nuit dans quelque nature de terrain que ce soit, il mettra toujours la plus grande partie de son infanterie à l'avant-garde, la faisant précéder par un petit détachement de cavalerie, pour aller plus en avant, et l'avertir de l'arrivée de l'ennemi ; il fera suivre son infanterie par le gros de sa cavalerie, à la queue de laquelle il mettra quelque infanterie, qui sera elle-même suivie d'un petit détachement de cavalerie pour faire son arrière-garde, et l'instruire de ce qui pourroit venir sur ses derrières.

577   La raison de cette disposition est, que si, la nuit, le gros de la cavalerie faisoit l'avant-garde, et qu'elle fût culbutée par l'ennemi, elle passeroit nécessairement sur le corps de l'infanterie qui seroit derrière elle, et y causeroit le plus grand désordre, qui seroit très-difficile à réparer ; d'ailleurs, il est peu possible de faire usage de la cavalerie la nuit, au lieu que l'infanterie peut toujours, par son feu, pousser et arrêter l'ennemi ; et en cas qu'elle soit obligée de plier, elle ne cause point de désordre irrémédiable dans la cavalerie. Si le détachement marche en retraite, il prendra l'ordre contraire.

578   Tous commandans de détachemens, et sur-tout de ceux qui se portent sur l'ennemi, et sont exposés à être attaqués dans leur retraite, doivent, en

marchant en avant, examiner avec le plus grand soin le pays qu'ils parcourent, faire attention aux bois, marais, ponts qu'ils traversent, et bien reconnoître les endroits où ils devront placer l'infanterie, pour protéger leur retour, et faciliter le passage des défilés de la cavalerie ; et comme l'aspect des pays est différent, suivant le point de vue où on les voit, afin de se pouvoir bien reconnoître dans leur retraite, ils s'arrêteront souvent en se portant en avant, et se retourneront pour prendre des points de vue qui les guident quand *ils seront obligés de revenir*. Cette attention est bien importante ; pour l'avoir négligée, des détachemens ont été souvent maltraités, ayant manqué de retrouver les ponts et passages, et s'étant jetés dans des obstacles qui les ont arrêtés, et ont donné à l'ennemi le temps de les atteindre.

579   Dans les haltes, le commandant mettra son détachement en bataille (1), faisant face au terrain par où l'ennemi pourroit venir à lui, plaçant en avant et autour de son détachement de petits corps-de-garde, des védettes et des sentinelles pour être averti, et ne faisant repaître ses troupes que successivement, les uns restant à cheval et en ordre, pendant que les autres seront débridés.

580   Il redoublera de vigilance et de précaution lorsqu'il sera obligé de s'arrêter pour passer la nuit.

581   S'il se trouve dans le cas d'être attaqué par un corps supérieur ou égal au sien, il disposera son détachement de la manière et dans le terrain le plus favorable aux différentes espèces de troupes qui le composeront.

---

(1) Ce principe ne peut être prescrit qu'à un détachement très-foible, autrement il seroit souvent inapplicable par la nature du terrain ; il seroit fatiguant pour la troupe, et sans utilité réelle, puisqu'une troupe manœuvrière doit toujours avoir le temps de se déployer lorsqu'elle entrevoit l'ennemi, ou que ses avant-postes le lui annoncent. C'est en *colonne serrée* qu'on doit faire halte.

582 Tout commandant de détachement alliera la prudence avec le courage, en sorte qu'il ne s'engage point sans nécessité, mais aussi qu'il n'évite point de combattre quand l'objet qu'il a à remplir le demande, et qu'alors il le fasse avec la plus grande vigueur, en donnant lui-même l'exemple ; ce qui est la manière la plus efficace d'engager les troupes à faire leur devoir.

583 L'escorte des convois ou équipages demande des précautions particulières ; l'officier qui en sera chargé, ne négligera rien pour être averti de la marche de l'ennemi, poussant pour cela des patrouilles sur tous les chemins par lesquels il pourroit venir à lui, et sur toutes les hauteurs d'où on pourra le découvrir. Il ne divisera jamais son escorte en petites parties ; mais, suivant sa force, il la séparera en plusieurs divisions ; il en placera une à la tête, une à la queue, et les autres intermédiairement, de manière qu'elles puissent se prêter secours et se réunir au besoin.

584 Il chargera particulièrement des officiers et sous-officiers choisis, de veiller à ce que les chariots marchent toujours serrés, et ne fassent point une trop longue file.

585 Si le convoi doit passer un défilé ou chemin creux, le commandant enverra des détachemens d'infanterie pour en occuper la tête et les hauteurs qui le bordent, et il mettra son escorte en bataille pour couvrir son convoi ; observant que, si c'est par ses derrières qu'il a le plus à craindre, la plus grande partie de l'escorte demeurera en deçà du défilé pour en couvrir le passage ; si c'est par le côté vers lequel il marche, que l'ennemi peut plus facilement l'attaquer, l'escorte se portera en avant du défilé pour en protéger la sortie ; et quand la totalité du convoi aura passé, on se remettra en marche, et les troupes de l'escorte reprendront les postes qui leur avoient été précédemment assignés.

586 Si, par la supériorité de l'ennemi, le convoi ne pouvoit continuer sa marche sans danger, l'officier

qui le commandera fera arrêter et parquer les voitures dans l'endroit le plus avantageux, et il y demeurera jusqu'à ce que, par une défense vigoureuse, il ait pu forcer l'ennemi à se retirer, ou qu'il ait été secouru.

587   Si, pendant que l'escorte est pressée par l'ennemi, ou dans un défilé, quelque chariot du convoi venoit à se briser, la charge en sera diligemment répartie sur les autres, le chariot cassé, jeté hors du chemin ; et les chevaux, attelés aux voitures qui en auroient besoin (1).

588   Lorsque le convoi s'arrêtera pour passer la nuit (2), le commandant en fera parquer les chariots dans un terrain libre et découvert, et occupera avec les troupes tous les points et débouchés qui pourront le couvrir ; lorsque son parc sera également en sûreté au delà comme en deçà du village ou ruisseau auprès duquel il s'arrêtera, il fera parquer son convoi au-delà, étant toujours avantageux de passer le défilé lorsqu'on arrive, et pendant que les voitures sont en file ; mais cet arrangement de commodité doit toujours être subordonné à la sûreté du convoi.

589   Tout ce qui est prescrit ci-dessus, concerne tout commandant de détachement, de quelque nombre de troupes qu'il soit formé ; mais dans les détachemens ou escortes particulières de cent cinquante, cent ou seulement cinquante hommes d'infanterie, l'officier qui en sera chargé redoublera d'attention et de prévoyance ; le petit nombre de troupes qu'il a avec lui, les lui rendant plus nécessaires.

590   Il ne séparera point alors son détachement ; il

____

(1) Le réglement de 1809 ajoutoit ces mots : *ce qui ne pourra être chargé ou emmené doit être brûlé.* Si ce sont des poudres, le feu doit y être mis avec précaution, à moins qu'on n'ait la facilité de les jeter dans l'eau.

(2) Ceci pourroit être l'objet d'une instruction adressée aux différentes troupes du *train.*

mettra seulement une escouade (1) à la tête, une à la queue, et quelques soldats sur les flancs, pour faire filer les voitures, y maintenir l'ordre, et l'avertir si l'ennemi paroissoit; et il se placera avec la totalité de son détachement dans l'endroit le plus exposé, d'où il se portera avec lui par-tout où le besoin l'exigera. Si le détachement étoit de cinquante ou soixante hommes, au lieu d'escouades, il ne mettroit que deux fusiliers à la tête et à la queue du convoi.

591   En cas d'attaque, il aura attention de bien ménager son feu, de ne jamais faire tirer la totalité de sa troupe à-la-fois; mais, l'ayant divisée en deux sections, de ne faire tirer la seconde qu'après que la première aura rechargé. Toute troupe qui marchera seule, quand elle ne seroit que d'une escouade, sera toujours divisée en deux parties, et observera pour son feu ce qui vient d'être dit ci-dessus.

---

(1) Ce mot *escouade* demande à être interprété, car on pourroit ne pas découvrir clairement si le réglement a voulu exprimer par-là une subdivision de dix à quinze hommes réunis en conformité du contrôle de service, et dont le nombre seroit à peu près égal à la force d'un ordinaire, ou s'il a voulu mentionner une escouade, c'est-à-dire une sous-division constitutionnelle formée aujourd'hui d'un huitième de compagnie, et commandée par un caporal. La vérité est que ce mot a été copié à tort de l'article qui est analogue à celui-ci dans le réglement de 1778 et de 1788, parce qu'alors le service se commandoit par *escouades*. Le réglement de 1792 avoit renoncé à ce mode. Le système de commander le service par escouade avoit pour objet de faire plus commodément vivre les hommes destinés à faire usage de la même marmite et du même bidon, et se relayant entre eux pour les porter. Cet usage méthodique, et sage sans doute, est impraticable dans une guerre vive. (Voy. note du n° 977, et note du n° 1002.)

TITRE XIX (1).

Des Marches.

592   Aussitôt que l'armée sera arrivée dans un camp, le chef de l'état-major de l'armée, après avoir pris l'ordre du général, donnera les siens à l'adjudant-général (2) chargé en chef des marches, pour en ouvrir une du côté où le général se propose de marcher (3). Il y fera travailler sur-le-champ avec la plus grande diligence.

593   Lorsque l'armée séjournera quelques jours dans

---

(1) Ce *titre* est copié sur le titre XXV du réglement de 1778, presque conforme lui-même au titre XXV du réglement de 1788. Mais chacun de ces titres anciens commençoit par neuf articles relatifs aux régimens provinciaux, aux pionniers et aux maréchaux généraux des logis chargés des routes des colonnes, etc. Toutes ces dispositions préparatoires n'ayant été remplacées par rien, le *tit.* 19 de 1792 perdoit toute sa clarté. On n'avoit pas non plus jugé à propos d'y recopier les art. 67 et 89 ; mais ils étoient de peu d'*intérêt.* (Voy. réglement de 1753, art. 358.)

(2) Cette rédaction feroit supposer qu'il ait été établi en principe qu'un des *colonels d'état-major* soit chargé des *marches* ; ce qui impliqueroit une idée fausse, car aucun réglement ne le prescrit. C'est par esprit d'assimilation que cet article a été ainsi libellé. Le réglement de campagne de 1778 disoit au titre XXV, art. 5, qu'il seroit nommé au commencement de chaque campagne, par le maréchal général des logis de l'armée, *un aide-maréchal général des logis* intelligent et actif, pour être chargé en chef de l'*ouverture des marches.* Le réglement de 1792 a supposé que le grade d'*adjudant général* devoit comporter des attributions pareilles à celles des *aides-maréchaux généraux des logis,* et c'est en partant de cette supposition qu'il a prescrit une disposition devenue inexécutable.

(3) Le réglement de 1809 avoit transformé comme il suit une partie de cet article : *après avoir pris l'ordre du général commandant en chef, donnera les siens aux chefs des états-majors des divisions, et ceux-ci aux adjudans-commandans chargés en chef des marches pour faire ouvrir les routes du côté où la division devra marcher, il y fera…, etc.* On a vu que ces mots *adjudans-commandans* chargés des *routes* avoient perdu leur signification par la suppression des articles préliminaires où ces dispositions étoient posées en principe.

un camp, il sera ouvert des marches (1) en avant, en arrière et sur les deux flancs de l'armée, jusqu'à plusieurs lieues, s'il est possible, de son camp; en sorte que, suivant les circonstances, elle puisse se porter facilement où le besoin pourroit le demander.

594   2. L'armée marchera ordinairement sur six colonnes (2). Chaque aile de cavalerie et chaque division d'infanterie formera la sienne, la plus ancienne brigade en ayant la tête, suivie des autres de première ligne, et ensuite de celles de seconde, dans le même ordre que celles de première (3).

595   Les corps campés en réserve marcheront par la colonne, et dans le rang qui leur sera prescrit par le général.

596   3. Lorsque l'armée marchera sur quatre colonnes, la première ligne de cavalerie de l'aile droite mar-

---

(1) C'est-à-dire : percé et préparé des routes.

(2) Nous n'avons point vu mettre en pratique ces principes. Cette manière de marcher étoit celle de la guerre de 1756 ; c'étoit à peu près aussi celle des armées du temps de Turenne. Ces armées formoient cinq *colonnes* de marche. Les bagages et l'artillerie occupoient le chemin du milieu. L'infanterie de la première ligne marchoit à hauteur égale, et à distance de déploiement, sur une route parallèle, qu'au fur et mesure réparoient, construisoient ou rendoient praticable les pionniers ou gastadours. L'infanterie de la seconde ligne s'avançoit de même à gauche. La cavalerie de première ligne flanquoit la droite, sur une quatrième route parallèle. La cavalerie de seconde ligne marchoit de même à gauche, sur une cinquième route. Cette marche étoit tellement entravée par les accidens du terrain, elle étoit tellement retardée par les obstacles que rencontroient les colonnes, forcées de s'attendre réciproquement pour conserver un front égal, qu'une route de quelques lieues se nommoit alors marche forcée.

(3) Le règlement de 1809 changeoit ainsi cet article : *L'armée marchera d'après les ordres du général commandant en chef, sur autant de colonnes qu'il le jugera nécessaire, et selon que les circonstances et la nature du pays le permettront. Chaque aile de cavalerie et chaque division d'infanterie formeront une colonne, la plus ancienne brigade en ayant la tête, suivie des autres brigades de première ligne, et ensuite de celles de la seconde ligne, dans le même ordre que celles de première.*

chera avec la première division d'infanterie; et la seconde avec la seconde division (1).

597   La première ligne de l'aile gauche de cavalerie marchera avec la quatrième division; et la seconde, avec la troisième.

598   Les deux brigades d'infanterie couvrant les ailes, marcheront par la même colonne que la première ligne de la cavalerie de leur aile, et feront l'arrière-garde des troupes de cette colonne (2).

599   4. La nature du pays réglera alors si la division d'infanterie devra avoir la tête ou la queue des colonnes; on en avertira dans l'ordre de marche.

600   5. Lorsque l'on marchera sur six colonnes, les deux brigades d'infanterie destinées à couvrir les flancs de la cavalerie, marcheront de même à la tête ou à la queue de la cavalerie de leur aile, suivant la nature du pays.

601   6. Les divisions d'artillerie attachées aux quatre divisions d'infanterie, marcheront toujours à la suite de l'infanterie de la division dont elles seront (3).

602   Si, par la nature du pays, cela devenoit impossible, elles en seroient averties par le chef de l'état-

---

(1) Le réglement de 1809 changeoit ainsi la fin de cet alinéa et le suivant :

...... et la seconde ligne de cavalerie, avec la seconde division d'infanterie.

La première ligne de l'aile gauche de cavalerie marchera avec la quatrième division d'infanterie; et la seconde ligne de l'aile gauche de cavalerie, avec la troisième division d'infanterie.

(2) Ces dispositions ne sauroient plus être réglementaires; elles supposent une forme d'armée qui n'est plus en usage; elles supposent cette armée d'une force et d'une composition toujours égales.

(3) Le réglement de 1809 changeoit ainsi cet article : *Les parcs d'artillerie attachés aux divisions, marcheront toujours à la suite des divisions dont ils font partie.* (Voyez n°s 1202 et 1203.)

Si, par la nature du pays, cela devenoit impossible, ils en seroient avertis par le commandant d'artillerie du corps d'armée ou de la division, ou enfin par le chef d'état-major; il leur seroit en même temps indiqué la colonne qu'ils devront suivre.

major (1), et il leur seroit en même temps indiqué la colonne par laquelle elles devroient marcher.

603   7. Le gros parc (2) d'artillerie marchera toujours par la colonne qui sera la meilleure, et après les menus et gros équipages de cette colonne.

604   L'itinéraire particulier sera envoyé au commandant de l'artillerie.

605   8. (3) Les équipages du quartier-général marcheront par la colonne qui sera indiquée dans l'ordre qui sera donné au vaguemestre général. Le trésor aura toujours la tête des gros équipages du quartier-général.

606   9. Chaque bataillon donnera un caporal et une escouade (4) d'escorte à ses équipages. Les régimens de deux bataillons, y mettront un sergent et deux escouades. Ces escortes seront aux ordres d'un lieutenant ou sous-lieutenant par brigade.

607   Lorsque les équipages ne marcheront point avec les troupes, il sera commandé en outre des escortes proportionnées aux circonstances.

608   10. Lorsque toute l'infanterie de l'armée devra marcher ou prendre les armes, on battra d'abord *la générale*, ensuite *l'assemblée* et *le drapeau* (5).

609   Quand il ne devra marcher qu'une partie de l'in-

---

(1) Cette correspondance, toujours supposée entre le *chef d'état-major* et les troupes, a cessé, et n'existe plus qu'entre le *chef d'état-major* et *le général de brigade*, ou *maréchal-de-camp*.

(2) Le réglement de 1809 avoit ainsi transformé une partie de cet article :

Le gros parc d'artillerie marchera toujours par la route qui sera la meilleure. Voy. n° 1202.

(3) Le réglement de 1809 avoit supprimé cet article ainsi que le suivant.

(4) Voyez la note du n° 590.

(5) Le réglement de 1809 avoit ainsi changé une partie de cet article.

.... *On battra le rappel au lieu de la générale, si le général le juge nécessaire.*

6*

fanterie, on battra *le premier*, au lieu de *la gé-nérale*.

610   11. Il ne sera jamais laissé plus d'une demi-heure d'intervalle de *la générale* à *l'assemblée*; et plus d'une heure, de *l'assemblée* au *drapeau* (1).

611   12. Les officiers généraux et particuliers donneront ordre, une fois pour toutes, que leurs équipages et effets soient rassemblés tous les soirs et prêts à charger, afin que, si l'armée ou les équi-

------

(1) *Cavalerie 12 août 1788, titre 25, article 17. Lorsque toute l'armée devra marcher ou prendre les armes et monter à cheval, on sonnera le boute-selle lorsque l'infanterie battra la générale.*

S'il n'y avoit que la cavalerie qui dût marcher, on sonneroit des appels au lieu de boute-selle.

Art. 18. Il ne sera jamais laissé plus d'une demi-heure d'intervalle du boute-selle au boute-charge, et plus d'une heure du boute-charge à sonner à cheval.

Art. 22. Une demi-heure après le boute-selle, on sonnera le boute-charge, et une heure après le boute-charge, on sonnera à cheval. Le signal pour les différentes sonneries sera donné, pour la ligne, par les tambours du premier régiment d'infanterie de la droite; et pour le quartier-général, par celui de la garde de la place.

Art. 23. Dès qu'on sonnera le boute-selle, le maréchal-général-des-logis de la cavalerie enverra un de ses aides à chaque division de troupes à cheval, pour porter au major de division l'ordre de marche ou autres dispositions qui devront être exécutées.

Art. 24. Toutes les fois qu'on sonnera le boutte-selle, les officiers et cavaliers se lèveront, s'habilleront et s'armeront promptement; on sellera et bâtera les chevaux, et on harnachera ceux des voitures.

Au boute-charge, on chargera et l'on attellera les chevaux.

Lorsqu'on sonnera à cheval, les troupes se mettront en bataille à la tête de leur camp.

Art. 36. Un quart-d'heure avant que l'on sonne à cheval, les sous-officiers et cavaliers tourneront leurs chevaux de la tête à la queue, les deux demi-compagnies au quart de compagnie de la même rue se faisant face, et ils demeureront en cet état jusqu'à ce que le commandant de la compagnie en ait fait l'appel, et au moment où l'on sonnera à cheval, il y fera monter les cavaliers, et formera la compagnie, ainsi qu'il est prescrit par l'ordonnance des manœuvres.

pages reçoivent pendant la nuit ordre de partir, rien ne puisse retarder leur marche.

612 13. On n'avertira jamais à l'ordre que l'armée devra marcher le lendemain, et la *générale* sera toujours le signal du départ (1).

613 14. Les jours de marche, le tambour de la garde de la place du quartier-général et le trompette de la garde de cavalerie commenceront à battre *la générale* et à sonner *le boute-selle*, au moment que cela leur aura été ordonné par le chef de l'état-major de l'armée; ils sortiront du quartier-général en battant et sonnant (2), et iront jusqu'au plus prochain corps de la ligne, qui donnera aussitôt le signal pour avertir les tambours et les trompettes de se préparer à battre et à sonner; et incontinent après, ils battront *la générale* et sonneront *le boute-selle*.

614 Tous les tambours des gardes de police et de celles des officiers généraux, battront aussi en même temps *la générale*.

615 15. Une demi-heure après *la générale*, on battra *l'assemblée*; et une heure après *l'assemblée*, on battra *le drapeau*; le signal pour ces batteries sera donné, pour la ligne, par les tambours du premier régiment d'infanterie de la droite; et pour le quartier-général, par celui de la garde de la place.

616 16. Aussitôt qu'on battra *la générale*, il partira du quartier-général quatre adjudans-généraux (3), pour se rendre diligemment au camp, et y porter chacun, à un des lieutenans-colonels des quatre divisions d'infanterie, les ordres, s'il y en a de particuliers à leur donner; ce qui devra arriver très-rarement : les ordres généraux, détaillés dans les ar-

---

(1) Cela supposeroit que le camp ne se lève jamais que de jour; la nuit, on doit s'assembler sans batteries.

(2) Cette disposition ne scroit applicable qu'à un camp de manœuvres.

(3) Les ordres se donnent maintenant par les *généraux de division* aux *maréchaux-de-camp*, et non point à *des officiers de semaine ou de jour*.

ticles suivans, devant suffire pour procurer la célérité et l'ordre dans les marches.

617　　17. Toutes les fois qu'on battra *la générale*, les
officiers et soldats se lèveront, s'habilleront et s'armeront promptement; on sellera et bâtera les chevaux, (1) et on harnachera ceux de l'artillerie et des
voitures à roues.

618　　A *l'assemblée*, on détendra, chargera et attelera
diligemment.

619　　Au *drapeau*, les troupes se mettront en bataille à
la tête de leur camp.

620　　Les divisions d'artillerie se tiendront prêtes à
prendre la queue des colonnes d'infanterie auxquelles elles sont attachées. Les menus équipages
se placeront de manière à pouvoir suivre l'artillerie
de leur division : les menus équipages des officiers
généraux de la division , ayant la tête des menus
équipages des troupes, qui garderont entre eux le
rang que leurs brigades tiennent dans leur division.
Les gros équipages suivront ensuite dans le même
ordre, et les vieilles gardes se rendront au centre
de la queue du camp de la seconde ligne de leur
division, pour faire l'arrière-garde des équipages.

621　　18. Lorsque l'armée marchera sur six colonnes (2),
il n'y aura donc aucun ordre à donner ; et quand
elle marchera seulement sur quatre, il suffira que le
chef d'état-major (3) en prévienne par écrit les lieutenans – colonels de division ; ou donne, en conséquence, des ordres aux adjudans généraux chargés de la formation des colonnes de marche (4).

---

(1) Voyez note 3 de la page 16, et note 2 de la page 2.

(2) Le réglement de 1809 changeoit ainsi cet article :
*Lorsque les divisions devront se mettre en marche , il suffira
que le chef de l'état-major en prévienne par écrit les chefs des
corps de toutes armes.*

(3) Voyez la note du n° 602.

(4) Même observation que dans les notes de la page 120. Le
réglement de 1778 attachoit, pour toute la campagne, six aides-
maréchaux-généraux-des-logis adjoints , à celui qui étoit en chef

622   19. Comme la marche de l'armée doit être ordinairement couverte par des corps avancés, les bataillons de grenadiers de chaque division (1) suffiront pour faire l'avant-garde de la colonne par laquelle elle marchera; ils seront suivis des nouvelles gardes et des campemens (2).

623   La division d'artillerie d'avant-garde marchera ordinairement après les bataillons de grenadiers de la seconde division d'infanterie.

624   Lorsqu'elle devra avoir une autre destination, parce que le général jugera à propos de faire marcher les bataillons de grenadiers de la seconde division par quelqu'autre colonne, le chef de l'état-major en avertira le lieutenant de la seconde division dans l'ordre qu'il lui enverra, pour qu'il le fasse savoir à l'officier d'artillerie qui commandera l'artillerie d'avant-garde.

625   20. Si le général jugeoit à propos de rassembler tous ou plusieurs bataillons de grenadiers (1), pour renforcer l'avant-garde d'une colonne, cela sera marqué dans les ordres envoyés par le chef de l'état-major, aux lieutenans-colonels des divisions (3).

626   21. Mais, dans tous les cas, les nouvelles gardes et les campemens marcheront à la tête de la colonne de leur division, et ne seront point rassemblées dans un même point, pour leur éviter la fatigue de s'y rendre, et celle, en arrivant au nouveau camp, de venir regagner le terrain que leurs régimens devront occuper, ou les postes où elles devront être placées,

---

chargé des marches. Nous n'avons point vu, depuis le réglement de 1792, d'adjudant-commandant être chargé de cette fonction.

(1) Les *grenadiers* maintenant ne peuvent plus être détachés et formés *en bataillons spéciaux*, puisque l'ordonnance du 3 août 1815, veut que les *compagnies de grenadiers* soient endivisionnées avec celles de fusiliers. Voyez note du n° 36.

(2) Le réglement de 1809 retranchoit ces mots : *et des campemens.*

(3) Le réglement de 1809 changeoit ainsi ces derniers mots : *aux chefs des troupes.*

qui seront toujours ceux les plus à portée de leur camp.

627   22. Lorsqu'il y aura des ordres particuliers pour la marche, à envoyer par le chef de l'état-major aux lieutenans-colonels des divisions, ils seront toujours écrits en cette forme (1).

Première colonne.

628   Elle sera composée de la brigade de. . . de celle de . . . etc., dans l'ordre où elles devront marcher.

L'artillerie marchera après la brigade de. . . .

Les équipages s'assembleront à tel rendez-vous.

Les bataillons de grenadiers et chasseurs de cette division se rendront à telle heure à la tête de la brigade de . . .

Les anciennes gardes se rassembleront à tels rendez vous, pour faire l'arrière-garde des équipages.

629   Et ainsi des autres choses qu'il pourroit avoir à ordonner, énoncées en peu de paroles, sans entrer dans aucun autre détail, et sans instruire une colonne des ordres qui concerneroient les autres, à moins que cela ne devînt nécessaire pour l'arrangement général de la marche.

630   23. S'il ne devoit marcher qu'une ou deux brigades, les adjudans-généraux se rendroient en droiture au camp de ces brigades, pour leur en donner l'ordre; et ils en instruiroient ensuite les lieutenans-colonels des divisions dont elles feroient partie.

631   24. Toutes les fois qu'on battra *la générale*, les officiers généraux se rendront promptement à la tête de leur division; les bataillons de grenadiers (2),

---

(1) Le réglement de 1809 changeoit ainsi cet article :

Lorsqu'il y aura des ordres particuliers à envoyer par le chef de l'état-major général aux colonnes en marche, ils seront toujours écrits en cette forme.

(2) Cette disposition suppose les *grenadiers* formés en bataillons, ce qui n'est plus dans l'esprit de notre constitution militaire. (Voyez la note du n° 622 et celle du n° 36.)

s'assembleront sur-le-champ, cent pas en avant du centre du camp des brigades de première ligne de chaque division (1); les nouvelles gardes se formeront derrière eux, les campemens en troisième ligne, ensuite les convalescens, et ils attendront ainsi les ordres qui leur seront donnés.

632   25. Si *la générale* se battoit pour une réjouissance (2), et que l'armée ne dût pas marcher, les troupes en seroient prévenues, afin que les bataillons de grenadiers et les campemens (3) ne s'assemblassent pas.

633   26. Dès que l'ordre aura été donné pour marcher, les lieutenans - colonels de brigade avertiront les officiers détachés (4) de ce qui sera ordonné pour eux.

634   27. Lorsqu'on battra *la générale* ou *le premier*, les officiers de piquet des brigades qui devront marcher, monteront à cheval; ils se partageront à la tête, à la queue et sur les flancs de leur régiment, et ils feront poser des sentinelles d'augmentation où ils le jugeront nécessaire, afin d'empêcher les soldats de sortir du camp.

635   28. Lorsque le général aura ordonné un rendez-vous pour assembler les bataillons de grenadiers pour faire l'avant-garde, le maréchal-de-camp de jour, les officiers supérieurs de piquet, et les chefs des différens états-majors, ou, en leur absence, un de leurs aides, se rendront à ce rendez-vous d'assemblée pour marcher avec cette avant-garde; et le lieutenant-colonel de piquet (5) y rangera les bataillons

---

(1) Le réglement de 1809 ajoutoit ces mots :
Si toute fois le général de l'armée a ordonné la formation de ces brigades.

(2) Il n'est point à notre connoissance qu'elle ait été jamais battue en pareil cas.

(3) Le réglement de 1809 retranchoit ces mots : *Et les campemens.*

(4) C'est un soin qui doit être laissé particulièrement aux *chefs de corps*, comme les plus intéressés à rappeler les détachés.

(5) Le réglement de 1809 changeoit ces mots : *Le lieutenant-*

de grenadiers dans le même ordre que leurs brigades seront campées dans l'armée.

636   Mais quand le général n'aura point donné cet ordre, tous les officiers se rendront à la tête des grenadiers de la seconde division d'infanterie; il s'y trouvera un officier de l'état-major de l'armée, et ils se mettront en marche aussitôt après que l'*assemblée* aura été battue.

637   Les bataillons de grenadiers, les nouvelles gardes et les campemens des autres colonnes s'ébranleront aussi en même temps; ils seront aux ordres de l'officier supérieur le plus avancé en grade parmi ceux qui commanderont les bataillons de grenadiers ou les escadrons de chasseurs à cheval de leur colonne.

638   Lorsqu'ils seront arrivés sur le terrain du nouveau camp, ils feront halte, et y attendront les ordres du maréchal de-camp de jour.

639   29. Quand il sera ordonné que les vieilles gardes de plusieurs divisions s'assemblent à un rendez-vous indiqué, un ou plusieurs officiers supérieurs sortant de piquet, suivant leur nombre, s'y trouveront pour les commander; le lieutenant-colonel sortant de piquet, les assemblera et les disposera par rangs de division et de brigades, et marchera avec elles.

640   30. A l'*assemblée*, on fera détendre, plier les tentes, et charger les équipages et chevaux de compagnies (1).

641   31. (2) On observera, pour détendre le camp du soldat, que deux hommes par tente se placent aux deux mâts aussitôt que l'assemblée commencera à battre, et que toutes les tentes tombent à la fois, lorsque les tambours cesseront (3).

---

colonel de piquet; pour ceux-ci: *Le chef de bataillon de piquet.*

(1) Le réglement de 1809 changeoit ainsi cet article : *A l'assemblée, on fera avertir les compagnies de charger les équipages.*

(2) Le réglement de 1809 supprimoit cet article en entier.

(3) Voy. l'inst. de l'an 12 sur le campement, sect. intitulée: *Méthode pour décamper.* Voy. *Mémorial de l'Officier d'Infanterie,* 2e édition, pag. 385.

642   32. Les officiers et sous-officiers tiendront la main à ce que chaque soldat rassemble ses effets, outils, armement et autres ustensiles; et ils empêcheront qu'il n'y ait de dispute entre eux pour les porter.

643   33. Ils leur feront éteindre exactement les feux, et empêcheront qu'ils ne brûlent la paille et les baraques du vieux camp.

644   Les commandans des corps en seront responsables.

645   34. Un quart-d'heure avant qu'on batte *au drapeau*, les compagnies prendront les armes, et se mettront en haie dans les grandes rues du camp, sans déborder le front de bandière, et les sergens marqueront les rangs qu'elles devront former.

646   35. Les capitaines feront ensuite l'appel et l'inspection et (1) veilleront à ce que chaque soldat soit muni de son petit bidon plein d'eau (2).

647   36. Ils feront distribuer devant eux, par les chefs d'escouades, deux cuillerées de vinaigre par bidon (3), afin d'épurer l'eau et de lui ôter sa crudité (4).

648   37. Les vivandiers des régimens s'arrangeront entre eux pour avoir toujours deux petits tonneaux (5) de vinaigre de vin d'une bonne espèce; ce vinaigre sera taxé à un prix raisonnable, en entrant en campagne, par le général de l'armée, et ce prix ne changera plus. Les lieutenans-colonels tiendront la main à ce que cet article soit exécuté; ils empêcheront aussi que les vivandiers ne débitent de l'eau-de-vie de grain,

---

(1) Le réglement de 1809 retranchoit ces mots : *Feront ensuite l'inspection et....*

(2) Disposition fort sage qui a été trop négligée dans nos armées. Voy. n° 672.

(3) C'est un dessergens qui porte le vinaigre. Voyez *Mémorial de l'Officier d'Infanterie*, 2ᵉ édition, page 392, n° 208.

(4) Voyez l'instruction de l'an 12 sur le campement transcrite ci-après; subdivision intitulée : *Fournitures à faire.*

(5) Le réglement de 1809 mettoit : *trois petits tonneaux*, au lieu de : *deux petits tonneaux.*

qui est très mal saine, mais seulement de l'eau-de-
vie de vin d'une bonne qualité (1).

649   38. Lorsque l'on battra *au drapeau*, les capitaines feront marcher leur compagnie pour se former en
avant des faisceaux.

650   Ils observeront de déboucher des rues tous en
même temps ; et dès que le bataillon sera en bataille,
il s'alignera sur celui de la droite de sa brigade , qui
devra lui-même s'aligner sur le premier bataillon de
la droite de la ligne.

651   39. Aussitôt qu'on battra *la générale* , les adjudans-généraux de l'armée partiront du quartier-
général pour se rendre à la tête des colonnes qu'ils
devront conduire , et remettront leur itinéraire aux
officiers généraux qui les commanderont.

652   40. Dès que les troupes seront en bataille, l'adjudant-général chargé de la formation de chaque
colonne de l'armée, y fera entrer les brigades qui
devront la composer, et la disposera à se mettre en
marche par les mouvemens prescrits dans le nouveau réglement *des manœuvres* (2).

653   41. Les brigades de seconde ligne viendront en
même temps joindre celles de la première ; et aussitôt que toute l'infanterie qui devra composer la
colonne sera serrée, ainsi qu'il vient d'être dit ,
l'officier-général qui la commandera en mettra la
tête en mouvement.

654   42. Si l'officier général commandant la colonne
n'y étoit pas rendu à l'heure qu'elle devra partir,
celui qui la commandera dans ce moment, la mettra en marche, afin de ne point faire attendre les
troupes , étant bien sûr que l'officier général qui ne
se trouvera pas à sa division à l'heure prescrite, est
employé ailleurs plus utilement pour le service, ou
est malade ; et, dans ces cas, il en sera rendu
compte, en arrivant au camp, au général de l'armée,

---

(1) Les mouvemens des armées rendent ces dispositions impraticables ; ce devroit être tout au plus un soin laissé au chef de
la gendarmerie.

(2) Voy. note du n° 682.

par l'officier général ou autre, qui aura conduit la colonne à sa place.

655   43. Lorsqu'il n'aura point été commandé de travailleurs pour marcher à la tête des colonnes, la brigade qui marchera la première en fournira le nombre nécessaire pour les besoins imprévus.

656   44. Il y aura de plus, à la tête de chacune des autres brigades, cinquante travailleurs (1) destinés à réparer les chemins qui auront été gâtés par le passage de celles qui la précéderont.

657   45. Les troupes devront garder, pendant toute la marche, le même ordre dans lequel elles se seront formées en partant du camp, en sorte qu'elles puissent se mettre en bataille le plus promptement possible, lorsque les circonstances l'exigeront.

658   Pour leur en faciliter le moyen, il sera défendu aux officiers, de quelque grade (2) qu'ils soient, de marcher à cheval *entre les troupes*; ils observeront de se tenir sur le flanc de la colonne à hauteur de leurs division et peloton (3).

659   46. Les chefs de brigade et commandans de corps détermineront sur quel flanc de la colonne les officiers devront marcher, observant qu'ils soient toujours placés au-dessous du vent, afin de ne point incommoder les soldats par la poussière.

---

(1) Ce sont maintenant les troupes du génie désignées sous le nom de *sapeurs*, qui doivent être employés à ces réparations. Nous avons vu quelquefois rassembler utilement à la tête des brigades, tous les sapeurs d'infanterie des régimens de la brigade. En marche, ce seroit leur véritable destination. Si l'on cessoit d'en faire des soldats de parade, et qu'on en exigeât ce profitable service, il conviendroit qu'il fût réparti entre eux des outils de trois professions : Outils de charpentier, outils de bûcheron, outils de terrassier ; ils seroient porteurs de scies, de serpes, de haches, de bêches et de pioches. Ce n'est qu'une proposition renouvellée, et dans les autres services de l'Europe, ce n'est pas sans exemple.

(2) Tous les officiers d'inf: avoient alors des chevaux. V. n° 14. C'est pourquoi il leur étoit enjoint de se placer au-dessous du vent.

(3) Le réglement de 1809 avoit retranché ces mots : *A hauteur de leurs division et peloton.*

660   47. Il y aura toujours un officier qui précédera de cent pas chaque régiment, pour reconnoître les passages sur la droite ou la gauche des ponts et communications, et les indiquer aux officiers.

661   48. S'il se trouvoit des défilés où ils fussent indispensablement obligés de passer avec leur troupe, alors ceux de chaque bataillon se partageroient pour passer à la tête et à la queue ; ceux de la tête s'y porteroient promptement, pour ne pas retarder la marche; et aussitôt après le passage du défilé, ils reprendroient leur place sur le flanc de la colonne.

662   49 (1). Les chevaux des tentes des compagnies marcheront aussi sur un des flancs de leur bataillon; et lorsqu'il se trouvera un défilé sans passage sur la droite ou sur la gauche, ils le passeront à la queue desdits bataillons, comme il est dit ci-dessus.

663   Les chevaux de tentes ne quitteront jamais leur bataillon et ne seront jamais regardés comme équipages.

664   50. Les capitaines pourront se faire suivre, dans les marches par un valet à cheval; et les lieutenans, par un seul de deux en deux (2). Ces valets se tiendront près d'eux; mais ils ne pourront, sous aucun prétexte, mener aucun cheval d'équipage.

665   51. Il ne sera souffert pareillement dans les colonnes des troupes, sous tel prétexte que ce puisse être, aucune espèce de voiture à roues.

666   52. Les sergens des compagnies marcheront toujours aux ailes des pelotons (*subdivisions*).

667   53. Ils auront soin que les soldats ne confondent point leurs rangs, et ne changent rien aux distances ordonnées.

668   54. Si la difficulté des chemins occasionne quelque défectuosité à cet égard, il feront rétablir aussitôt l'ordre prescrit.

669   55. Ils empêcheront que les soldats n'attachent à

---

(1) Le réglement de 1809 supprimoit les art. 49, 50 et 51.
(2) Voy. note 4 de la page 10.

leurs fusils ni bidon, ni bâton de tente (1), ni
autres effets, afin qu'ils soient toujours en état de
porter les armes au premier signal.

670   56. Aucun officier ne pourra quitter son peloton
sans la permission du commandant de son régiment.

671   57. Si un soldat est forcé de quitter son rang pendant la marche, il en demandera la permission au
commandant de sa section, et donnera son fusil à
son camarade.

672   58. On ne laissera jamais arrêter les soldats aux
ruisseaux ou puits, pendant la marche; leur bidon
devant leur suffire (2).

673   59. En passant dans les villages, on y laissera,
de bataillon en bataillon, des officiers et sergens
pour faire serrer, et empêcher qu'aucun soldat ne
s'y arrête.

674   Il marchera, sur les flancs de chaque colonne, un
détachement de la gendarmerie, et les commandans
des régimens lui donneront main-forte, s'ils en
sont requis. (3).

675   60. Les officiers supérieurs des brigades s'arrêteront souvent pour voir si leurs brigades marchent
dans l'ordre prescrit, et si les officiers sont à leur
place, et sur le flanc de la colonne qui leur aura été
indiqué.

676   61. Ils feront réparer les ponts et communications
qui auront pu se gâter par le passage des troupes
qui les précèdent.

677   62. Ils apporteront la plus grande attention à empêcher que la colonne ne défile (4), et à la faire avancer toujours sur le même front sur lequel elle se sera
mise en marche.

678   63. Si cependant cela devenoit impossible, ils feront passer le défilé aux soldats à pas de manœu-

---

(1) Le régl. de 1809 supprimoit les mots : *ni bâton de tente.*
(2) Voy. note 2 et 3 de la pag. 131.
(3) Dispositions impraticables. Le régl. de 1809 ajoutoit ces
mots : *Et la feront toujours respecter comme une sentinelle.*
(4) C'est-à-dire qu'elle ne s'alonge, par la perte des distances.

vres (1), et les feront reformer aussitôt qu'ils en seront sortis.

679   64. Ils observeront pareillement de suivre toujours le mouvement qui sera fait à la tête ; en sorte que, quand les brigades qui les précèdent feront doubler ou dédoubler leurs pelotons, divisions ou bataillons, ils fassent aussi doubler et dédoubler les leurs, au même point où les autres auront commencé ce mouvement.

680   65. Enfin, ils veilleront non-seulement à ce que les officiers de leur brigade n'aient à leur suite que le nombre de valets prescrit, mais ils feront encore arrêter tous domestiques étrangers, chevaux d'équipages, vivandiers, gens sans aveu, et soldats d'autres corps, qui marcheront avec leur brigade, et les feront remettre au détachement de la gendarmerie de leur colonne.

681   66. Les officiers généraux commandant les colonnes donneront la plus grande attention à ce qu'elles conservent, pendant la marche, les distances nécessaires pour se mettre en bataille au premier ordre.

682   67. On se conformera, au surplus, pour les mouvemens qui devront préparer les colonnes à se mettre en bataille, pour les manœuvres par lesquelles elles s'y mettront, et pour toutes les circonstances relatives aux marches, comme haltes, passages de défilés, etc., à tout ce qui sera prescrit à ces divres égards dans le nouveau règlement *des manœuvres* (2).

---

(1) Le genre de *pas* ainsi nommé étoit prescrit par l'ordonnance de manœuvres de 1776. Il n'est plus connu ; il est remplacé par le *pas accéléré*. C'est une des erreurs du réglement de 1792. (Voyez le réglement d'exercice de 1791, au mot colonne de route.) Voyez, même réglement, école de bataillon, n° 146. Voy. *Manuel d'Infanterie*, 4ᵉ édition, page 90.

(2) Ici se manifeste évidemment la précipitation avec laquelle ce réglement fut recopié sur celui qui l'avoit précédé ; l'art. 67, libellé dans les mêmes termes en l'un et en l'autre réglement, n'avoit plus aucun sens en 1792. En voici les preuves : lorsqu'en

683 68. Lorsque l'armée se mettra en bataille, les brigades d'infanterie destinées à couvrir les flancs, se formeront en colonnes entre les deux lignes d'infanterie, dans la disposition qui leur sera ordonnée suivant la nature du terrain et des circonstances.

684 69. Dans les marches de nuit, il sera observé le plus grand silence pendant tout le temps qu'elles dureront.

685 70. Il sera défendu d'entrer dans les grains pendant la marche, à moins que ce ne fût le chemin de la colonne.

686 71. Il ne sera jamais crié ni *halte* ni *marche* dans les colonnes, et l'on ne fera passer aucune parole.

687 72. Si les troupes de la queue de la colonne ne peuvent suivre la tête, ou qu'il leur arrive quelques accidens qui les obligent à s'arrêter (1), le tambour qui marchera à la tête du bataillon, demeuré en arrière, appellera; alors, les autres tambours appelleront, de bataillon en bataillon, jusqu'à la tête qui fera halte, en attendant que l'on batte *aux champs* à la queue, et cependant l'officier commandant le

---

1778, le prince de Montbarey fit réviser le réglement de campagne de 1753, le ministère se proposoit de faire réviser aussi et de renouveller *le réglement de manœuvres de* 1776, mis au jour par le comte de Saint-Germain, dont le système et les principes n'étoient plus en crédit. Déjà l'on rassembloit les matériaux d'un réglement qui devoit s'enrichir des principes publiés par Guibert; mais le projet fut retardé. Il ne parut de réglement de manœuvres qu'en 1788. Ce réglement resta même incomplet. Le réglement de campagne de 1778 ne prévoyant pas ce retard, indique la publication ultérieure d'*un nouveau réglement de manœuvres*; mais le réglement de campagne de 1792 commet une bévue en s'exprimant de même, car le même cas n'existoit plus en avril 1792, puisque le réglement de manœuvres de 1791 venoit de paroître. Même faute existe au n° 652 (Voy. note du n° 33.)

(1) Le réglement de 1809 changeoit ainsi la suite de cet article: *On enverra une ordonnance pour prévenir l'officier supérieur commandant les troupes qui forment la tête de la colonne, de ce qui sera arrivé.*

bataillon qui sera arrêté, enverra diligemment un officier avertir l'officier général commandant la colonne, de ce qui sera arrivé.

688   73. Dans les marches ou haltes, il ne sera rendu d'honneurs à personne (1).

689   Lorsqu'une troupe en marche rencontrera le S.ᵗ-Sacrement, elle s'arrêtera, se mettra en bataille, et exécutera ce qui est prescrit au titre des honneurs militaires (2); il en sera de même dans les haltes (3).

690   74. Un sergent et un caporal par régiment, avec un détachement de douze hommes sur la division (4), aux ordres d'un des lieutenans de piquet de la division feront l'arrière-garde de la colonne; ils visiteront les haies, chemins creux et villages, pour voir s'il ne s'y seroit pas caché des soldats qui auroit échappé à la vigilance de leurs officiers; ils les arrêteront et les remettront à leur régiment, en arrivant au nouveau camp.

691   75. A l'égard des soldats, cavaliers, dragons, vivandiers ou valets qu'ils arrêteront maraudant, ils les enverront au commandant de la gendarmerie.

692   76. (5) S'il étoit commandé, pendant la marche, quelques gardes ou détachemens, les piquets marcheroient en tout ou en partie, avec le nombre d'officiers proportionné, commandé sur-le-champ parmi les officiers premiers à marcher; et, dans ce cas,

---

(1) Cette règle concerne une troupe voyageant en corps d'armée; mais une troupe voyageant isolément s'arrête pour rendre des *honneurs*. C'étoit du moins un cas prévu par le décret du 24 messidor an 12, titre 2 article 3, et titre 3 article 13. C'étoit également un cas prévu par l'ordonnance de 1753. Voyez *Mémorial de l'Officier d'Infanterie*, 2ᵉ édition, page 467, n° 16, et page 468, n° 30.

(2) Voyez n° 973, etc. Voyez *Manuel d'Infanterie*, 4ᵉᵐᵉ édition, page 181, etc.

(3) Le réglement de 1809 retranchoit cet alinéa.

(4) Le réglement de 1809 mettoit ces mots: *Par compagnie*, au lieu de ceux-ci: *Par régiment, avec un détachement de 12 hommes sur la division*.

(5) Le réglement de 1809 supprimoit l'article 76.

leur tour seroit censé fait, s'il ne rentroit pas au camp avec leur colonne.

693   77. Lorsqu'une colonne sera dans le cas d'en croiser d'autres en marche, celle qui aura reçu l'ordre du général pour les traverser, en fera part aux officiers généraux qui les commanderont, lesquels feront alors arrêter les leurs, pour que ce mouvement se fasse avec le plus d'ordre et de célérité possible.

694   78. Mais quand cela arrivera par quelque hasard ou défectuosité dans la marche, les colonnes ne se couperont jamais, et celle qui se trouvera croisée fera halte, jusqu'à ce que toutes les troupes qui composent l'autre, aient achevé de défiler.

695   Les troupes (1) de la colonne qui aura fait halte, passeront avant les menus équipages de la première, ensuite les menus de la seconde, et successivement les gros équipages dans le même ordre.

696   Il en sera usé de même par les brigades et régimens.

697   79. Quand deux brigades ou régimens se rencontreront en route, ils se céderont réciproquement la droite, si le terrain permet qu'ils continuent à marcher; sinon, la brigade ou régiment de cavalerie et de dragons feront halte pour laisser passer l'infanterie; et les dragons, pour laisser passer la cavalerie. Si ces brigades et régimens étoient de même corps, le plus ancien (2) passera le premier. Les régimens en marche ne se rendront aucun honneur, seulement les soldats, sans s'arrêter, aligneront leurs rangs et porteront leurs armes; et les cavaliers et dragons aligneront leurs rangs; les tambours des piquets battront *aux champs*, et les trompettes sonneront.

698   Les détachemens en useront de même entre

---

(1) Le réglement de 1809 supprimoit les deux derniers alinéa (nos 695 et 696) de l'article 78, ainsi que le premier alinéa n° 697) de l'article 79

(2) Voy. note 1ère de la page 106.

eux, comme il vient d'être dit pour les colonnes, brigades et régimens.

699   80 (1). Lorsque les troupes croiseront une colonne d'équipages, elles la feront arrêter pour les laisser passer; les commandans de ces troupes ne le feront cependant, qu'autant qu'ils ne leur seroit pas possible de trouver un autre chemin.

700   81. Il sera commandé, tous les jours de marche, une garde de six escouades (2) pour marcher à la tête des gros équipages de chaque colonne. Lorsqu'elle sera à portée du nouveau camp, elle se placera au débouché de la colonne, arrêtera toutes les voitures défendues, et les fera conduire au quartier général, en en rendant compte au chef de l'état-major général qui, après avoir vérifié la contravention, les fera vendre au profit du détachement qui les aura arrêtées, ainsi qu'il sera expliqué plus amplement.

TITRE XX (3).

Instruction pour les jours de combat.

701   Quoique les troupes doivent, pendant toute la campagne, être prêtes à combattre à tout moment si l'ennemi se présentoit, et que leurs armes doi-

---

(1) Le réglement de 1809 supprimoit cet article ainsi que le suivant.

(2) Voyez la note du n° 590.

(3) Ce titre qui n'avoit pas été recopié par le réglement de campagne de 1788, a été repris presque en entier en 1792, du réglement de 1778. Les règles qu'il prescrit devoient être originairement essayées dans un camp de manœuvres formé en Normandie. Le réglement de 1778 contenoit 5 alinéa de plus que celui-ci. Ces alinéa étoient consacrés au détail des récompenses sous forme d'avancement ou de gratifications pécuniaires, que le roi accordoit pour de belles actions. Ces récompenses étoient promises à qui prendroit, soit un canon, soit un drapeau, soit un général ennemi; ces encouragemens nobles et sages n'ont pas trouvé place au titre 20 du réglement de 1792. Ce n'est pas le seul défaut de ce titre dans lequel on auroit dû éviter de reproduire des dispositions timides ou de foible importance.

vent toujours être tenues dans le meilleur état, cependant, lorsqu'on prévoira une action prochaine, les officiers supérieurs et particuliers donneront à ces objets une attention encore plus grande.

702   Ils feront l'inspection la plus exacte des armes; ils les feront garnir de pierres neuves; ils auront soin qu'elles soient bien placées et assurées, que les soldats en aient au moins deux de rechange, et que les gibernes soient complétées en cartouches (1).

703   Les officiers généraux observeront, autant que cela se pourra, de ménager les troupes dans les mouvemens qui précéderont une action; des troupes fraîches étant plus propres au combat, que celles qui sont harassées.

704   Ils feront en sorte de les faire repaître avant le combat, afin qu'elles soient plus en état de soutenir les fatigues de la journée.

705   Les inconvéniens qui résultent de l'usage où l'on est de faire mettre bas les havre-sacs avant une affaire, devant le faire proscrire, on ne fera jamais quitter les havre-sacs pour combattre (2) : la forme de ceux qui sont ordonnés, et la manière de les porter, laissant au soldat toute facilité de manœuvrer et de se servir de ses armes (3). Si cependant on avoit quelque attaque à faire dans des pays

---

(1) Le réglement de 1809 avoit ainsi modifié cet alinéa : *que les gibernes soient complétées de manière que chaque soldat ait* 50 *cartouches ; ils s'assureront aussi que chaque soldat à son épinglette ;* mais il est à observer que c'étoit une disposition mal calculée par ce réglement; car les gibernes n'étoient alors destinées à contenir que 36 cartouches; elles sont aujourd'hui proportionnées de manière à en contenir 40. Voy. *Manuel d'infanterie*, 4e édition, page 73.

(2) Le réglement de 1809 changeoit ainsi le commencement de cet article: *On ne fera jamais quitter les havresacs pour combattre ; la forme de ceux, etc.*

(3) L'usage étoit autrefois de déposer les havre-sacs à dix ou douze pas en arrière du front de la troupe en bataille; c'est un usage que nous avons vu pratiquer encore en quelques armées étrangères.

de montagnes ou autres lieux difficiles, et qu'il fût nécessaire de soulager les troupes, les officiers généraux donneroient alors l'ordre de mettre bas les havres-sacs.

706   Des troupes instruites de ce qu'on exige d'elles étant plus en état de le bien exécuter, le général fera connoître clairement son projet et ses dispositions aux officiers-généraux ; ceux-ci en feront part aux officiers supérieurs (1), pour qu'ils puissent en instruire les officiers subalternes (*particuliers*), et ceux-ci les sous-officiers et soldats, chaque grade en ce qui peut le concerner.

707   L'expérience ayant prouvé que les plus braves troupes sont étonnées d'être attaquées lorsqu'elles ne s'y attendent point, les officiers généraux et supérieurs préviendront toujours les troupes à leurs ordres, de la proximité de l'ennemi ; ils leur expliqueront si elles sont destinées à l'attaquer, ou si elles doivent l'attendre dans leurs postes : dans le premier cas, ils les instruiront des dispositions nécessaires pour cette attaque, du point où elles doivent se diriger, de celui où elles doivent s'arrêter après avoir forcé l'ennemi, de l'espèce et de la quantité de troupes qui doivent le suivre lorsqu'il sera rompu, ainsi que du lieu où elles devront se retirer si elles étoient obligées de plier. Dans le second, ils feront connoître aux troupes la bonté de leur poste, l'avantage qu'il leur donne pour repousser l'ennemi, la manière de s'y défendre et de le rechasser s'il avoit percé par quelque point ; enfin, le lieu de leur retraite, et la manière de la faire, si elles y étoient forcées.

708   Tout cela doit être dit clairement et en peu de

____

(1) Il n'est pas supposable que la communication précise et détaillée des intentions du général puisse être donnée de grade en grade de manière à descendre jusqu'à la troupe ; si c'étoit possible, ce pourroit être préjudiciable. A peine cette transmission seroit-elle praticable, s'il ne s'agissoit que d'exécuter des manœuvres en temps de paix.

paroles ; évitant également de donner ce qu'il y a
à faire , pour trop aisé ou comme trop difficile ; et
de marquer trop de mépris ou trop de crainte de
l'ennemi.

709   Lorsqu'on a fait envisager aux troupes qui doivent
faire une attaque, que dès qu'elles se présenteront,
l'ennemi abandonnera son poste, il en résulte, si
elles y trouvent de la résistance, qu'elles se per-
suadent qu'il a reçu un renfort, ou que les généraux
n'ont pas connu le poste qu'ils leur ont fait attaquer,
ni bien jugé des difficultés qu'il doivent rencon-
trer : réflexions justes, et dont la conséquence est
faite pour les intimider.

710   Il en est de même lorsqu'on attend l'ennemi dans
un poste. Si on a assuré les troupes que les premières
décharges l'arrêteront, et qu'elles voient, au contraire, que malgré leur feu il continue de marcher
et pénètre même dans quelque partie, le désordre et
l'effroi s'ensuivent immanquablement.

711   Les officiers généraux et supérieurs ne dissimule-
ront donc pas aux troupes à leurs ordres la résistance
qu'elles pourront éprouver, ou les efforts qu'elles
auront à soutenir ; leur faisant bien sentir que , dans
tous les cas , le succès dépend du silence et de l'ordre
qu'elles conserveront pendant l'action, de leur exactitude à obéir à leurs officiers , et sur-tout de leur
fermeté et de leur courage, qui doit augmenter à
proportion de celui que témoigne l'ennemi.

712   Rien n'ayant tant de force sur les hommes que
l'exemple des chefs, les officiers généraux et supérieurs feront en sorte que le leur inspire l'assurance
et l'audace aux troupes qu'ils commandent. C'est
sur-tout lorsque les actions sont le plus vives ou
qu'elles balancent , qu'il est nécessaire qu'ils se
montrent, car il est très-différent d'ordonner aux
hommes de marcher au danger , ou de les y conduire.

713   Comme le sort des armes est toujours incertain ,
et que , malgré les dispositions les mieux faites, on

peut perdre une bataille, le général, avant de la donner, indiquera aux commandans des divisions, des ailes et des réserves, les points vers lesquels ils devront se retirer, leur rappelant en même temps qu'ils ne doivent prendre ce parti qu'à la dernière extrémité, et leur répétant bien cette maxime, qu'un homme de guerre ne peut trop se graver dans l'esprit, que *ce sont les plus opiniâtres qui gagnent les batailles.*

714 Les commandans des réserves seront instruits des corps qu'ils doivent soutenir et remplacer dans l'action, et ils ne perdront pas de vue que ce sont eux sur-tout qui peuvent contribuer au succès de la journée, en chargeant avec vigueur les troupes ennemies qui auroient pu percer la ligne, ou en tombant vivement sur le flanc de celles qui feroient trop de résistance.

715 Le général marquera aux commandans de ces différens corps, le lieu où il se tiendra le plus ordinairement pendant l'action, afin qu'ils puissent lui faire savoir ce qui se passera, chacun dans leur partie, et lui demander les nouveaux ordres que les circonstances pourroient exiger.

716 Quelque actif que puisse être le général, il est impossible qu'il voie tout le front de l'armée, ni qu'il soit partout; ainsi les ordres généraux une fois donnés, ce sera aux commandans des ailes des divisions et des réserves à agir suivant les circonstances, de la manière la plus propre à procurer la victoire, conséquemment cependant au plan que le général leur aura tracé, qui doit être toujours la base de leur conduite.

717 Ils s'attacheront avec soin aux principes suivans, de l'observation desquels dépend le succès de l'action : 1°. qu'il faut qu'une armée soit bien mise en bataille avec les distances nécessaires, et que les corps de réserve soient bien placés ; 2°. que les divisions voisines l'une de l'autre se prêtent réciproquement secours et se soutiennent mutuellemen ; 3°. que les attaques, dans les différens points, s'exécutent en

même temps, pour diviser l'attention de l'ennemi, et l'empêcher de réunir toutes ses forces dans une même partie; 4° que les charges soient vigoureuses et faites à propos; 5°. que quelque succès qu'elles aient, on ne s'emporte point trop avant, mais que, faisant suivre l'ennemi vivement par quelques troupes détachées, on rallie promptement les corps, et on les remette en bataille pour être en état de résister à la seconde ligne des ennemis, ou de tomber sur les derrières des troupes de leur première ligne qui ne seroient point encore rompues. Cet article regarde encore plus particulièrement les ailes et les corps de cavalerie; 6°. de ne pas s'en tenir à une première charge ou attaque, si elle a été malheureuse, mais de se reformer promptement, et de les renouveler vigoureusement et autant de fois qu'elles seront nécessaires et possibles; 7° enfin lorsque la retraite deviendra la seule ressource, de la faire en bon ordre, les différens corps voisins se réunissant, l'infanterie et la cavalerie se soutenant réciproquement, faisant souvent face à l'ennemi, et s'arrêtant au lieu marqué par le général pour le point de retraite.

718   Pour remplir ces différens objets, les officiers généraux et supérieurs feront observer ce qui suit :

719   L'armée se formera ordinairement sur deux lignes, à trois cents pas de distance l'une de l'autre; les réserves se placeront à trois cents pas de la seconde ligne, dans le lieu que le général leur aura marqué.

720   Les brigades arrivées sur le terrain qu'elles devront occuper, s'y mettront promptement en bataille, et se tiendront bien alignées sur leur droite ou sur leur gauche, suivant l'ordre qui leur sera donné.

721   Il est très-important, sur-tout pour la cavalerie, que les troupes soient bien alignées; sans cela, elles se croiseroient en marchant à l'ennemi, ce qui causeroit beaucoup de désordre.

722   On fera placer l'artillerie du parc et des régimens dans les endroits les plus avantageux, pour découvrir et incommoder l'ennemi; on ordonnera aux

officiers commandant les différentes batteries, que dès que l'action sera commencée, ils dirigent leur feu sur les troupes plutôt que sur l'artillerie ennemie, sur-tout lorsque ces troupes paroissent être des corps d'élite destinés à une attaque, et qu'elles s'avancent pour la former.

723   Si au contraire l'objet étoit d'attaquer des villages ou lieux retranchés, on les feroit battre le plus vivement qu'il seroit possible par les batteries qui en seroient à portée, pour éteindre le feu des ennemis, et principalement celui des parties saillantes, ouvrir les haies ou les retranchemens, et donner aux troupes chargées de les attaquer, plus de facilité d'y pénétrer.

724   Pendant que les lignes se formeront, et qu'on établira les batteries, les officiers généraux, pour découvrir les dispositions et diminuer l'effet du canon des ennemis, feront marcher en avant du front de la ligne, l'infanterie légère, ils la feront placer derrière de petites broussailles, des haies, de petits fossés ou hauteurs, suivant la nature du pays; il lui sera prescrit de tirer sur les batteries des ennemis, et de s'attacher à en détruire les canonniers. Ces soldats ne se tiendront point en troupes, pour ne pas donner prise au canon sur eux, mais ils se sépareront, profitant de tout ce qui pourra les mettre à couvert, et se tenant attentifs pour se rassembler très-légèrement au premier signal de leurs officiers.

725   Les officiers généraux et supérieurs donneront la plus grande attention à ce que les troupes marchent bien droit devant elles, sans se jeter ni à droite ni à gauche, et gardant bien leurs distances, ils empêcheront qu'elles ne marchent trop vîte, jusqu'à ce qu'elles soient arrivées à cent pas de l'ennemi; alors elles redoubleront de vîtesse; mais dès qu'il sera rompu, elles se reformeront promptement et reprendront le pas ordinaire, en observant qu'il soit lent et raccourci, pour rétablir l'ordre plus facilement : l'infanterie légère et les grenadiers seront seuls chargés de la poursuite; en ayant soin cepen-

dant de se tenir toujours à portée de rejoindre avec sûreté leurs bataillons. Dans la cavalerie, on lâchera seulement à la suite de l'ennemi battu un certain nombre de dragons et de chasseurs des mieux montés, qu'on aura marqués pour cette destination avant le commencement de l'action (1).

726   Si au contraire on étoit repoussé, et que les troupes fussent mises en désordre, on observeroit de ne point entreprendre de les rallier sous un feu vif de l'ennemi; cela étant ordinairement impossible, et ne servant qu'à perdre beaucoup de monde et à redoubler l'effroi du soldat; mais on les arrêtera à une distance où elles soient moins exposées; et après les avoir reformées, on les menera reprendre leur poste, ou faire une nouvelle charge.

727   Les officiers particuliers et sur-tout ceux de serre-file, veilleront à ce que les files et les rangs de leur division (2) soient toujours bien alignés et en ordre.

728   S'il arrivoit qu'en marchant, des escadrons ou bataillons perdissent leur direction et se serrassent trop les uns sur les autres, ou que le terrain se rétrécit, les officiers généraux ou supérieurs en useroient alors

---

(1) Ces dispositions se ressentent du temps où elles ont été produites, temps où la cavalerie légère étoit en petit nombre, puisqu'elle ne se composoit que de peu de régimens de hussards et de quelques régimens de dragons, dont furent, en partie, formés ultérieurement les chasseurs. Aujourd'hui les *grenadiers* ne peuvent quitter leur bataillon, puisqu'en conformité de l'ordonnance du 3 août 1815, ils s'endivisionnent avec les fusiliers. (Voyez la note du n° 36). Les *voltigeurs*, que le réglement de 1809 chargeoit également de cette poursuite, ne peuvent pas, par la même raison, quitter non plus leur bataillon. C'est surtout aux lanciers, soutenus par les chasseurs, suivis, s'il le faut, par quelque artillerie légère, qu'il convient de se porter à la poursuite d'une armée rompue.

(2) *Subdivision :* terme générique qui indique une fraction de colonne, formée, soit en division soit en peloton. Voyez *Manuel d'Infanterie*, 4ᵉ édition, page 325.

7*

ainsi qu'il est prescrit dans ce cas, par l'ordonnance des manœuvres de chaque arme (1).

729 Lorsque la nature du terrain ou des circonstances mettra l'infanterie dans le cas de faire usage de son feu, les officiers supérieurs des régimens veilleront alors à ce que, quelque feu que les troupes exécutent, et sur-tout si elles étoient à portée d'être chargées par de la cavalerie, les bataillons ne se dégarnissent jamais de tout leur feu (2), et à ce que la vitesse avec laquelle le soldat tirera, ne l'empêche pas de bien mettre en joue, et n'occasionne aucun désordre; le silence devant toujours être observé, les rangs demeurer alignés et serrés, et les soldats prêts à porter leurs armes au premier signal, et à exécuter les mouvemens qui leur seront ordonnés.

730 Les troupes seront averties, une fois pour toute la campagne, que chaque division de l'artillerie du parc aura à sa suite, outre les munitions des pièces de canon de régiment (3), des cartouches à fusil; ainsi, lorsqu'elles se trouveront dans une action, elles en enverront chercher aux divisions d'artillerie qui se trouveront le plus à portée.

731 On fera aussi prévenir les troupes avant que l'action commence, des endroits où seront placés les dépôts de l'hôpital ambulant (4).

---

(1) Si le terrain opposoit quelque empêchement à la ligne, les parties obstruées se formeroient à demi-distance en arrière en colonne, conformément à la manœuvre connue sous le nom d'*obstacle*. Si le défaut de parallélisme d'un corps mettoit le corps voisin dans le cas d'avoir son intervalle encombré, l'un et l'autre de ces corps mettroit promptement en potence celle de leurs ailes qui seroit sur le point d'être heurtée. (Voyez *Manuel d'Infanterie*, 4ᵉ édition, page 328.)

(2) C'est le résultat qu'on obtiendroit surtout par l'emploi des *feux de chaque rang*, mis en pratique depuis quinze ans environ. Voyez *Manuel d'Infanterie*, 4ᵉ édition, page 45.

(3) Voyez la note 1ʳᵉ du n°. 173 de ce recueil.

(4) Le réglement de 1809 avoit supprimé cet alinéa.

732 Aucun soldat, cavalier, dragon, hussard ou chasseur ne pourra, sous peine de la vie, quitter son rang pendant l'action, pour dépouiller et fouiller les morts.

733 Il leur sera aussi expressément défendu de conduire et transporter les blessés pendant le combat.

734 Aussitôt qu'il sera fini, les officiers généraux et supérieurs feront remettre les brigades en bataille, les feront entourer de sentinelles, auxquelles il sera consigné de ne laisser sortir aucun soldat, cavalier, dragon, hussard ou chasseur, et ils resteront eux-mêmes à la tête de leurs divisions, brigades et régimens, pour les contenir dans l'ordre, jusqu'à ce que les tentes soient arrivées, et le camp tendu.(1).

735 Si les troupes couchoient au bivouac, les officiers généraux demeureroient avec elles, et feroient observer toutes les précautions de sûreté et de police nécessaires.

736 Leur premier soin après l'action, sera de faire commander des officiers et des soldats pour transporter diligemment les blessés au dépôt de l'hôpital ambulant, et ils feront rassembler, si cela est possible, pour le même usage, les paysans et les charriots des villages voisins; ils feront ensuite commander un nombre de soldats, cavaliers, dragons, hussards ou chasseurs, par escouades conduites par des officiers, pour aller dépouiller les morts de l'ennemi : le butin sera rapporté au corps, et sera partagé par compagnie (2).

737 On enverra en même temps chercher les chevaux des tentes qui auront été envoyés avant l'action dans des endroits sûrs, sous l'escorte, pour ceux de l'in-

---

(1) Le réglement de 1809 changeoit ainsi la fin de cet alinéa : *jusqu'à ce que la ligne du bivouac soit établie.*

(2) Le réglement de 1809 intercalloit ici l'alinea suivant : *Une partie des officiers de l'état-major, les commissaires des guerres, les adjudans parmi les troupes, rassembleront aussi toutes les voitures qu'ils pourront se procurer, pour ramasser les blessés et les conduiront aux ambulances ;* et supprimoit l'alinéa qui commence par ces mots : *On enverra en même temps,* etc.

fanterie, des gardes du camp de leur bataillon ; et pour ceux des troupes à cheval, des hommes démontés, commandés par un maréchal-des-logis par régiment.

738   Le lendemain d'une action, les colonels (1) présenteront à l'officier général commandant la division, les hommes qui se seront distingués d'une manière particulière ; cet officier général les conduira lui-même chez le général (2) à qui il rendra compte en même temps des officiers généraux et supérieurs à ses ordres, dont la conduite auroit le plus contribué, par leur exemple et leurs manœuvres, au gain de l'affaire, afin de mettre le général à portée d'en informer sur-le-champ le Roi.

TITRE XXI (3).

De l'Ordre de marche des équipages de l'armée, des fonctions des Vaguemestre généraux et des Vaguemestres des régimens.

739   Art. 1er. Avant d'entrer en campagne, le chef de l'état-major de l'armée choisira un adjudant (4) des

---

(1) Le réglement de 1809 mettoit à la place de ces mots : *Les colonels* ; ceux-ci : *Les généraux de brigade.*

(2) Le réglement de 1809 ajoutoit le mot *en chef* ; c'étoit rendre encore plus inexécutable une disposition déraisonnable. Il est d'usage qu'après une action, le commandant de l'armée la passe en revue ; c'est donc au général en chef à venir lui-même reconnoître le mérite et récompenser la valeur en présence de toute l'armée.

(3) Ce *titre* a été calqué, à quelques différences près, sur le *titre* 22 du réglement de 1778, et sur le *titre* 21 du réglement de 1788 ; il avoit été entièrement changé dans le réglement de 1809, modifié lui-même, bientôt après par le décret du 22 février 1813. Ce décret sera transcrit à la fin de ce volume et contiendra sous forme de note, et comme comparaison, le *titre* 21 du réglement de 1809. Voyez le réglement de 1753, art. 410.

(4) Il est impossible que cette fonction ne soit pas exercée par un *officier monté* ; c'est donc par *un officier d'état-major*, et de préférence encore, par *un officier de gendarmerie*, que ces devoirs doivent être accomplis.

plus intelligens , pour faire les fonctions de vaguemestre général (1) ; et les commandans des régimens choisiront un sous-officier qui fera les fonctions de vaguemestre du régiment ; les uns et les autres ne feront pas d'autre service pendant toute la campagne.

740   Le vaguemestre général recevra un supplément de solde de vingt-six sous huit deniers par jour, et ceux des régimens recevront un supplément de quinze sous par jour (2) ; ces supplémens seront payés par la masse de campement (3).

741   2. Les seuls officiers-généraux et les chefs des états-majors pourront avoir dans les armées une voiture (4) à quatre roues ou une chaise à deux roues.

742   Il ne pourront avoir à la suite de leurs équipages aucun chariot (5) de boulangers, de vivandiers ou de bouchers, à moins qu'ils ne commandent des corps séparés ; en ce cas, il leur sera accordé par le général les permissions relatives à leurs besoins.

743   Tous les chevaux de voitures généralement, soit de l'artillerie, des vivres, des vivandiers ou des équipages, seront cramponnés devant et derrière pendant toute la campagne. Le commandant de l'artillerie, le général des vivres (6), les com-

---

(1) C'est le vaguemestre de la première division qui doit être *vaguemestre général.* (Voyez le décret du 22 février 1813, titre 3 , alinéa 3. Il est transcrit ci-après.)

(2) Cette solde avoit été fixée par l'instruction du 4 mars 1811 portant tarif de solde. (Voyez *Mémorial de l'Officier d'infanterie* , 2ᵉ édition , page 808.) Mais le tarif, actuellement suivi, qui a été réimprimé en 1815 , ne fait aucune mention des *vaguemestres.*

(3) Inusité.

(4) Le nombre de *voitures* auxquelles ils ont droit, est déterminé par le décret du 22 février 1813, transcrit ci-après.

(5) Voyez *idem* article 17.

(6) Il n'existe point de titre pareil. Il indiquoit des fonctions qni peuvent aujourd'hui se comparer à celles de régisseur et de directeur des vivres.

mandans des corps et celui de la gendarmerie, seront responsables, chacun dans leur partie, de l'exécution de cet ordre.

744　3. Toutes les voitures ou chariots porteront le nom du maître (1) auquel ils appartiennent; ceux des vivandiers du quartier-général porteront de plus le numéro qui leur aura été donné par le commandant de la gendarmerie.

745　4. Les tables des officiers-généraux (2) et autres, de quelque grade qu'ils soient, ne pourront être servies que d'une chère simple et militaire, sans aucune recherche de luxe.

746　5. Tous les vaguemestres des régimens (3) viendront se faire inscrire (4) chez le vaguemestre général (5), le jour de leur arrivée au premier camp; il en dressera un contrôle, et ce sera sur ses certificats, visés du chef d'état-major général de l'armée, qu'ils seront payés (6).

747　6. Lorsque l'on renverra les équipages sur les derrières (7), tous les vaguemestres des régimens recevront tous les jours les ordres (8) du vague-

---

(1) Voyez réglement du 22 février 1813, article 3.

(2) Cet article semble déplacé ici. Il représente en abrégé des règles nombreuses qui étoient contenues au titre analogue des réglemens antérieurs. Ces règles fixoient l'espèce de vaisselle, le nombre et l'espèce des plats, etc., etc.

(3) Voyez réglement de 1753, article 427.

(4) Voyez réglement du 22 février 1813, article 18.

(5) Voyez régl. de 1753, article 428.

(6) Voyez la note 1ère du n⁰ 740 du présent recueil.

(7) Voyez réglement du 22 février 1813, art. 15.

(8) V. Régl. de 1753, art. 430. Ces dispositions ne pouvoient être praticables que dans de foibles armées. Elles se sont répétées de réglement en règlement, depuis plus d'un siècle. Les *vaguemestres* de régiment (voyez *Manuel d'infanterie*, 4ᵉ édition, page 260.) sont ordinairement des sergens vigoureux, actifs et intelligens, chargés de la garde des bagages, de la surveillance des équipages et du soin de retirer des postes-aux-lettres, les lettres adressées aux militaires. Lorsque l'armée est réunie en divisions, un des adjudans (Voy. note du n° 739.) d'un des régimens de la division est ordinairement chargé de la fonction de *vaguemestre* de la division, et a, sous sa surveillance, les *ser-*

mestre général, pour le rang qu'ils doivent occuper dans leurs marches, pour les rendez-vous où ils devront s'assembler à l'heure du départ.

748   7. Hors ces cas, le vaguemestre général sera seulement chargé de la conduite des équipages (1) du quartier-général et des vivandiers qui y seront attachés. Le chef de l'état-major de l'armée lui fera remettre, les jours de marche, l'ordre dans lequel ils devront marcher, et le lieu où ils s'assembleront. Il aura soin d'en instruire les domestiques des officiers-généraux et autres attachés au quartier-général, et d'en faire part au commandant de la gendarmerie, pour qu'il y fasse trouver les vivandiers.

749   8. Le vaguemestre général se trouvera au rendez-vous avant l'heure où les équipages devront s'y assembler; et à mesure qu'ils y arriveront, il les placera chacun dans le rang marqué ci-après (2).

Les menus équipages du général ;

Du commissaire général (3) ;

Des officiers - généraux attachés au quartier-général ;

Des officiers de l'état-major de l'armée ;

Des commissaires des guerres ;

Du trésorier ;

Du munitionnaire général des vivres, et de l'entrepreneur ou régisseur général de la viande ;

Les vivandiers qui n'auront que des chevaux de

---

gens vaguemestres. Il convient que ce soit le chef de la gendarmerie qui soit chargé de la surveillance générale des *vaguemestres.* (Voyez la note du n° 739.) La fonction des vaguemestres consiste, en général, à régler la police des voitures et des valets ; et à en diriger la marche, suivant les ordres donnés. Ils doivent surveiller l'entretien des voitures et des chevaux de leur régiment, ainsi que l'entretien des harnois de ces chevaux.

(1) Voyez décret du 22 février 1813, art. 18 , alinéa 2 et 3.

(2) L'ordre de marche des bagages étoit changé par le décret du 22 février 1813. Voyez le titre 4 de ce décret, transcrit à la fin de ce volume.

(3) Il n'existe plus de grade pareil ; on peut lui assimiler aujourd'hui le grade d'*intendant de l'armée.*

bât, et dont le nombre sera réglé par le chef de l'état-major.

750   9. Les gros équipages marcheront à la suite des menus et dans le même ordre, excepté que les voitures du trésor de l'armée et celles du trésor des vivres en auront la tête, et précéderont celles du général de l'armée, qui seront suivies des voitures de la poste.

751   Les chariots du pays, chargés de fourrage et attachés à l'armée, marcheront après les chariots des vivandiers.

752   L'hôpital ambulant recevra tous les jours de marche un ordre particulier pour la colonne où il devra marcher, et le rang qu'il devra y tenir.

753   10. Toutes les fois que l'armée marchera, il sera commandé une compagnie de grenadiers pour se rendre, aussitôt la *générale* battue, au logis du trésorier, et y relever l'officier qui le gardoit; cette compagnie l'escortera pendant toute la marche et jusqu'à son nouveau logis, et ne le quittera point jusqu'à ce qu'elle ait été relevée par la nouvelle garde du trésor, et que les gardes du quartier-général ne soient posées; le capitaine qui la commandera, en prendra un certificat du trésorier, qu'il remettra au chef d'état-major.

754   11. Comme le trésor des vivres marchera avec le trésor de l'armée, le capitaine commandant les grenadiers, veillera également à sa sureté.

755   12. La garde de la cavalerie du quartier-général marchera avec le trésor, et donnera main-forte au vaguemestre général ou à ses aides, pour maintenir la police et l'ordre dans la marche.

756   13. Il marchera (1) outre cela, avec les équipages du quartier-général, un détachement de la gendarmerie.

757   14. Le général de l'armée fera rester pendant la

____

(1) Voyez le décret du 22 février 1813, transcrit à la fin de ce volume, article 26.

marche avec ses équipages, sa garde entière ou un détachement, ainsi qu'il lui plaira de l'ordonner.

758 15. La garde du commissaire général demeurera aussi avec son équipage pour la sûreté de ses papiers.

759 16. Nul autre officier, de quelque grade qu'il soit, ne donnera aucune escorte armée à son équipage, et toutes les gardes des officiers-généraux et autres, rentreront à l'assemblée dans leurs régimens; s'il y étoit contrevenu, le major (1) du régiment dont sera l'escorte, en rendra compte au chef de l'état-major, et le vaguemestre général à l'adjudant général employé à cette partie, qui seront tenus l'un et l'autre d'en instruire le général.

760 17. Les officiers-généraux pourront cependant garder avec leurs équipages deux hommes de leurs anciennes gardes, dont à l'arrivée au camp, l'un restera au nouveau logement pour le garder, et l'autre ira au camp chercher la nouvelle garde.

761 18. Le vaguemestre général conduira les équipages pendant la marche, les faisant suivre exactement par les guides qui leur seront donnés, et empêchant qu'ils ne les dévancent.

762 19. Il fera arrêter les valets, vivandiers, etc. qui voudront passer devant leur rang.

763 20. Le vaguemestre général fera arrêter toutes les voitures appartenant à des personnes auxquelles elles ne sont pas permises; toutes celles excédant le nombre permis, ou d'une espèce différente; tous les chariots des paysans, lorsqu'il n'y aura pas une permission par écrit de s'en servir, donnée par le commissaire général, si c'est à des personnes attachées au quartier-général, ou par le chef de l'état-major, si elles sont des régimens; et enfin tous les vivandiers sans numéro, et qui n'auront point été enregistrés par le commandant de la gendarmerie.

____

(1) Voyez la note du n° 53.

764   21. Il fera conduire ces voitures (1) en arrivant au quartier général, par la garde de cavalerie, chez le commandant de la gendarmerie qui, après avoir pris les ordres du chef de l'état-major, les fera vendre et en distribuera l'argent aux cavaliers de cette garde et à ceux de la gendarmerie.

765   22. Il veillera à ce que chaque vaguemeste particulier fasse son devoir, et à ce que les ordres donnés soient ponctuellement exécutés.

766   23. Les valets se tiendront, dans les marches, à l'équipage de leurs maîtres, et les vivandiers, dans le rang de leur numéro, sans s'écarter ni à droite ni à gauche.

767   24. Les équipages du quartier général qui seront arrêtés (2), pour quelque cause que ce soit, ne pourront reprendre la file qu'à la suite de tous ceux des officiers du même grade que leurs maîtres ; et les vivandiers à la suite des vivandiers du quartier-général.

768   25. A l'égard des équipages des troupes, ceux qui se seront arrêtés ne pourront reprendre la file qu'à la queue des équipages de leur bataillon, de leur escadron, de leur régiment ou de leur brigade ; et si ceux de leur brigade étoient passés avant qu'ils fussent en état de marcher, ils seront obligés d'attendre que tous les équipages de la colonne ayent filé, pour en prendre la queue.

769   26. Aucun charretier ni conducteur de bagages ne coupera (3) ni devancera celui qui le précédera, à moins que celui-ci ne puisse pas suivre la colonne.

770   27. Le vaguemestre général et les vaguemestres des régimens feront arrêter tous les valets et vivan-

---

(1) Voyez le décret du 22 février 1813, transcrit ci-après, article 18, alinéa 6.

(2) Voyez décret du 22 février 1813, transcrit ci-après, art. 15, alinéa 4.

(3) Voyez *idem* article 18, alinéa 8.

diers (1) qui contreviendront à ce qui est prescrit dans les quatre articles ci-dessus, et il les feront

---

(1) Le réglement de 1809 avoit intercallé dans le réglement de 1792, comme 22ᵉ titre, un titre nouveau relatif aux *vivandiers*, *blanchisseuses*, etc. Le voici :

TITRE XXII.

Vivandiers, blanchisseuses et marchands à la suite de l'armée.

Art. 1ᵉʳ. *Il y aura à la suite du grand quartier-général un vivandier ayant un chariot à quatre roues, attelé de quatre chevaux; et deux blanchisseuses, ayant chacune un cheval de bât; et à chaque quartier général des corps d'armée, un vivandier ayant un chariot à quatre roues, attelé de trois chevaux; et une blanchisseuse, ayant un cheval de bât.*

Art. 2. *Il y aura à la suite de chaque état-major de régiment d'infanterie un vivandier ayant un chariot attelé de quatre chevaux; et par bataillon, deux vivandiers et deux blanchisseuses, ayant chacune un cheval de bât.*

Par régiment de troupes à cheval, y compris les régimens d'artillerie légère, un vivandier ayant une voiture attelée de trois chevaux.

Un vivandier, une blanchisseuse ayant un cheval de bât.

Par bataillon d'artillerie à pied, de sapeurs, de mineurs, du train d'artillerie, des équipages militaires, un vivandier ayant une voiture attelée de trois chevaux; deux blanchisseuses ayant chacune un cheval de bât.

Le général commandant la gendarmerie aura toute inspection et autorité sur les vivandiers et blanchisseuses à la suite de l'armée, et veillera à ce qu'ils n'excèdent pas le nombre déterminé. A cet effet, il leur délivrera des patentes qui seront enregistrées et porteront la désignation des corps auxquels ils sont attachés. Ils seront tenus de porter une plaque ovale portant cette inscription : armée....., et dans le centre : vivandier ou blanchisseuse; plus bas le numéro de l'enregistrement de leur patente. Elles serviront à les reconnoître, soit dans les camps et cantonnemens, soit dans la marche des colonnes.

Ces patentes ne seront délivrées que sur les certificats des conseils d'administration, attestant que les personnes qui se présentent pour les obtenir sont de bonne vie et mœurs, et irréprochables dans leur conduite.

Aucun soldat ne pourra faire le métier de vivandier; celui dont la femme sera vivandière, ne sera dispensé d'aucun service.

Les vivandiers patentés seront toujours pourvus de vinaigre,

conduire au chef de l'état-major, s'ils sont du quartier-général, ou au lieutenant-colonel de leur bri-

---

et tenus de ne vendre que des denrées saines et de bonne qualité.

On tiendra la main à ce qu'ils se bornent à un gain honnête sur tout ce qu'ils débiteront.

Ils sera appliqué à chaque voiture de vivandier une plaque en fer blanc, contenant le nom du propriétaire, le numéro du régiment auquel il est attaché et celui de l'enregistrément de la patente. A défaut de se conformer à cette disposition, la voiture sera sur-le-champ brûlée, et les chevaux remis au parc d'artillerie.

Le vaguemestre général du grand quartier-général, et celui de chaque corps d'armée, devant recevoir du commandant de la gendarmerie un état contenant les noms et numéros des vivandiers qui auront obtenu l'autorisation de suivre l'armée, ils se trouveront à même de leur faire prendre leur rang dans les marches des colonnes, et de faire arrêter ceux qui ne seront pas nantis de titres légitimes.

Art. 3. *Les personnes qui voudront s'attacher à la suite de l'armée pour y exercer une profession quelconque, se feront inscrire chez le commandant de la gendarmerie pour en obtenir la permission ou patente. Elles seront obligées de justifier de leur bonne conduite, et de déclarer le genre d'industrie auquel elles veulent se livrer. Celles qui s'introduiroient dans l'armée sans avoir rempli les conditions, seront arrêtées, payeront une amende de cinquante francs, et seront renvoyées, sans préjudice de plus fortes peines, si elles s'y étoient introduites dans une mauvaise intention.*

Art. 4. *Les marchands à la suite de l'armée ne pourront se servir que de poids et mesures étalonnés. Les commandans de gendarmerie de chaque corps d'armée seront tenus de les vérifier. Ceux qui contreviendront à cette disposition, seront punis par une amende de douze francs et par la confiscation des poids et mesures non étalonnés, sans préjudice des peines auxquelles ils pourront être soumis s'ils étoient convaincus de fraude.*

Art. 5. *Dans un camp, le commandant de la gendarmerie désignera, à chaque marchand ou vivandier, l'endroit où il devra s'établir, et il ne pourra se placer ailleurs ou faire sans permission le métier de colporteur, sous peine d'une amende de douze francs, et même de confiscation s'il y a lieu.*

Art. 6. *Il est défendu à tout soldat et autre personne attachée à l'armée, d'exercer aucune violence envers les marchands qui y apportent des commestibles ni d'en tirer des rétributions,*

gade ou régiment , pour être punis (1) par leurs ordres.

771   28. Les jours que l'armée décampera (2), les vaguemestres des régimens recevront l'ordre pour la marche , des lieutenans-colonels de leur brigade , et ils le donneront ensuite aux vaguemestres des régimens , qui le donneront aux valets des officiers.

772   29. Les vaguemestres des régimens en feront char-

Art. 7. Dans un camp ou cantonnement , tout vivandier qui donnera à boire après la retraite , sera puni d'une amende de douze francs pour la première fois , et renvoyé la seconde fois.

Art. 8. Il est défendu à toute personne à la suite de l'armée de donner retraite à des filles de joie. Celles que l'on saisira seront barbouillées de noir au visage , promenées à la tête du camp et renvoyées.

Art. 9. Les sommes provenans des amendes auxquelles pourront être condamnés ceux qui contreviendroient à quelque article de ce règlement , seront remises (dans chaque corps d'armée) au commandant de la gendarmerie , qui en tiendra registre sur lequel il inscrira le nom de l'individu condamné à l'amende , et la somme payée par lui. Chaque mois les commandans de gendarmerie feront parvenir extrait de leur registre à cet égard , au général commandant en chef des corps d'armée auxquels ils seront attachés. Un double de cet extrait sera envoyé au général commandant la gendarmerie de l'armée.

Les généraux commandant en chef les corps d'armée prononceront sur l'emploi des sommes provenant des amendes.

(1) Le mot puni est ici dépourvu de sens. Quelle punition est-il possible d'infliger en route à des valets ? Autrefois le prévôt étoit accompagné de caporaux qui infligeoient , sur le lieu même de la faute, une peine aux valets coupables. (Voyez réglement de 1778 , titre 28 , article 33.) Il seroit bien à desirer pour le maintien de la discipline des valets d'armée , presque toujours coupables de la plus grande partie des désordres qui s'y commettent , que les ordonnances exigeassent de nouveau qu'ils fussent tous revêtus d'un costume reconnoissable , qui auroit quelque variété , en raison du régiment auquel ils tiendroient, ou en raison du grade des officiers sans troupes qu'ils serviroient. Cet objet n'avoit point paru indigne à Frédéric de son attention : tel étoit l'usage consacré dans ses armées.

(2) Voyez décret du 22 février 1813, transcrit ci-après, art. 14.

ger et atteler les équipages à l'heure marquée, ét il les conduiront au rendez-vous indiqué.

773   3ŏ. Ils ne souffriront point qu'aucun bagage se mette en marche, que le vaguemestre du régiment ne soit venu l'ordonner, et ils feront arrêter tout conducteur d'équipages qui sera parti avant l'heure prescrite.

774   31. Le vaguemestre de la première brigade de la division ou de l'aile (1), y fera les fonctions de vaguemestre général ; et il fera marcher les équipages de chaque brigade, suivant l'ordre qu'elles y tiendront, les faisant précéder par ceux des officiers-généraux qui y seront attachés.

775   32. Les vaguemestres des régimens feront mettre en marche les équipages de chaque régiment, suivant le rang que ledit régiment tiendra dans la brigade ; l'équipage du commandant de la brigade marchera à la tête.

776   33. Les menus équipages précéderont toujours les gros, ainsi qu'il a été expliqué précédemment pour ceux du quartier-général.

777   34. Les vaguemestres des régimens observeront, chacun pour la conduite et la police des équipages dont ils seront chargés, ce qui est prescrit ci-dessus pour le vaguemestre général.

---

(1) Voyez décret du 22 février 1813, transcrit ci-après, art. 15, alinéa 3.

TITRE XXII (1).

De la Discipline et Police dans les armées.

778   Art. 1er. Un régiment ne prendra jamais les armes dans les armées, que pour l'exercice, sans la permission du commandant de l'armée, à moins que

---

(1) Recopié, sauf quelques abréviations, du *titre* 28 du réglement de 1778 et du *titre* 20 du réglement de 1788; il n'en diffère que par la suppression de quelques articles relatifs aux défenses de chasse, à la discipline des valets, aux attributions de la prévôté et de ses caporaux, etc. Voyez réglement de 1753, article 501.

Il avoit été transformé ainsi qu'il suit, dans le réglement de 1809, comme 23e *titre*.

TITRE XXIII.

Police et Discipline.

Art. 1er. *Aucun officier ou autre individu de l'armée ne pourra se servir, pour des objets étrangers au service, des voitures et chevaux du pays sans y être autorisé, sous peine de punition.*

Art. 2. *Dans aucun temps, ni en vertu d'aucune permission, les militaires et autres individus attachés à l'armée ne pourront chasser entre les postes occupés par l'armée.*

Art. 3. *Tous jeux de hazard sont défendus à l'armée, sous quelque nom qu'ils puissent être désignés; et tous les militaires ou autres individus employés à l'armée qui contreviendroient à cette défense seront punis sévèrement.*

Tout individu qui tiendra un jeu de hasard sera chassé de l'armée.

Le commandant de la gendarmerie dans chaque corps d'armée est spécialement chargé d'y tenir la main.

Art. 4. *Il est expressément défendu aux militaires de tout grade et autres personnes attachées à l'armée, d'acheter des chevaux à des hommes inconnus.*

Les chevaux des déserteurs ennemis seront conduits au grand quartier-général, s'il n'est pas très-éloigné, et, dans le cas contraire, à celui du corps d'armée le plus à proximité; ceux qui seront jugés propres au service de la cavalerie, seront achetés pour le compte du gouvernement, et payés auxdits déserteurs, à raison de cent francs, avec selle et bride.

Les armes, gibernes et ceinturons des déserteurs seront re-

cela ne lui soit ordonné sur-le-champ par un officier-général.

---

mis au commandant de la gendarmerie , qui rendra les armes à l'artillerie , et les ceinturons et gibernes au commissaire-ordonnateur.

Les chevaux qui seront trouvés sans maître et sans conducteur , seront menés chez le commandant de la gendarmerie qui les rendra à qui ils seront reconnus appartenir. S'il ne se trouvoit pas de maître , on les remettra à l'arme au service de laquelle ils seront reconnus le plus propres.

On restituera , sans rien payer , ceux qui , ayant été volés , seront réclamés par leurs maîtres , quand même ils auroient été achetés ; vu la défense faite de n'en acheter que de personnes connues. Les chevaux de prise seront remis aux commandans des régimens de cavalerie ou du train d'artillerie, qui feront payer aux soldats quatre-vingt francs , pour chacun des chevaux qu'ils amèneront.

Art. 5. Les généraux et tous fonctionnaires de l'armée qui ont à leur suite des secrétaires , des interprètes ou autres gens d'affaires , seront tenus d'envoyer au grand prévôt de l'armée, l'indication des noms et prénoms , du lieu de naissance et de la profession de ces individus.

Art. 6. Pour empêcher que des vagabonds ne cherchent une retraite dans l'armée sous la dénomination de domestiques , les officiers de tout grade, les commissaires des guerres , les employés d'administration muniront leurs domestiques d'une attestation dans la forme du modèle nᵃ 5. Cette attestation , visée du maître , numérotée et enregistrée par le commandant de la gendarmerie du corps d'armée , sera remise au domestique pour lui servir à se faire connoître quand il en sera requis.

Nul individu de l'armée ne pourra prendre pour domestique celui d'une autre personne y employée , sans une autorisation par écrit de sa part.

Tout domestique attaché à un officier ou autre qui , après avoir obtenu le consentement de son maître pour le quitter , voudra se retirer de l'armée , sera tenu de prendre un congé du commandant de la gendarmerie ; ce congé lui tiendra lieu de passeport. Le domestique qui quittera son maître sans s'être conformé à cette disposition , sera considéré comme déserteur et traduit à un conseil de guerre.

Art. 7. Le commandant d'une troupe qui aura commis quelque dommage , sera tenu de le faire payer avant de quitter le lieu où ces désordres auront été commis ; s'il ne le fait point , les dommages seront payés à ses frais.

Art. 8. On mettra à l'ordre du régiment le nom et la faute

779   2. Aucun officier ne pourra s'absenter de l'armée, ni même en découcher, sans la permission par écrit du commandant de l'armée, et on s'adressera au chef de l'état-major-général pour avoir cette permission.

780   3. Les officiers ne pourront de même, sans la permission du général, profiter des congés qu'ils obtiendront.

781   4. Aucun officier ne pourra se servir des voitures et chevaux du pays (1), sous peine de prison.

782   5. S'il s'en trouve qui, par des malheurs arrivés

---

de tout militaire qui se sera enivré étant de service. En cas de récidive, il pourra être privé de l'honneur de marcher à l'ennemi pendant un temps déterminé par son colonel.

Art. 9. Défense est faite à tout soldat ou autre individu de commettre aucun dégât, de donner aucun empêchement dans les moulins, bâtardeaux, écluses et dans les maisons de poste aux chevaux dans les pays qu'occupe l'armée.

Ces établissemens sont sous la sauve-garde de l'armée, les maisons de poste et les moulins sont exempts de logement, de réquisitions de chevaux, vivres et fourrages.

Art. 10. Les troupes étant campées ou cantonnées, celui qui, le premier à marcher, sortira du camp de son bataillon, sera puni par la perte de son tour à marcher; et, de plus, les soldats et sous-officiers seront mis à la garde du camp, et les officiers aux arrêts. Les noms de ceux qui auront commis ces fautes seront mis à l'ordre.

Art. 11. Il est défendu à tout militaire de tirer des armes à feu, soit dans la marche des colonnes, soit dans les camps ou cantonnemens.

Art. 12. Dans un camp, tout officier ou soldat qui sera trouvé chez les vivandiers après la retraite, sera mis à la garde du camp pendant un temps déterminé. Dans les cantonnemens, il sera mis en prison.

Art. 13. Les employés de l'administration seront tenus de porter le costume qui leur est affecté par les réglemens, sans y rien ajouter, ni retrancher.

Art. 14. Ceux qui seront saisis en contravention aux règles de police qui viennent d'être établies, seront conduits aux commandans de la gendarmerie qui statueront sur leur punition, s'ils en ont le pouvoir, ou les renverront pardevant le tribunal qui doit les juger suivant la nature du délit.

(1) Conforme à l'article 1ᵉʳ du titre 23 du réglem. de 1809.

à leurs équipages, ayent besoin de ce secours, ils s'adresseront au chef de l'état-major-général, qui le leur procurera.

783   6. A cet effet, il y aura toujours à la suite du quartier-général un parc de voitures rassemblées par les ordres du commissaire-ordonnateur général de l'armée, et auquel sera préposé un commissaire des guerres pour en faire le détail.

784   7. Le chef de l'état-major-général procurera aux officiers qui en auront besoin, une permission par écrit et limitée pour prendre audit parc des chariots qu'ils payeront à raison de vingt-cinq sous par jour par chaque cheval, pendant le temps qu'ils les employeront (1).

785   Ils seront tenus en outre de nourrir les conducteurs desdits chariots, et de pourvoir à la subsistance de leurs chevaux.

786   8. Au terme expiré de la permission, les officiers seront tenus de les renvoyer au parc, et retireront les reçus qu'ils auront donnés au commissaire des guerres chargé de ce détail ; faute de quoi, sur la plainte des paysans, ils payeront le prix des chevaux et des chariots.

787   9. Il sera défendu de pêcher, de couper des arbres fruitiers ou de décoration, d'arracher les jalons qui marqueront les chemins des colonnes, d'enlever aucune haie, palissade ou poteau, et de prendre aucun bois neuf ou vieux façonné, sous peine de punition, et de payer les dégâts.

788   10. Il ne pourra être établi dans le camp ou aux environs, aucuns jeux de hasard (2), sous quelque nom qu'ils puissent être désignés, à peine, pour ceux qui donneront à jouer, d'un an de prison, et

----

(1) Inusité.
(2) Conforme à l'article 3 du titre 23, du réglement de 1809. Le réglement de police défend également *les jeux de hasard.* Voy. réglement du 24 juin 1792, tit. 6, art. 7. Voy. *Mémorial de l'Officier d'Infanterie*, 2ᵉ édit., pag. 159, nᵒ 208 ; pag. 218. nᵒ 513 ; pag. 221, nᵒˢ 550 et 551, etc., etc.

de quatre mois pour les officiers qui auront joué; les commandans des corps en sont responsables.

789   11. Les officiers et sergens de piquet visiteront de temps en temps les lieux où les soldats pourroient tenir des jeux dans le voisinage du camp, et ils y enverront des patrouilles pour les arrêter.

790   12. La rançon (1) des officiers et soldats qui seront faits prisonniers dans les actions de guerre, sera payée par l'Etat, des fonds du trésor public; à l'égard de ceux qui auront été pris dans toute autre circonstance où il y aura de leur faute, les officiers payeront leur rançon et seront envoyés en prison à leur retour, et celles des soldats seront payées par leur capitaine.

791   13. Dans les vingt-quatre heures de la prise d'un soldat ou de la rentrée d'un détachement dans lequel il aura été pris, le capitaine sera tenu d'en rendre compte au lieutenant-colonel du régiment, et celui-ci en fera part aussitôt au chef de l'état-major.

792   14. Le chef de l'état-major tiendra un état par régiment et par compagnie, des officiers d'infanterie et des soldats qui auront été faits prisonniers de guerre, spécifiant les occasions où ils auront été pris, afin d'y avoir recours lorsqu'il s'agira de constater par qui la rançon devra être payée.

793   15. Aucun officier ne pourra engager un déserteur venant de l'ennemi, qu'après que le chef de l'état-major lui en aura fait obtenir la permission du général de l'armée.

794   Il ne sera pareillement point permis d'acheter ses armes ni aucune partie de son équipement (2).

795   16. Tous les chevaux de déserteurs ennemis seront conduits tout équipés au général, et s'ils sont jugés propres au service, achetés pour le compte de l'Etat, et payés auxdits déserteurs à raison de cent

---

(1) Nous n'avons point vu d'exemple de rançon; les prisonniers sont échangés, grade pour grade.

(2) Conforme à l'article 4 du tit. 23 du réglement de 1809.

livres par cheval de cavalier, avec la selle et la bride, de soixante livres par cheval de dragon, et de cinquante livres par cheval de hussard. Il seront ensuite incorporés dans les régimens les plus affoiblis.

796   17. Si au contraire lesdits chevaux ne sont pas jugés propres au service de l'Etat, on laissera aux déserteurs la liberté de les vendre, de gré-à-gré, à qui bon leur semblera, sans que qui que ce soit puisse les taxer ou en disposer en faveur de personne.

797   Les armes, gibernes (1), ceintures et bandoulières des déserteurs, seront remises au commandant de la gendarmerie, et par lui au commandant de l'artillerie; il en sera tenu un état, et il en tirera un reçu : il sera défendu à toutes personnes de les acheter.

798   18. Les chevaux qui seront trouvés sans maître (1) ou sans conducteur dans le camp ou dans les environs, seront menés chez le commandant de la gendarmerie qui les rendra à qui ils appartiendront.

799   19. On restituera de même, sans rien payer, ceux qui, ayant été perdus ou volés, seront réclamés par leurs maîtres, quand mêmes ils auroient été vendus par ceux qui les auroient volés ou trouvés; devant être défendu à qui que ce puisse être, d'acheter des chevaux d'autres que d'un officier connu.

800   20. Personne ne pourra enrôler ni engager le domestique d'un officier sans le congé de son maître, non plus qu'aucun charretier ou autre homme servant dans les équipages de l'artillerie et des vivres, s'il n'est porteur d'un congé en bonne forme, à peine de nullité de l'engagement, et de perdre ce qui aura été donné au domestique, etc.

801   21. Tout valet qui, étant sorti de condition voudra se retirer (2) de l'armée, sera obligé de prendre un congé du commandant de la gendarmerie, qui lui servira de passeport.

---

(1) Voy. la note du n°. 794.
(2) Conforme à l'article 6 du titre 23 du réglement de 1809.

802   22. Il sera défendu à toutes personnes d'aller au-devant de ceux qui apporteront des vivres au camp, de leur faire aucun tort ou violence, ni d'en tirer aucune rétribution; à peine aux soldats, valets, vivandiers et autres qui contreviendront à ces défenses, d'être sévèrement punis (1).

803   23. Il leur sera défendu, sous la même peine, de donner aucun empêchement (2) aux moulins, bâtardeaux ou écluses, dans les environs du camp.

804   24. Qui que ce soit qui sera trouvé chargé de hardes et d'ustensiles pris en maraude, sera envoyé au commandant de la gendarmerie, et jugé comme voleur suivant la rigueur des lois (3).

805   25. Les lieutenans-colonels ne souffriront point qu'aucun autre vivandier que ceux de leur régiment, s'établisse sur le terrain qu'il occupera.

806   26. Nul soldat ne pourra rien vendre que dans le camp de son régiment seulement, et avec une permission par écrit du commandant du corps, laquelle permission ne s'étendra pas au-delà du débit de sel, tabacs, pipes, fil, aiguilles, chandelles, papier, plumes, encre et eau-de-vie de vin seulement; le surplus ne pouvant être vendu que chez les vivandiers des régimens et ceux du quartier-général.

807   27. On ne souffrira point à la suite des corps des gens sans aveu; et s'il s'y en trouve, ils seront envoyés au commandant de la gendarmerie.

808   28. Lorsqu'on enverra au commandant de la gendarmerie un soldat, valet, vivandier ou autre, le commandant du régiment qui l'enverra, marquera sur un billet le sujet pour lequel il y sera conduit, n'étant permis à aucun officier particulier d'y envoyer directement.

809   29. Tous valets, vivandiers et autres suivant l'ar-

---

(1) Même défense étoit faite aux troupes en garnison. Voyez l'ordonnance du 1ᵉʳ mars 1768, tit. 19, art. 10. Voyez *Mémorial de l'Officier d'Infanterie*, 2ᵉ édition, pag. 218, n° 509.

(2) Conforme à l'art. 9 du tit. 23 du réglem. de 1809.

(3) Voyez Code pénal du 21 brumaire an 5, titre 6. Voyez *Mémorial de l'Officier d'Infanterie*, 2ᵉ édition, pag. 66.

mée, qui seront trouvés en contravention aux ordres établis, seront conduits au commandant de la gendarmerie, pour ensuite être punis suivant l'exigence du cas.

810   3o. Tout soldat contrevenant à la discipline de l'armée et faisant du désordre, sera puni suivant les réglemens donnés à cet égard par le général.

TITRE XXIII (1).

De la Police du quartier général.

811   Art. 1er. Le commandant de gendarmerie de l'armée et les détachemens à ses ordres, veilleront à la police et au bon ordre.

812   2. Il sera lui-même aux ordres du chef d'état-major, et il aura sous lui toute inspection et autorité sur les vivandiers, marchands, et autres à la suite du quartier-général. Aucun ne pourra suivre l'armée sans sa permission et sans être inscrit et numéroté chez lui.

813   3. Avant que l'armée entre en campagne, il veillera à ce qu'il y ait à la suite du quartier-général un nombre suffisant de vivandiers, bouchers, boulangers, marchands de vin, armuriers, et artisans de toute espèce, et il leur donnera toute protection et sureté nécessaire.

814   4. Il éloignera (2) de l'armée tous gens sans aveu, suspects ou inutiles, devant être informé par ses gendarmes ou autres qu'il préposera à cet effet, du commerce de chacun.

815   5. Il fera, avant d'entrer en campagne, la revue de tous les équipages des vivandiers, ayant spécialement soin qu'ils n'aient que des voitures à quatre roues,

---

(1) Copié presque mot à mot du *titre* 29 du réglement de 1778, et presqu'entièrement pareil au *titre* 20 du réglement de 1788.

(2) Conforme à l'article 6 du titre 23 du réglement de 1809. Voyez page 162 du présent recueil.

attelées de quatre bons chevaux ou des chevaux de bât.

816   Il fera numéroter (1) toutes les voitures, et écrire en outre dessus en gros caractères, le nom des vivandiers auxquels elles appartiendront.

817   6. Il en donnera un état signé de lui au vaguemestre général de l'armée, afin que sur cet état, il puisse leur être donné les fourrages nécessaires, et leur faire prendre leur rang dans les marches; et pour qu'il puisse connoître et faire arrêter tous les vivandiers et leurs voitures qui n'auroient pas été inscrits.

818   7. Il tiendra un contrôle exact de tous les vivandiers, marchands et autres à qui il aura permis de suivre l'armée. Sur ce contrôle seront marqués leurs noms, leur numéro, leur profession ou commerce, le nombre de leurs domestiques, et celui de leurs chevaux et voitures.

819   8. Il sera ordonné à tous vivandiers et marchands de vin, de ne vendre aucune eau-de-vie de grain.

820   9. Il seront tenus d'être toujours pourvus de vinaigre pour en fournir aux troupes. Le prix de ce vinaigre sera taxé au commencement de la campagne, et ne variera plus jusqu'à la fin.

821   10. Lorsqu'il y aura des corps ou réserves détachés de l'armée, le commandant de la gendarmerie y enverra le nombre de vivandiers qui lui sera prescrit par le chef de l'état-major; et à cet effet, ils seront tous commandés chacun à leur tour pour y marcher.

822   11. Le commandant de la gendarmerie de l'armée fournira tous les détachemens qui lui seront commandés par le chef de l'état-major, pour marcher avec les colonnes des troupes, des équipages et des fourrageurs.

823   12. Il fera faire de fréquentes patrouilles dans

---

(1) Conforme au titre 22, art. 2, alinéa 10, du réglément de 1809. Voyez page 158, alinéa 2.

l'arrondissement du camp, pour veiller au bon ordre et empêcher la maraude.

824   13. Les commandans des corps, les gardes du quartier-général et tous les postes de l'armée prêteront main-forte aux détachemens de la gendarmerie, lorsqu'ils en seront requis.

825   14. Le grand nombre de prisonniers détenus étant à charge à l'armée par les gardes qu'il exige, tous cavaliers, soldats, valets, vivandiers et autres qui seront arrêtés, seront punis (1) sur-le-champ, s'ils le méritent; sinon renvoyés, d'après l'ordre qu'en donnera le chef de l'état-major, sur le compte qui lui en aura été rendu par le commandant de la gendarmerie.

826   15. Il ne restera aux prisons de la gendarmerie que les criminels à juger pour des cas graves; et même, si leur procédure traîne en longueur, les susdits criminels seront renvoyés dans les prisons des places, sur les derrières de l'armée.

827   16. Il sera nommé par le général de l'armée, un officier pour faire les fonctions de sous-chef de l'état-major du quartier général.

828   17. Cet officier y sera chargé, sous l'inspection du chef de l'état-major-général, de toute la police et discipline relativement aux troupes.

829   18. Il placera les gardes du quartier-général, leur donnera les consignes, l'ordre de marche, et les emploiera à maintenir le bon ordre.

830   19. Il y aura une ordonnance de chacune de ces gardes.

831   20. Il vérifiera journellement si les soldats sont conduits en règle au quartier-général, et ramenés de même au camp; et il rendra compte au chef de l'état-major, des régimens qui auront manqué sur cet objet à l'ordre prescrit.

832   21. Pour maintenir plus parfaitement le bon ordre

---

(1) Voy. la note 2 du n° 770, p. 159. Ce qui y est dit de l'insuffisance des punitions infligées aux valets, peut s'appliquer aux punitions à infliger aux militaires.

et la police dans le quartier général, chaque brigade y enverra tous les matins un sergent de planton, qui sera aux ordres du sous-chef de l'état-major.

833   22. Ces sergens arrêteront les soldats de leur brigade qui ne se seront pas trouvés aux rendez-vous qui leur auront été donnés par leurs officiers ; ils prendront leurs noms, et en rendront compte chaque soir, en rentrant au camp, aux lieutenans-colonels de leurs régimens, afin qu'ils soient punis.

834   23. Il sera de plus donné ordre à tous les postes du quartier-général, d'arrêter tous les soldats, cavaliers ou dragons qui s'y trouveront après les heures prescrites ; ils seront conduits à la garde de la place, et il en sera rendu compte au chef de l'état-major, qui ordonnera de leur punition.

835   24. Le sous-chef de l'état-major du quartier-général recevra directement les ordres du chef de l'état-major pour l'établissement des gardes, le déblai des équipages, la destination des anciennes gardes, et le rendez-vous des nouvelles.

836   25. Lorsque l'armée arrivera dans un nouveau camp, il indiquera le terrain où devront camper les vivandiers, marchands, artisans et autres à la suite du quartier-général, aucun d'eux ne pouvant, sous aucun prétexte, tendre de tentes, ni loger dans l'intérieur dudit quartier-général.

837   26. Cet emplacement sera choisi, autant qu'il sera possible, à l'entrée du quartier-général et sur le chemin du camp.

838   27. Les tentes des vivandiers seront alignées et séparées par de grandes rues, chaque profession y ayant son quartier particulier.

839   28. Les gardes du quartier-général y feront de fréquentes patrouilles, surtout pendant la nuit.

840   29. Les jours de marche, le sous-chef de l'état-major du quartier-général, fera charger et déblayer les équipages à l'heure indiquée, et il renverra les vieilles gardes, ainsi qu'il sera ordonné.

841   30. Il rejoindra ensuite les campemens de l'armée,

et lorsque le nouveau quartier-général sera déterminé, il y menera les nouvelles gardes.

842   31. Les gardes du quartier-général ne prendront les armes que pour le général de l'armée.

843   32. Il marchera toujours un détachement de la gendarmerie à la colonne des équipages du quartier général.

844   33. Ce détachement veillera à ce qu'il n'y ait dans cette colonne que les vivandiers, marchands et autres inscrits chez le commandant de la gendarmerie.

845   34. Tous les artisans, vendeurs d'eau-de-vie et autres gens de pied suivant l'armée, marcheront à ladite colonne, et tous ceux d'entre eux qui se mêleront dans les colonnes des troupes, seront arrêtés et punis.

846   35. Il sera commandé tous les jours une garde de cinquante maîtres (1) pour le quartier-général; elle fournira au commandant de la gendarmerie de l'armée les escortes qui lui seront par lui demandées (2).

---

(1) Les anciens réglemens appeloient *maître*, un cavalier ; ce terme datoit de la chevalerie. Il rappeloit l'époque où le seigneur montant à cheval, se faisoit suivre d'un page, d'un varlet, d'un coustelier ; il étoit depuis long-temps tombé en oubli. Le réglement de 1792 l'a mal-à-propos recopié du réglement de 1778, titre 29, article 36. Ce qui prouve la vétusté de l'expression, maintenant tout-à-fait impropre, c'est que le réglement de 1788 avoit évité l'emploi de ce même mot, en recopiant ce même réglement. Voy. tit. 20 du réglement de 1788, art. 35.

(2) Le réglement de 1809 à intercalé dans le réglement de 1792, comme titres 24e et 25e, deux titres nouveaux qui renferment plusieurs dispositions inutiles, surabondantes et impraticables ; voici ces deux titres :

TITRE XXIV.

Repression des Délits.

Art. 1. *Le général commandant la gendarmerie de l'armée remplira les fonctions de grand prévôt.*

Le commandant de la gendarmerie d'un corps d'armée y remplira les fonctions de prévôt.

Art. 2. *Il sera formé au quartier impérial et au quartier-*

général de chaque corps d'armée un tribunal prévôtal, composé de trois membres, dont deux officiers et un sous-officier, qui seront en permanence.

Ce tribunal appliquera, sur-le-champ, les peines de police et correctionnelles aux vivandiers, blanchisseuses et domestiques à la suite de l'armée.

Art. 3. Lorsqu'il se présentera des délits de la compétence des commissions militaires, le général commandant la gendarmerie de l'armée, ou les commandans dans des corps d'armée, requerront, à l'instant même, la formation d'une commission militaire, et notamment pour l'exécution de l'ordre du jour du 14 mai, qui ordonne de faire juger, par une commission militaire, pour être exécuté dans les vingt-quatre heures, tout traîneur qui se livre à la maraude et au pillage.

Quant aux délits du ressort des conseils de guerre permanens, ils traduiront sur-le-champ les coupables auxdits conseils.

Art. 4. MM. les maréchaux feront former les conseils de guerre permanens ordonnés par la loi, au quartier-général et dans chacune des divisions de leurs corps d'armée où ils ne le seroient pas ; et, quand il y aura lieu, ils feront convoquer des commissions militaires ; de manière que tous les délits, de quelque espèce qu'ils puissent être, soient promptement punis.

Art. 5. MM. les gouverneurs de provinces, commandans des cercles, feront également former des conseils de guerre permanens autorisés par les lois, et, quand il y aura lieu, ils convoqueront des commissions militaires.

Art. 6. Il sera également formé au quartier-général impérial un conseil de guerre permanent.

TITRE XXV.

Gendarmerie.

Art. 1. Le général commandant la gendarmerie de l'armée, les officiers commandant la gendarmerie des différens corps d'armée, les officiers et détachemens à leurs ordres, veilleront au bon ordre et à toutes les dispositions de police prescrites dans les différens ordres du jour. Ils auront autorité et inspection sur les vivandiers, marchands et domestiques à la suite de l'armée ; aucun d'eux ne pourra suivre l'armée sans être inscrit et numéroté chez le commandant de la gendarmerie ;

Il donnera sûreté et protection aux marchands de comestibles et liquides, et portera une surveillance active sur les gens sans aveu, suspects ou inutiles.

Il tiendra la main à ce que tous les fourgons soient numérotés et portent l'inscription du nom des personnes auxquelles ils appartiennent.

Il tiendra aussi un contrôle exact de tous les vivandiers, marchands et autres à qui il aura été permis de suivre l'armée.

Il veillera à ce que les comestibles et liquides que vendront les vivandiers, soient de bonne qualité.

Il fera faire des patrouilles par des gendarmes à ses ordres, pour maintenir le bon ordre et empêcher la maraude.

Les commandans des corps, les gardes du quartier-général et autres, leur prêteront main-forte lorsqu'ils en seront requis.

Art. 2. Aussitôt que le grand quartier-général et celui d'un corps d'armée seront arrivés au logement, le commandant de la gendarmerie près de chaque quartier général s'assurera, de concert avec le commandant du quartier-général, d'un local propre à servir de prison, pour y renfermer les individus qui auront été arrêtés pour des délits de nature à ce qu'ils soient traduits au tribunal prévôtal.

Art. 3. Lorsqu'un ordre du major-général sera donné, ayant rapport à la police et à la surveillance déléguées à la gendarmerie, extrait de cet ordre sera envoyé par le général commandant cette arme, à tous les commandans des détachemens de gendarmerie près des corps d'armée, et il y joindra les instructions de détail nécessaires pour assurer l'exécution des dispositions qu'il contiendra.

Art. 4. Il sera commandé journellement, au grand quartier-général et au quartier-général des corps d'armée, un piquet de gendarmerie, destiné tant pour la police intérieure et extérieure du quartier-général, que pour le service extraordinaire qu'exigeroient les circonstances dans les 24 heures.

Art. 5. Toutes les fois qu'un service extraordinaire exigera une force supplétive pour seconder la gendarmerie, le général commandant cette arme en fera la demande au général qui commande les troupes; et il en sera rendu compte au major-général au quartier-général impérial; et dans les corps d'armée, au maréchal ou général commandant en chef.

Art. 6. Le général commandant la gendarmerie pourra, d'après les ordres du major-général, employer des gendarmes au service des sauve-gardes; mais il aura attention de n'y employer que les gendarmes les moins valides.

Art. 7. Le général commandant la gendarmerie au quartier-général impérial, rendra compte, tous les jours, au major-général, du service qui aura été fait; de tout ce qui se sera passé dans les 24 heures; et le commandant de la gendarmerie, près chaque quartier-général, rendra journellement le

TITRE XXIV (1).

Des distributions.

847 Art. 1er. Les soldats n'iront jamais à quelque distribution que ce soit, sans être assemblés en ordre, et conduits par des officiers et sous-officiers armés, et les caporaux-fourriers de leur compagnie.

848 2. On commandera toujours un lieutenant ou sous-lieutenant par bataillon (2) pour chaque distribution ; les soldats seront partagés suivant leur nombre en plusieurs divisions (3), et marcheront dans le même ordre que s'ils étoient sous les armes.

---

même compte au Maréchal ou général commandant en chef.

Art. 8. Les prévenus de délits, arrêtés par des patrouilles de la gendarmerie, seront, autant que possible, conduits au quartier-général de la division à laquelle appartiendra l'individu arrêté, ou au quartier-impérial. Si le délit entre dans les attributions du conseil de guerre ou de la commission militaire, Les pièces de conviction, procès-verbaux et rapports seront remis au chef d'état-major ; et si le délit est du ressort du tribunal prévôtal et correctionnel, lesdites pièces seront envoyées au commandant de la gendarmerie.

Art. 9. Les commandans de détachemens de gendarmerie surveilleront l'ordre et la police dans les distributions des vivres, et prêteront main-forte, s'il y a lieu, aux agens de l'administration militaire.

Art. 10. Lorsqu'il y aura possibilité, on joindra toujours quelques gendarmes aux escortes données aux prisonniers de guerre, mais seulement dans l'arrondissement de l'armée et de brigade en brigade.

Art. 11. Lorsqu'un individu arrêté comme prévenu de délit se sera évadé, son signalement sera envoyé dans les 24 heures au général commandant la gendarmerie, et aux commandans de détachemens faisant le service près du quartier-général de chaque corps d'armée.

(1) Copié mot pour mot du *titre XXX* du réglement de 1778, entièrement conforme lui-même au réglement de 1788. Voyez réglement de 1753, art. 461.

(2) Le réglement de 1809 disoit : *par régiment.*

(3) Lisez : *En plusieurs subdivisions.* (Voyez *Manuel d'Infanterie*, 4e édition, page 325.) Le mot division pourroit

849   3. Arrivés au lieu où la distribution devra se faire, l'officier qui les commandera les mettra en bataille; la première division (1) ira recevoir ce qui devra lui être fourni, après quoi elle reviendra à à son poste; la seconde en fera de même, et ainsi des autres.

850   4. Le quartier-maître (2) du régiment marchera toujours avec les campemens, et se trouvera à toutes les distributions, pour les faire faire en règle et pour en donner des reçus.

851   5. Si le quartier-maître (3) étoit absent ou employé à un autre objet, il y seroit suppléé par un adjudant-major ou adjudant.

852   6. Les officiers chargés de faire faire les distributions, ne s'y présenteront qu'avec un état exact du nombre de rations qu'ils auront à demander pour chaque compagnie (4).

853   7. Ils se rendront d'abord (5) où le commis principal tiendra le bureau, et celui-ci leur donnera des commis particuliers pour conduire chacun d'eux avec sa troupe.

854   8. Il sera fait mention sur les reçus (6), des quantités qui auront été délivrées à chaque compagnie.

855   9. Il se trouvera à toutes les distributions faites des magasins, un commissaire des guerres préposé

---

faire croire que ces troupes doivent marcher en colonne *par division*. L'on va ordinairement aux distributions *par le flanc*.

(1) Lisez: *La première compagnie.*

(2) Le réglement de 1809 disoit: *Le quartier-maître ou l'officier-payeur du corps se trouvera à toutes les distributions pour, etc.*

(3) Le réglement de 1809 disoit : *Si l'officier-payeur étoit absent, etc.*

(4) Le réglement de 1809 changeoit ainsi les derniers mots de cet article : *A demander pour chaque régiment.*

(5) Le réglement de 1809 transformoit ainsi cet article : *Ils se rendront au magasin, où il devra y avoir un commis pour acquitter les bons.*

(6) *Sur les bons.*

par le commissaire général (1) de l'armée, pour régler, de concert avec les officiers, les difficultés qui pourroient survenir; étant très-expressément défendu à ces officiers de se faire justice eux-mêmes.

856   10. S'il arrive, pendant la distribution, des difficultés que le commissaire des guerres et les officiers ne puissent pas décider eux-mêmes, le commissaire en rendra compte au commissaire général (2), et les officiers, aussitôt après leur retour au camp, en informeront les lieutenans-colonels de leur brigade (3), qui en rendront compte au chef de l'état-major.

857   11. Lorsqu'une distribution quelconque sera commencée, elle ne pourra être interrompue par l'arrivée d'un régiment plus ancien que celui auquel se fera la distribution; mais si plusieurs régimens arrivent en même temps, on commencera la distribution par le plus ancien (4).

858   12. L'état de chaque distribution de pain, viande, fourrage et autres, sera pris d'avance par compagnie, bataillon et régiment; et l'état général, signé du commandant du corps, sera remis au quartier-maître, ou, à son défaut, à l'officier ou adjudant chargé de la distribution.

859   13. Les soldats seront conduits à toutes les distributions en vestes et en bonnet, tant que la saison le permettra.

860   14. Lorsque l'armée arrivera dans un nouveau

---

(1) Cette qualification n'existe plus. Le réglement de 1809 disoit : *par l'ordonnateur de l'armée.*

(2) Le réglement de 1809 disoit : *A l'ordonnateur du corps d'armée.*

(3) Le réglement de 1809 disoit: *En informeront les chefs de leur corps ;* Il sembleroit convenable aujourd'hui que ce fût au major de leur corps qu'ils s'adressassent ; la surveillance des distributions devant être principalement de son ressort.

(4) Le réglement de 1809 ajoutoit : *Suivant le rang de leur numéro.* Cette règle demanderoit à être mieux précisée. Un régiment d'infanterie, d'artillerie, de cavalerie, pourroient être d'ancienneté égale, et porter le même numéro. Quel seroit, dans ce cas, l'ordre des distributions ? Voy. note 1ère de la p. 106.

8**

camp (1), l'adjudant-général indiquera au chef de l'état-major les villages où l'infanterie se pourvoira de paille; le soldat ne devant se servir des seigles et grains qui seront sur pied, que quand on ne pourra faire autrement.

861   15. Il sera réglé la quantité de bottes de paille qui sera donnée à chaque bataillon.

862   16. Un adjudant - général (2) avec le quartier-maître, ou à son défaut, un des officiers de campement de chaque brigade, ira rassembler dans les villages voisins la quantité de paille qui sera nécessaire, la fera sortir hors des maisons; et lorsque les troupes seront arrivées dans le camp, elles y seront menées avec des escortes.

863   17. Si l'on est obligé d'avoir recours aux maisons occupées par les officiers-généraux, ils en seront prévenus par l'adjudant-général (3).

864   18. Il sera expressément défendu aux officiers qui conduiront les soldats à la paille, d'enlever, sous ce prétexte, aucun fourrage; et les lieutenans-colonels de brigade (4) en seront responsables.

365   19. Dans les camps de séjour, lorsque la paille aura besoin d'être renouvelée, le chef de l'état-major donnera de nouveaux ordres pour qu'il y soit pourvu, et avec les mêmes précautions.

866   20. Dans le temps des légumes, les commandans

---

(1) Le réglement de 1809 changeoit ainsi l'art. 14 : *Dans un nouveau camp , le chef de l'état-major de l'armée indiquera aux chefs des états-majors des divisions , les villages , etc.* Précautions futiles , dispositions impraticables,

(2) Le réglement de 1809 changeoit ainsi le commencement de cet article : *Un officier d'état-major avec le quartier-maître ou l'officier-payeur qui le remplace dans chaque régiment ; et, à leur défaut , un officier de campement de chaque brigade iront , etc.*

(3) Le réglement de 1809 disoit : *par le chef de l'état-major.*

(4) Le réglement de 1809 disoit : *aucuns fourrages , et les chefs des corps en seront responsables.* Comment seroient-ils responsables d'une infraction qu'ils ne peuvent ni prévenir ni apprendre.

des corps pourront y envoyer un certain nombre d'hommes par escouade, avec une escorte, toutefois après qu'ils en auront demandé l'ordre au chef de l'état-major.

867   21. Ils feront reconnoître auparavant le terrain le plus à portée de leur camp, et ils l'entoureront de sentinelles qui ne laisseront passer personne au-delà.

868   22. Les soldats ayant eu le temps de rassembler et d'éplucher les légumes, seront ramenés au camp en ordre, et on ne souffrira pas qu'aucun d'eux reste derrière, ni qu'il y retourne.

869   23. Il sera porté la plus grande attention à ce que ces distributions soient proportionnées aux besoins du soldat, et à ce qu'il ne cueille que des légumes mûrs et sains.

870   24. Lorsqu'il sera fait à des détachemens des distributions particulières en pain, viande et fourrages, l'officier ou sous-officier qui aura donné son reçu, sera obligé d'en rendre compte à son retour au camp, afin que le quartier-maître puisse l'enregistrer, et connoître sur qui la retenue devra être faite lorsqu'elle sera ordonnée.

871   25. Il se trouvera toujours un adjudant général (1) aux distributions de l'armée, pour examiner l'espèce des fournitures, et veiller à ce que tout s'y passe dans l'ordre prescrit. Il aura avec lui un détachement de gendarmerie, pour faire arrêter (2) sur-le-champ les soldats ou valets qui pourroient y manquer.

872   26. Pour que les distributions de pain soient faites plus promptement et diminuer la fatigue des troupes, les caissons des vivres, autant que cela sera possible, se diviseront en trois parties, dont l'une se

---

(1) Le règlement de 1809 disoit : *Un officier d'état-major.*

(2) S'il les fait *arrêter*, les enfermera-t-il, et dans quel lieu ? En ce cas, que deviendront leurs chevaux, s'ils en ont amené ? Le mot *arrêter*, recopié des anciens réglemens, suppose toujours la présence du prévôt et de ses caporaux. V. note du n° 825.

rendra au centre des deux lignes, derrière le premier régiment d'infanterie de la droite ; elle sera
destinée à donner le pain à l'aile droite de cavalerie et à la première division d'infanterie ; la seconde partie des caissons se placera au centre des
deux lignes, entre la seconde et la troisième division, et servira pour les troupes qui les composent.
La troisième partie sera pour celles de la quatrième
division et l'aile gauche de cavalerie (1).

873   Pendant la guerre, la ration de pain sera augmentée de quatre onces, en sorte qu'elle pèsera
vingt-huit onces (2).

874   27. On aura de même l'attention de faire approcher les caissons des corps campés en réserve.

875   28. Les distributions de viande se feront de même
dans plusieurs endroits marqués par le chef de l'é-
tat-major, qui assignera l'heure à laquelle elle devra être tuée, afin qu'elle ait le temps d'être refroi-
die avant d'être livrée ; et il ne permettra jamais,
à moins d'une absolue nécessité, qu'elle soit livrée
chaude, à cause du déchet qui en résulte pour le
soldat.

876   Les officiers chargés des distributions dans les
régimens, ne pourront plus s'attribuer les langues
des bœufs tués, pour les livraisons qui leur seront
faites ; lesdites langues seront données à tour de rôle
à chaque compagnie.

877   29. Il sera distribué aux troupes, du riz pendant
toute la campagne. Le général aura attention d'obli-
ger les entrepreneurs à le fournir aussi régulièrement que le pain.

---

(1) Tous ces détails supposent toujours l'armée campée suivant des principes qui datent de soixante ans. (Voyez la note
1ère de la p. 59.)

(2) Voyez le décret du 30 juin 1810. La circulaire du 13
juillet 1808, décidoit que ce ne seroit qu'en vertu d'un ordre
spécial que ce *supplément de pain* seroit à l'avenir distribué.
Voyez *Mémorial de l'Officier d'Infanterie*, 2e édit. p. 768.

TITRE XXV (1).

Des fourrages.

878   Art. 1er. Il sera défendu, une fois pour toute la campagne, à tout soldat, cavalier, dragon, vivandier et valet, à qui il puisse appartenir, d'aller au fourrage (2) furtivement et en particulier, soit de jour, soit de nuit. Les gardes auront ordre de les arrêter. La même chose sera consignée à toutes les sentinelles du camp du quartier-général ; les détachemens de la gendarmerie, ainsi que les patrouilles de la cavalerie qui se promèneront autour du camp, auront le même ordre.

879   2. Ceux qui seront pris en allant ou en revenant de ces fourrages clandestins, seront conduits au commandant de la gendarmerie, qui en rendra compte au chef de l'état-major, et recevra ses ordres pour les faire punir.

880   3. Pour ôter tout prétexte de chercher à enfreindre la défense d'aller au fourrage sans ordre, l'état-major (3) de l'armée sera exact à faire fournir la subsistance des chevaux, et à indiquer des fourrages, lorsque le terme pour lequel on aura ordonné de fourrager, sera expiré.

881   4. Lorsqu'il y aura un fourrage commandé, il sera consigné la veille au soir, aux sentinelles de chaque bataillon, de ne laisser sortir aucun domestique ou

---

(1) Entièrement copié *du titre XXXI* du réglement de 1778. Le titre analogue du régl. de 1788 n'est qu'indiqué dans ce réglement, mais n'existe point en texte dans les exemplaires sortis en cette année 1788 des presses de l'imprimerie royale, car le régl. de 1788, et malheureusement le code militaire restèrent non terminés par suite de la suppression du conseil de la guerre. Voyez le réglement de 1753, art 447.

Les décisions antérieures, dans lesquelles il est question de fourrage, sont : *Instruction de* 1732, *Ordonnance du 20 avril* 1735, *du 20 juillet* 1741 ; *etc.*

(2) Voyez note du n° 883.)

(3) Lisez : *Le chef d'état-major de l'armée.*

vivandier avec des chevaux, sans la permission du capitaine de piquet.

882   5. Les officiers de piquet monteront à cheval au point du jour, et se promèneront autour du camp de leur brigade, pour voir si les sentinelles font leur devoir, et ils en feront mettre d'augmentation s'ils le jugent nécessaire.

883   6. Soit que le fourrage se fasse au vert ou au sec (1), on réglera le nombre de trousses qui sera donné par bataillon, relativement à l'espèce de fourrage, au nombre de chevaux ou à la quantité de jours pour lesquels le fourrage sera ordonné. Le nombre de trousses sera spécifié dans les billets envoyés par le chef de l'état-major pour indiquer le fourrage.

884   7. Avant que les fourrageurs partent du camp, le quartier-maître de chaque régiment comptera les chevaux, et renverra tous ceux qui passeront le nombre ordonné.

885   8. Il verra en même temps si aucun valet n'est parti avant l'heure marquée, et il en rendra compte au commandant du corps, qui le fera arrêter (2) au retour.

886   9. On commandera toujours deux lieutenans ou sous-lieutenans de corvée par brigade, avec une escorte d'une escouade de fusiliers armés par bataillon, pour conduire les fourrageurs. Le quartier-maître, ou à son défaut un adjudant y marchera.

887   10. Ces officiers rassembleront les fourrageurs de la brigade à l'heure ordonnée, et les conduiront au rendez-vous général de la division ; ou, si la brigade fourrageoit particulièrement, au lieu où elle devra fourrager.

---

(1) Nous n'avons point vu, depuis 1792, que les troupes aient été fournies de *fourrages* par les moyens indiqués ici ; elles l'ont toujours été, soit des magasins militaires que le gouvernement faisoit approvisionner à cet effet, soit des magasins que les autorités locales entretenoient.

(2) Voyez la note 2e du n° 871 et la note 1ère de la pag. 159.

888   11. Les fourrageurs marcheront deux à deux ou quatre à quatre, ayant leurs faulx armées (1), jusqu'au lieu indiqué pour le fourrage.

889   12. Les officiers qui commanderont l'escorte, empêcheront qu'aucun valet ne quitte son rang.

890   13. Ils empêcheront aussi qu'il ne se mêle avec eux aucun cavalier, dragon ou valet d'un autre régiment.

891   14. Les officiers commandans les escortes ne pourront mener avec eux que chacun un valet monté ; leurs autres valets devant être compris dans le nombre des fourrageurs de leur régiment.

892   15. Lorsque les fourrageurs seront arrivés sur le terrain où l'on devra fourrager, les officiers entoureront de sentinelles celui qui leur sera désigné pour leur régiment ou brigade.

893   On observera de ne donner de terrain à chaque régiment que celui absolument nécessaire, et plutôt trop petit que trop grand, étant très-aisé de suppléer à ce qui pourroit manquer ; au lieu que, lorsque le terrain marqué est trop grand, il y a toujours nécessairement beaucoup de fourrage gaspillé.

894   16. Les sentinelles placées, les fourrageurs mettront pied à terre, laisseront leurs chevaux rassemblés en dehors de l'enceinte, pour ne pas gâter le fourrage, et les faucheurs entreront dans le terrain qui leur sera marqué, et le faucheront sans perdre de temps, observant de faucher bas, et sans rien laisser sur pied.

895   17. Il feront ensuite diligemment leurs trousses, iront chercher leurs chevaux, et à mesure qu'ils les auront chargés, ils se mettront en file, et retourneront au camp sans s'attendre les uns les autres, et sans s'écarter du chemin qui leur aura été prescrit.

896   18. Les officiers d'escorte empêcheront qu'aucun fourrageur ne perde de temps à faire et à charger

---

(1) C'est-à-dire : ayant la lame de faulx nue, et portant cette faulx en manière d'arme.

sa trousse ; et ils feront, avec les soldats armés, l'arrière-garde des fourrageurs de leur régiment ou brigade.

897   19. L'officier commandant l'escorte aura toujours un tambour avec lui ; il avertira les fourrageurs de sa brigade, de la batterie au signal de laquelle ils devront se rassembler et regagner leurs chevaux. Ils y reviendront aussi, si le fourrage étoit attaqué ; l'officier avec l'escorte les couvrira et leur prescrira, suivant les circonstances, s'ils doivent se retirer ou achever le fourrage.

898   20. Lorsque le fourrage se fera au sec, il sera envoyé à l'avance des petits détachemens aux ordres d'un lieutenant ou sous-lieutenant par régiment, dans les villages où la division devra fourrager.

899   21. Ces officiers marqueront un nombre suffisant de maisons pour chaque brigade, régiment et bataillon.

900   22. Il mettront une sentinelle à chaque maison, pour y servir de sauve-garde pendant le temps du fourrage.

901   23. Ils feront numéroter toutes les granges et les répartiront entre les brigades, régimens et bataillons ; ils feront écrire sur la porte le nom des régimens ou bataillons, et des compagnies de ces bataillons qui devront fourrager dans chacune, afin que chacun puisse savoir celle qui lui est destinée, et qu'en cas de désordre, on puisse connoître par qui il aura été commis (1).

902   Les officiers tiendront, à cet effet, un contrôle des maisons, de leur numéro et de la compagnie à laquelle elles seront destinées.

903   24. S'ils en ont le temps, ils feront sortir hors du village, par les habitans du lieu (2), la quantité

____

(1) Il est tout à fait impossible en guerre de prendre de pareils soins.

(2) Cet ordre ne sauroit être donné directement, par des officiers, aux habitans ; c'est toujours au maire, ou au bourguemestre du village, qu'on doit s'adresser en tel cas.

de fourrages nécessaire pour le nombre de troupes ordonné.

904 25. Les fourrageurs seront conduits au fourrage au sec par le même nombre d'officiers et la même escorte qu'au fourrage au vert.

905 26. Lorsque la colonne des fourrageurs arrivera, les officiers iront au-devant d'elle avec les soldats d'ordonnance des détachemens qu'ils auront avec eux; ils feront laisser les chevaux en dehors du village, et feront conduire par ces ordonnances, les valets aux granges marquées pour chaque bataillon et compagnie, pour y faire leurs trousses.

906 27. Il sera expressément défendu aux fourrageurs d'entrer dans les maisons ni ailleurs que dans les granges ou greniers, de faire des ouvertures aux toits et murailles, d'entrer dans les jardins, ni de faire aucune autre espèce de dégât.

907 28. Lorsque les trousses seront faites, les valets iront chercher leurs chevaux pour les charger, et, à mesure qu'ils le seront, ils se mettront en file sans s'attendre, et regagneront en droiture le camp.

908 29. Les officiers commandant les escortes feront l'arrière-garde des fourrageurs des brigades; il répondront de ceux qui resteront derrière, et du désordre qui sera commis par eux.

909 30. En cas d'alarme (1), on exécutera ce qui est prescrit ci-dessus, article 21 (2).

910 31. Après le départ des fourrageurs, l'officier commandant le détachement de chaque brigade, sera tenu de se faire donner par le bourguemestre ou principal du lieu, un certificat attestant qu'il ne s'est commis aucun dommage.

911 32. S'il est porté des plaintes, les brigades qui ne seront pas munies de ces certificats, en seront responsables et payeront le dégât.

912 33. Si, par violence ou par crainte, un officier exi-

---

(1) Le réglement de 1809 disoit : *En cas d'alerte.*
(2) C'est problablement une erreur ; il convient de dire *article* 9. (Voyez n. 897.)

geoit ces certificats du bourguemestre d'un village;
quoiqu'il s'y fût commis du désordre, sur la plainte
qui en seroit portée, le chef de l'état-major le feroit
arrêter, et si elle se trouvoit fondée, il en seroit rendu
compte au général : cet officier seroit puni, et le
désordre payé par le régiment qui l'auroit commis.

913   34. Les officiers commandés pour l'escorte des
fourrageurs, tiendront la main à ce qu'ils n'entrent
dans aucun lieu où il y aura des sauve-gardes, et à
ce qu'on ne fourrage aucun château, abbaye ou
maison religieuse (1), sans un ordre exprès du général, à moins qu'ils ne se trouvent indiqués expressément par les officiers de l'état-major de l'armée.

914   35. Tout fourrageur qui aura devancé ceux de son
régiment, qui s'en séparera ou qui contreviendra à
ce qui est prescrit ci-dessus, sera arrêté et conduit
au commandant de la gendarmerie (2).

915   36. Toutes les fois que l'armée entière ou des
divisions de l'armée fourrageront, un adjudant-général s'y trouvera pour veiller à ce que les fourrages
reconnus soient partagés avec égalité, et à ce que
tout se passe d'ailleurs suivant l'ordre prescrit.

916   37. Il sera commandé des détachemens de la gendarmerie pour maintenir le bon ordre et la police
des fourrages.

917   38. Ces détachemens feront des patrouilles dans
l'enceinte marquée, et principalement dans les villages; et ils arrêteront tous soldats, cavaliers, dragons, vivandiers ou valets faisant du désordre.

918   39. Lorsqu'il sera arrêté un soldat, cavalier,
dragon, vivandier ou valet faisant du dégât, ou hors
de la colonne des fourrageurs, ou qui n'aura pas sa

---

(1) Le réglement de 1809 avoit ainsi abrégé cet article : *Dans
aucun lieu où il y aura des sauve-gardes, sans un ordre, etc.*
L'article 34 ci-dessus étoit copié de l'ordonnance du 8 avril
1735, art. 6 ; et de celle du 20 juillet 1741, art. 7.

(2) Disposition impraticable, à moins que l'armée ne soit
très-peu nombreuse.

faulx armée (1) en allant ou en revenant du fourrage, il en sera rendu compte par les officiers commandant les escortes, au chef de l'état-major, qui les fera punir.

919   40. L'infanterie prendra les armes les jours de fourrage pour faire l'exercice ; et si l'on est à portée de l'ennemi, aucun officier et soldat ne pourra s'écarter du camp.

920   41. Les jours de marche, le fourrage qui se trouvera sur pied dans le camp, servira pour ce jour-là.

921   42. A cet effet, il sera commandé à un certain nombre de valets par brigade, de marcher avec les campemens pour faucher l'enceinte du camp, avant que les troupes n'arrivent (2).

922   43. Les lieutenans-colonels de campement (3) veilleront à ce que le fourrage se fasse sans gaspillage, chaque brigade fourrageant parallèlement au front et à la queue de son camp, et ne prenant du fourrage que pour un jour.

923   44. Les fourrages qui se trouveront depuis le front de bandière de la première ligne jusqu'à cent toises en avant, et en arrière jusqu'à soixante-quinze toises, appartiendront aux régimens qui y seront campés, chacun devant leur front : et pour la seconde ligne, ceux depuis soixante-quinze toises en avant de son front de bandière, et cent toises en arrière ; il sera donc de leur intérêt de les ménager, puisque, tant qu'ils dureront, ils ne seront pas obligés d'aller au loin au fourrage. Ils les feront conserver avec soin, et tous les jours, ils en couperont pour la consommation de la journée : observant, avant de commencer à faucher, de placer des sentinelles alignées parallèlement au front de bandière, en avant du terrain qu'on devra couper, de faucher en ligne parallèle aux faisceaux, et de ne laisser rien perdre.

---

(1) Voyez note du n° 888.
(2) Voyez note du n° 44.
(3) Le réglement de 1809 disoit : *Les chefs de bataillon veilleront*, etc.

924   45. Les lieutenans colonels (1) de brigade veilleront pareillement à ce que les chevaux d'artillerie de leur division soient pourvus de fourrage par préférence à tout.

925   46. Lorsque les chevaux de l'infanterie seront envoyés à la pâture, ils seront conduits et gardés par des escortes commandées par des officiers et sous-officiers, suivant la quantité de chevaux et la proximité de l'ennemi.

926   47. Dans le temps où les chevaux de l'infanterie seront réduits à la pâture, il sera cependant toujours donné du fourrage aux chevaux d'artillerie attachés aux régimens, à ceux des tentes des compagnies (2), et aux chevaux des chariots d'effets de remplacement.

TITRE XXVI (3).

De l'Entrepôt des Convalescens.

927   Art. 1er. Il sera établi au commencement de la campagne, un entrepôt pour les convalescens, dans un lieu sûr et en bon air, à portée des hôpitaux, et sur la communication la plus directe desdits hôpitaux à l'armée.

928   2. Le général nommera un officier à son choix pour y commander, et y maintenir l'ordre et la discipline.

929   3. Chaque régiment enverra à cet entrepôt un sergent et un caporal pour veiller, sous les ordres de cet officier, à la police des convalescens de leur

---

(1) Voyez note du n° 922.

(2) Voyez note 2ᵉ de la page 2. Voy. n° 10. Voy. note 3 de la page 16. Voy. le décret du 22 février 1813, transcrit à la fin de ce volume,

(3) Copié mot à mot du titre XXXII du réglement de 1778; il avoit été conservé par le réglement de 1809 comme *titre XXVII.* Il n'existe qu'en projet au réglement de 1788, par les causes déduites en la note du *titre XXV*; il n'en étoit point fait mention au réglement de 1753.

corps, et les conduire à l'armée lorsqu'il leur en donnera l'ordre. Il y sera envoyé aussi deux tambours.

930 4. Tous les convalescens qui sortiront des hôpitaux de l'armée, seront, autant qu'il sera possible, conduits à ces entrepôts par des sous-officiers des troupes qui seront en garnison dans les places où ces hôpitaux seront établis.

931 5. En y arrivant, ils seront répartis, régiment par régiment, en escouades commandées par le sergent et le caporal de leur corps.

932 6. Ils y vivront au moyen de leur solde; les sous-officiers veilleront exactement à ce qu'ils fassent ordinaire, et à ce qu'ils ne mangent rien de contraire à leur rétablissement.

933 7. Il sera observé dans cet entrepôt la même police et discipline que dans un quartier; les convalescens seront sujets à des appels, et ne pourront s'écarter.

934 8. Lorsqu'il y aura un nombre de convalescens totalement rétablis, et en état de soutenir les fatigues de la campagne, le commandant les enverra à l'armée conduits par les sous-officiers.

935 9. Ces sous-officiers les remettront chacun à leur régiment, et seront responsables des désordres qu'ils pourroient commettre sur la route.

936 10. Le commandant de l'entrepôt tiendra un registre exact de tout ce qui sera fourni aux convalescens en prêt, pain et viande, etc. afin que la retenue puisse en être faite à leurs différens corps.

TITRE XXVII (1).

Des Sauve-gardes.

937   Art. 1er. (2) Les soldats, cavaliers (3) et dragons
que les généraux des armées auront établis en sauve-
garde, seront respectés comme des sentinelles (4)
dans les lieux où ils seront établis (5).

938   2. Il sera défendu à tous officiers, soldats, valets,
vivandiers, etc. de faire aucun tort à ceux à qui il
aura été accordé des sauve-gardes, sous les peines
portées par le réglement du général (6).

---

(1) Copié du *titre XXXIV* du réglement de 1778, et n'existant qu'en projet au réglement de 1788, pour les causes indiquées à la note du *titre XXV.* Voy. réglement de 1753, art. 494.

(2) Le réglement de 1809 faisoit précéder cet article d'un article fort sage, ainsi conçu : *On ne doit placer de sauve-gardes,
soldats ou cavaliers, que dans les lieux où il y a des établissemens ou des magasins à conserver, ou par quelque motif
d'intérêt pour l'armée ou pour le pays ; de préférence, on y
mettra des gendarmes.*

(3) Le réglement de 1809 disoit : *Cavaliers ou gendarmes
que les généraux*, etc.

(4) Les *sauve-gardes* sont essentielles ; elles assurent les ressources de l'armée et en maintiennent la discipline. Il y avoit
dans les armées de Louis XIV une compagnie de *sauve-gardes*,
composée d'hommes de choix ; elle étoit formée en vertu des ordonnances des 6 avril 1668, 5 mai 1692 et 1er mai 1701. Si
cet usage fort sage n'est pas renouvelé, du moins convient-il
que l'armée soit suivie de gendarmes en assez grand nombre
pour pouvoir être employés comme *sauve-gardes*.

(5) Le réglement de 1809 terminoit ainsi cet article : *Mais
ils devront toujours être porteurs d'un ordre signé du général ou
du chef de l'état-major.* (Ils devroient même être porteurs d'un
signe plus apparent, tels qu'une bandoulière, une médaille, etc.

(6) Le *général en chef* a le droit de promulguer, en entrant
en campagne, *un réglement* ayant force de loi pendant toute la
durée de son commandement. (Loi du 16 octobre 1791, tit. 1er,
art. 11 ; décret du 12 mai 1793, section 4, art. 26 ; Code pénal du 21 brumaire au 5, tit. 8, art. 23.) Nous ne connoissons
que le réglement donné au camp de Grandpré, par Dumouriez,
qui ait eu une grande publicité. Il est du 9 septembre 1792, et
imprimé à Valenciennes. Voyez *Mémorial de l'Officier d'Infanterie*, 2e édition, pag. 49 et 72.

939 3. Les lieutenans-colonels (1) des régimens tiendront un état exact des soldats qui seront envoyés en sauve-garde, des lieux où chacun d'eux sera envoyé, du jour de leur départ et de celui de leur retour.

940 4. Le pain, la viande et le prêt des soldats envoyés en sauve-garde, appartiendront, pendant le temps qu'ils seront absens, savoir: le pain et la viande, à leur chambrée; et le prêt, à la masse de linge et chaussure.

941 5. Les soldats envoyés en sauve-garde recevront, pendant les quinze premiers jours qu'ils y seront, la totalité de ce qui devra être payé chaque jour pour eux personnellement dans les lieux où ils seront établis; mais au-delà de ces quinze jours, ils ne recevront que la moitié de ce bénéfice, et l'autre moitié sera retenue pour être partagée entre eux et la masse de linge et chaussure de leur compagnie.

942 6. Les lieutenans-colonels (2) des régimens auront soin de demander le retour des sauve-gardes qu'ils auront fournies, quand les habitans des lieux où ces sauve-gardes auront été établies, ne les ramèneront pas exactement à la fin du temps pour lequel elles leur auront été accordées, ou lorsque les armées s'éloigneront desdits lieux à la distance de six heures de chemin.

943 7. Les habitans seront responsables des violences qui pourront être faites aux sauve-gardes qui leur auront été accordées, et tenus en ce cas des dédommagemens qu'il appartiendra; ils le seront de même si le soldat désertoit (3) en sauve-garde.

---

(1) Le réglement de 1809 changeoit ainsi cet article: *Les chefs des corps tiendront un état exact des soldats qui seront envoyés en sauve-garde, du jour de leur départ, etc.*

(2) Le réglement de 1809 disoit: *Les chefs de corps auront soin*, etc.; il le terminoit ainsi : *et lorsque les armées s'éloigneront desdits lieux.*

(3) Cette sorte de responsabilité est bien inexplicable.

944   8. Le chef de l'état-major (1) demandera à tour de rôle à chaque brigade, les soldats nécessaires pour aller en sauve-garde, et il en tiendra un état particulier.

945   Les lieutenans-colonels (2) des brigades feront fournir alternativement par les régimens qui les composeront, les sauve-gardes qui leur seront demandées par le chef de l'état-major.

946   9. Le contenu des articles ci-dessus, sera notifié exactement, tant aux soldats qui seront envoyés en sauve-gardes, qu'aux personnes qui les demanderont, afin que nul n'en puisse prétendre cause d'ignorance (3).

---

(1) Le réglement de 1809 disoit : *Le chef de l'état-major-général demandera, à tour de rôle, à chaque division les soldats, etc.*

(2) Le réglement de 1809 disoit : *Les chefs de l'état-major des divisions feront fournir, etc.*

(3) Le réglement de 1809 terminoit ce titre par les deux articles suivans.

Art. 10. *Il sera aussi donné des sauve-gardes écrites ou imprimées, signées du général en chef, contresignées du chef de l'état-major et portant le cachet impérial. Ces sauve-gardes seront numérotées, enregistrées à l'état-major-général, et conformes au modèle annexé au présent réglement.*

Art. 11. *Les sauve-gardes de ce genre, présentées aux troupes, portent* (On a voulu dire : doivent imprimer ou inspirer aussi, etc.) *aussi le même respect qu'une sentinelle; elles ne seront délivrées que par l'ordre du général en chef, et il en sera rendu compte à l'état-major-général.*

TITRE XXVIII (1).

Des Partis (2).

947   Art. 1er. Nul parti ne pourra sortir de l'armée qu'avec un passe-port signé du général, et cacheté de son chiffre.

948   2. Le commandant du parti aura même soin de prendre plusieurs passeports du général, afin que s'il se trouve obligé de diviser son détachement, il en puisse donner un double à celui qui devra commander la troupe qui en sera separée; et au bas de ce double, il marquera le nombre d'hommes dont ce détachement sera composé.

949   3. Les partis ne pourront être d'un moindre nombre d'hommes que celui qui sera stipulé par les cartels, lorsqu'il y en aura d'établis entre les puissances belligérantes, auxquels cartels les conducteurs des partis seront tenus de se conformer.

950   4. Les effets pris par les partis qui auront été détachés de l'armée, ne pourront être vendus qu'à

---

(1) Copié mot pour mot du *titre XXXIV* du réglement de 1778, conforme lui-même au réglement de 1753, art. 471. Le réglement de 1788 ne devoit point renfermer de *titre* analogue à celui-ci, ainsi qu'on le voit à la table des exemplaires de ce réglement non achevé. Le conseil de la guerre n'auroit eu garde de renouveller ces inutiles détails. Dire qu'ils avoient été maintenus au titre 30 du réglement du 1809, c'est faire la critique la plus amère de ce réglement.

(2) Ce mot est aujourd'hui inintelligible; il rappele une sorte de piraterie que les anciennes armées, tranquilles en leur camp, convenoient entre elles de laisser exercer par des détachemens qui n'excéderoient pas un nombre stipulé. Ce genre d'entreprise connu génériquement sous le nom de *parti*, et dirigé souvent par des aventuriers, a cessé d'être en usage depuis que les armées ont eu des troupes légères. Il n'est pas très-surprenant que le réglement de 1792, recopié avec précipitation et inexpérience, sur celui de 1778, ait retracé des règles qui n'étoient plus que du domaine de l'histoire; mais il est inexplicable que le réglement de 1809, dicté sur-le-champ de bataille, ait conservé cet amas d'inutilités.

9

ladite armée, après que la prise aura été jugée de bonne prise par le chef de l'état-major.

951 5. Si cependant le parti ne pouvant revenir à l'armée, est obligé de se jeter dans une place, la prise pourra y être vendue à l'encan par le commandant de ladite place, après qu'il en aura été dressé procès-verbal, et qu'elle aura été jugée bonne, et en ce cas, le commandant du parti en rapportera un état détaillé et certifié du commandant de la ladite place.

952 6. Les partisans, à leur retour au camp, s'adresseront au chef de l'état-major, et lui présenteront leurs prises et prisonniers, afin qu'il puisse les faire questionner, et en rendre compte au général.

953 7. Ceux qui auront vendu dans le plat-pays (1) les effets prétendus pris sur les ennemis, seront réputés voleurs, et punis comme tels; et les particuliers qui auront reçu ou acheté ces effets, seront punis comme recéleurs.

954 8. Lorsque le commandant du parti et les soldats qui le composeront, seront de la même brigade, la prise sera vendue à la tête de la brigade, et la vente faite par le lieutenant-colonel (2) de ladite brigade.

955 9. Si tout le parti est d'un même régiment, la vente sera faite à la tête de ce régiment par un lieutenant-colonel particulier du corps.

956 10. Si le commandant du parti est tout seul de son corps, et que les soldats soient d'un même régiment ou d'une même brigade, la vente se fera à la tête du régiment ou de la brigade dont seront les soldats.

957 11. Quand un officier ayant passe-port, aura pris des soldats volontaires de différentes brigades, la

---

(1) On entendoit par *plat pays* tout lieu qui n'étoit pas ou un camp ou une place forte, ou au moins une ville ayant garnison. Cette expression étoit empruntée du réglement du 1er mars 1768, tit. 17, art 14. Voyez *Mémorial de l'Officier d'Infanterie*, seconde édition, pag. 216, n° 491.

(2) Le réglement de 1809 disoit : *pour le colonel.*

vente se fera à la tête et par le lieutenant-colonel du régiment dont sera l'officier.

958   12. Si le partisan qui aura pris sur son passe-port des soldats volontaires de différentes brigades, n'est point officier dans l'armée, la vente se fera au quartier-général.

959   13. Dans tous les cas ci-dessus, les ventes pourront se faire au quartier-général, avec la permission du général de l'armée, si le commandant du parti juge qu'elles y soient plus avantageusement faites; auquel cas, il s'adressera au chef de l'état-major pour la demander.

960   14. On ne fera d'autre retenue sur la vente que celle du sou pour livre au profit du greffier qui l'aura faite, lequel sera obligé de payer le tambour, et de tenir un état des effets vendus et de leur produit, pour être remis au chef de l'état-major.

961   Il sera également obligé de faire publier, d'après l'ordre du chef de l'état-major, à son de caisse, la vente au quartier-général ou dans le camp, assez à l'avance pour que les acheteurs puissent s'y trouver.

962   15. Chaque prise sera partagée comme il suit, entre les officiers et les soldats qui l'auront faite.

963   16. Le partisan conducteur du parti, de quelque grade qu'il soit, prendra toujours six parts comme chef; s'il est capitaine, il en prendra encore six autres en cette qualité; quatre, s'il est lieutenant ou sous-lieutenant; deux, s'il est sergent, et une, s'il est simple soldat.

964   17. Si le partisan n'avoit point d'emploi dans l'armée, et qu'y étant venu d'ailleurs, on lui eût donné un passe-port avec des soldats de l'armée pour aller en parti; en ce cas, il prendra deux parts, outre les six comme chef, s'il n'est point officier; et s'il est officier, il partagera suivant son grade.

965   18. Quand il y aura dix chevaux pris et davantage, le chef du parti aura un cheval de préférence, mais il ne pourra y prétendre si les chevaux pris sont au-dessous de ce nombre.

9*

966   19. Lorsqu'il y aura deux partisans nommés dans le passe-port, ils ne prendront qu'un cheval de préférence, dont le prix sera partagé entre eux.

967   20. Si deux partisans ayant chacun un passe-port séparé, s'étant joints, font une prise ensemble, ils prendront chacun leur part comme s'ils étoient séparés ; à l'égard du cheval de préférence, ils le partageront ensemble quand il y aura moins de quinze chevaux ; et s'il en a ce nombre ou davantage, ils en prendront chacun un.

968   21. Les officiers et sergens du parti qui ne le commanderont pas, prendront le nombre des parts ci-dessus expliqué, qui est de six pour le capitaine, quatre pour le lieutenant ou sous-lieutenant, deux pour le sergent, et une pour chaque soldat.

969   22. Les guides auront deux parts comme un sergent.

970   23. S'il y a des soldats blessés qui n'aient pas pu rejoindre lors de la vente de la prise, leur part restera entre les mains du lieutenant-colonel du régiment, pour leur être délivrée à leur retour.

971   24. Si un soldat revenant de parti, a perdu quelque chose de son armement, habillement ou équipement, le capitaine lui en fera retenir la valeur sur sa part de la prise qui aura été faite par ledit détachement ; hors ce cas, la part de chaque soldat lui sera délivrée sur-le-champ, sans aucune retenue.

972   25. La dépouille du prisonnier et son argent appartiendront à celui qui l'aura pris. Si plusieurs y prétendent, la discussion sera jugée par le commandant du détachement ou parti ; et en cas que le fait ne soit pas clair, la dépouille et l'argent seront partagés entre ceux qui paroîtront y avoir droit.

TITRE XXIX (1).

Des Honneurs militaires.

973   Art. 1er. Le drapeau blanc (2) ne se portera jamais à aucune garde, de quelque régiment qu'elle soit, que lorsque le colonel la montera près de la personne du Roi ou du Prince royal.

974   2. Le plus ancien des régimens de l'armée (3) fournira la garde du Roi ou du Prince royal, et ceux qui le suivront monteront successivement chez les maréchaux de France et officiers-généraux.

975   3. Les gardes des officiers-généraux prendront les armes pour les maréchaux de France, lorsqu'ils passeront devant elles, et celles qui auront des tambours, battront *aux champs*.

976   4. Le tambour battra toujours *aux champs* pour ceux à qui il sera dû une garde avec un drapeau.

977   5. Le lieutenant-général commandant une armée en chef, aura pour sa garde six escouades (4) sans drapeau, commandées par un capitaine, un lieutenant et un sous-lieutenant, et le tambour *appellera*.

978   6. Les lieutenans généraux employés dans les armées, auront quatre escouades, commandées par un lieutenant, et un sous-lieutenant, lesquels rou-

---

(1) Copié du *titre XXXV* du réglement de 1778, conforme lui-même aux dispositions contenues aux réglemens de 1753, art. 562. Ce *titre* n'a existé qu'en projet au réglement de 1788, dont il devoit être le 33e; il a été entièrement supprimé dans le réglement de 1809. Il lui a été substitué les dispositions contenues, à quelques légères différences près, dans le *titre III* du décret du 24 messidor an 12. Voy. *Mémorial de l'Officier d'Infanterie*, 2e édition, p. 468.

(2) Voyez note du n° 60 et celle du n° 95.

(3) Cette disposition cesse d'avoir effet, *l'ancienneté des régimens* étant la même; un nouvel ordre de priorité devra être adopté. (Voyez note 1ère de la page 106.)

(4) L'usage de commander le service par *escouades* est entièrement tombé en désuétude. (Voyez note du n° 590 et note du n° 1002.)

leront ensemble pour ce service, et le tambour *appellera.*

979   7. Le maréchal-de-camp qui aura un ordre pour commander en chef un corps de troupes, aura de même quatre escouades et un officier, et le tambour *appellera.*

980   8. Les maréchaux-de-camp employés auront deux escouades et un sergent ; le tambour conduira la garde et n'y restera pas.

981   9. Les gardes des officiers-généraux prendront les armes dès qu'ils passera une troupe devant leur logis, et leur tambour battra, si cette troupe marche tambour battant ou trompette sonnante.

982   10. L'infanterie ne présentera jamais les armes que pour le Saint-Sacrement, le Roi et les maréchaux de France.

983   11. Les gardes de la tête du camp prendront les armes pour les maréchaux de France et le commandant en chef de l'armée ou d'un corps de troupes, et les tambours battront *aux champs.*

984   12. Elles se mettront sous les armes et en haie pour les lieutenans-généraux et les maréchaux-de-camp de jour, et le tambour ne battra pas.

985   13. Quant aux gardes des postes autour de l'armée, elles prendront les armes dès qu'elles verront venir à elles quatre ou cinq personnes ; et lorsqu'elles les auront fait reconnoître, elles les recevront suivant leur grade, mais sans que les tambours battent, à moins que cela ne soit ordonné. Dans ce cas, ils battront *aux champs* pour les maréchaux de France, et *appelleront* pour un lieutenant-général, même quand il commanderoit l'armée.

986   14. Lorsque le chef de l'état-major jugera à propos de visiter les gardes du camp ou les postes de l'armée, on lui rendra les honneurs dus à son grade.

987   15. Pour un colonel qui ira les voir, les soldats se trouveront à leurs armes qui seront à terre, et l'officier sera près d'eux pour rendre compte du poste.

988   16. Les piquets ne rendront aucuns honneurs, et

ce qu'ils doivent observer est expliqué au *titre du piquet.*

989 17. Il ne sera donné aucune garde ni établi aucune sentinelle à aucuns équipages autres que celles ordonnées par le présent règlement; et si quelqu'un exige au-delà de ce qui est prescrit, les lieutenans-colonels des régimens en seront responsables, s'ils n'en rendent compte aussitôt au chef de l'état-major.

990 18. Ne seront néanmoins comprises dans cette défense les gardes qu'il est d'usage de donner aux trésoriers ou autres, que le chef de l'état-major continuera de commander comme par le passé.

991 19. Les troupes qui se rencontreront en marche, exécuteront ce qui est prescrit au *titre des marches* (*voyez n°. 592*).

992 Elles se conformeront aussi à l'article du même titre pour *les honneurs à rendre au Saint-Sacrement*, aux maréchaux de France et au commandant en chef de l'armée.

TITRE XXX (1).

Des Honneurs funèbres.

993 Art. 1ᵉʳ. Lorsqu'un maréchal de France mourra à l'armée, il sera tiré un coup de canon de demi-heure en demi-heure, jusqu'au départ de son convoi.

994 2. Toute l'armée prendra les armes et se tiendra en bataille pendant la marche du convoi, qui sera

---

(1) Copié mot à mot du *titre XXXVI* du règlement de 1778. Le *titre* analogue qui eût dû être le XXXIV du règlement de 1788 n'y a existé qu'en projet. Le règlement de 1809 lui a substitué, comme *titre XXXII*, et à quelques légères différences près, celui qui étoit compris comme 26ᵉ *titre* dans le décret du 24 messidor an 12, relatif aux honneurs Voy. *Mémorial de l'Officier d'infanterie*, 2ᵉ édition, pag. 477. Voy. règlement de 1753, art. 588.

précédé par la plus ancienne brigade de cavalerie et d'infanterie, ayant à leur tête douze pièces de canon de campagne.

995   3. Lorsque le corps sera mis en terre ou déposé, il sera fait trois décharges de douze pièces de canon et de la mousqueterie des troupes, finissant par celles qui auront marché au convoi, lesquelles feront la dernière en défilant devant la porte de l'église.

996   4. Si le corps d'un maréchal de France mort à l'armée, étoit transporté dans une place frontière, il lui seroit donné pour escorte jusqu'à ladite place, le plus ancien régiment d'infanterie et le plus ancien régiment de cavalerie ; toute l'armée prendroit les armes au départ du convoi ; et dans les quartiers et places par lesquelles il passeroit, il lui seroit rendu les mêmes honneurs qui lui étoient dus de son vivant.

997   5. Pour un lieutenant-général commandant l'armée en chef, il sera tiré un coup de canon de demi-heure en demi-heure, jusqu'au départ du convoi.

998   6. Toute l'armée prendra les armes, se tiendra en bataille pendant la marche du convoi, qui sera précédé par le plus ancien régiment de cavalerie et d'infanterie, ayant à leur tête cinq pièces de canon de campagne.

999   7. Il sera fait, au moment de sa sépulture, trois décharges de cinq pièces de canon et de la mousqueterie des troupes, finissant par celles du convoi, qui feront la dernière en défilant.

1000   8. Pour un maréchal-de-camp commandant un corps de troupes en chef, toute l'armée prendra les armes, et se tiendra en bataille pendant la marche du convoi, qui sera précédé par un escadron et un bataillon du plus ancien régiment de cavalerie et d'infanterie ; et il sera fait trois décharges générales de la mousqueterie des troupes qui finiront, comme il a été dit, par celles du convoi.

1001   Si le corps d'un lieutenant-général ou maréchal-de-camp commandant en chef un corps de troupes, étoit transporté, il en seroit usé comme il a été prescrit ci-dessus *article* 4 (*voyez n°.* 996.), excepté qu'il ne marcheroit qu'un bataillon et un escadron pour le convoi du lieutenant-général; et une compagnie seulement d'infanterie et de cavalerie, pour celui du maréchal-de-camp.

1002   9. Pour un lieutenant-général employé à l'armée, un détachement de six escouades (1) par bataillon, commandé par un capitaine et un lieutenant ou soûs-lieutenant, prendra les armes, marchera avec le convoi et fera trois décharges.

1003   10. Pour un maréchal-de camp, un détachement de même force par régiment, prendra les armes, marchera avec le convoi et fera trois décharges.

1004   11. Pour un colonel étant à son régiment, le régiment tout entier prendra les armes et marchera au convoi.

1005   Si le colonel n'étoit pas à son régiment, on commandera six détachemens sans drapeau.

1006   12. Pour un lieutenant-colonel en pied, il y aura la moitié du régiment par détachemens, avec un drapeau.

1007   13. Pour un lieutenant-colonel dont le régiment ne sera pas présent, on commandera quatre détachemens de même composition que ci-dessus, sans drapeau (2).

---

(1) Voy. la note du n° 977 et 590. L'*Escouade* est une fraction qui n'a maintenant d'autre objet que de faciliter le mécanisme de l'administration intérieure d'une compagnie, et qui est devenue entièrement étrangère au mécanisme du service. C'est pourquoi le décret du 24 messidor an 12. (Voy. *Manuel d'Infanterie*, 4ᵉ édition, nₒ 201,) et le *titre XXXIIᵉ* du réglement de 1809, qui est extrait de ce décret, et qui est l'analogue du titre XXX ci-dessus, ne font aucune mention d'*escouades*, et leur substituent un système de détachemens.

(2) En 1792 il n'existoit plus de majors, et point encore de chefs de bataillon. (Voy. la note 2 de la page 5) leur grade étant intermédiaire entre celui de lieutenant-colonel et celui de capitaine, il paroîtroit convenable qu'il fût rendu à ceux qui mourroient présens à leur régiment, les mêmes *honneurs* mentionnés

1008　14. Pour un capitaine, deux détachemens;

Pour un lieutenant, un détachement de cinq escouades;

Pour un sous-lieutenant, un détachement de quatre;

Pour un sergent-major ou sergent, un sergent avec deux escouades;

Pour un caporal, un caporal avec une escouade;

Pour un soldat, quatre soldats;

Le tout du régiment dont sera le défunt.

1009　15. Tous les détachemens qui marcheront pour rendre les honneurs funèbres, seront commandés par des officiers ou sous-officiers du même grade que le défunt, ou à leur défaut, par ceux du grade inférieur.

1010　Les officiers seront commandés pour ces détachemens, au tour du service des gardes d'honneur.

1011　16. Il en sera de même des quatre officiers qui devront porter les quatre coins du poële.

1012　17. Les troupes qui marcheront aux convois, porteront la platine sous le bras gauche, et feront trois décharges.

1013　18. Il sera mis, autant qu'il se pourra, des crêpes aux drapeaux qui marcheront aux convois, et les caisses des tambours seront couvertes de serge noire.

1014　19. Les crêpes qui seront mis aux drapeaux des régimens, à la mort de leur colonel, y resteront jusqu'à ce qu'il ait été remplacé.

à l'art. 13, et qu'il fût commandé *trois détachemens*, pour rendre les *honneurs funèbres* à ceux qui seroit absens de leur corps au moment de leur décès.

TITRE XXXI (1).

Des Scellés et Inventaires.

1015   Art. 1er. Lorsqu'un officier d'infanterie mourra à l'armée ou dans un quartier de cantonnement, le lieutenant-colonel (2) de semaine du régiment, aussitôt qu'il en sera averti, se transportera à la tente ou au logement du défunt, pour y faire l'inventaire de ses effets et équipages, et pour mettre les scellés sur lesdits effets, s'il ne peut pas en faire l'inventaire dans le moment.

1016   2. Il remettra lesdits effets aux héritiers, s'il s'en présente qui veuillent acquitter sur-le-champ les dettes de la succession, sinon il en sera fait diligemment la vente à l'encan.

1017   3. Il ne pourra être retenu que le sou pour livre sur le produit de la vente, pour le paiement du greffier, après quoi on acquittera les frais funéraires, les gages des valets, et ce qui sera dû au régiment, ainsi qu'aux vivandiers marchant à la suite de l'armée : bien entendu que le lieutenant-colonel constatera toutes ces dettes, et qu'il tirera des quittances des payemens.

1018   4. Il gardera entre ses mains le surplus de l'argent de la succession, avec l'inventaire et les pièces justificatives des payemens qu'il aura faits, ainsi que les effets qui n'auront pu être vendus, et les

____

(1) Copié mot à mot du *titre XXXVII* du réglement de 1778. L'analogue de ce *titre* n'a existé au réglement de 1788 que dans la table de ce réglement ; il a été remplacé dans le réglement de 1809, sous la dénomination de *titre XXXIII*, par un extrait de l'instruction du 15 novembre 1809, *titre* 3. Cette instruction est transcrite à la suite de ce volume, et contient en note le *titre* des décès, scellés, etc., tel qu'il a été intercalé dans le réglement de 1809.

(2) Il sembleroit convenable que cet inventaire fût dressé par le commissaire des guerres sous la police duquel se trouve le régiment, ou que du moins il fût dressé en sa présence.

papiers, afin de remettre le tout aux héritiers naturels ou à leurs chargés de procuration, desquels
il retirera une quittance de décharge en bonne
forme; à l'effet de quoi il aura soin d'avertir les
parens du défunt.

1019 5. L'épée que portoit ordinairement le défunt, sera
mise sur son cercueil lors de l'enterrement, elle appartiendra au lieutenant-colonel, comme un hono-
raire (1), en considération du soin qu'il aura pris
de lui faire rendre les honneurs funèbres attribués
à son grade.

1020 6. Si le prix de cette épée étoit nécessaire pour
l'acquit des dettes du défunt, il y seroit employé
par préférence.

1021 Si le défunt en avoit disposé authentiquement
avant sa mort, celui en faveur duquel il en auroit
disposé en mettroit une autre à sa place.

TITRE XXXII (2).

Des Cantonnemens de la fin de la campagne.

1022 Art. 1er. Lorsque l'armée sera remise en cantonnemens, personne ne pourra s'établir dans d'autres
quartiers que ceux qui lui auront été départis.

1023 2. L'infanterie conservera dans ses cantonnemens
le même ordre de bataille qu'elle avoit étant campée.

1024 3. La disposition des cantonnemens se fera toujours de manière que l'infanterie de l'aile droite

---

(1) Cette disposition étoit empruntée de l'ordonnance du
1er mars 1768, titre XXIX, art. 8. Ce droit est annullé par un
avis du conseil d'état du 5 brumaire an 13, portant que l'épée
de tout officier mort sur-le-champ de bataille ou des suites de
ses blessures, doit être remise aux héritiers, en même temps que
toutes les autres parties de l'héritage. Voy. *Mémorial de l'Officier d'Infanterie*, 2e édition, pag. 442.

(2) Copié mot à mot *titre LX*, du réglement de 1778. Ce
titre devoit être le XXXVIIe du réglement de 1788 : il est le
34 du règlement de 1809, dans lequel il ne diffère en rien du
précédent. Voy. régl. de 1753, art. 692.

occupe ceux de la droite; l'infanterie de l'aile gauche, ceux de la gauche; etc. et que l'ordre des lignes et divisions soit conservé, autant que la position des villages le permettra.

1025 4. Le service continuera de se faire par division. Tous les ordres du général seront adressés au lieutenant-général qui la commandera, près duquel se tiendra le lieutenant-colonel de la division pour en faire le détail.

1026 5. Le quartier du lieutenant-général commandant la division, sera, autant qu'il sera possible, établi au centre de la première ligne des cantonnemens de sa division.

1027 6. Chaque brigade y enverra un officier et un sergent d'ordonnance.

1028 7. Il sera de même envoyé aux quartiers des lieutenans-colonels des brigades, des sergens et caporaux d'ordonnance de tous les régimens qui les composent; et au quartier principal de chaque régiment, des sergens et caporaux d'ordonnance de ces bataillons détachés.

1029 8. Toutes ces ordonnances seront à cheval, et munies de guides aussi à cheval, pour porter plus diligemment et plus sûrement les ordres dont elles seront chargées.

1030 9. Ces guides et chevaux seront fournis dans chaque quartier, sur les ordres par écrit de l'officier qui y commandera.

1031 10. Lorsque le chef de l'état-major de l'armée aura distribué à chaque brigade ses quartiers de cantonnement, les lieutenans-colonels de brigade se les répartiront entre eux, suivant la force de leur brigade, et les distribueront ensuite aux différens régimens dont elles seront composées, en gardant toujours, comme il a été dit ci-dessus, l'ordre de bataille.

1032 11. Il sera observé dans ces répartitions, de mettre toujours ensemble les régimens d'une même brigade, les bataillons d'un même régiment, et les compagnies d'un même bataillon; et lorsque ces logemens ne pourront être réunis, il seront du moins le plus à portée qu'il sera possible.

1033 12. Les soldats des mêmes compagnies seront mis de même ensemble, ou le plus près les uns des autres qu'il se pourra, dans des maisons ou granges qui seront marquées à cet effet, et on leur donnera le bois (1) et la paille (2) nécessaires.

---

(1) Ce bois est délivré conformément au tarif fixé par le réglement du 1er fructidor an 8. (Voy. *Mémorial de l'Officier d'Infanterie*, 2e édition, page 837.)

Voici les articles de ce réglement qui sont relatifs aux cantonnemens.

Art. 54. *Dans les fixations établies par les articles qui précèdent, est compris le chauffage nécessaire aux avant-postes, et à toutes les autres gardes des camps et cantonnemens ; ainsi, lorsque les troupes recevront le chauffage sur le pied ci-dessus, elles ne pourront prétendre à aucune fourniture particulière pour leurs corps-de-gardes ; les commissaires des guerres ne s'écarteront jamais de cette règle.*

Si cependant les généraux jugeoient nécessaire que dans quelques cantonnemens, les corps-de-gardes fussent fournis séparément, la distribution pourra se faire, sur leurs ordres et sur ceux de l'ordonnateur, dans la proportion déterminée pour les corps-de-gardes des places.

Mais pendant tout le temps que la distribution se fera ainsi aux corps-de-gardes, la troupe de cantonnement ne recevra le chauffage que sur le pied fixé au commencement du présent réglement pour les troupes de garnison.

Art. 55. *Le chauffage de campagne ne sera délivré qu'à l'effectif présent et sous les armes ; il ne pourra, dans aucune circonstance, être remboursé en espèces ; il ne pourra également ment en être fait aucun rappel ni rachat.*

(2) *La paille* de couchage n'est point fournie aux officiers ; disposition ridicule que les réglemens ont empruntée l'un de l'autre.

Voici les articles de l'instruction du 12 fructidor an 13, qui traitent de cette matière. (Voy. *Mémorial de l'Officier d'Infanterie*, 2e édition, pag. 595.)

Art. 13. *La paille de couchage ne doit être fournie que pour l'effectif des sous-officiers et soldats conformément au réglement du 5 avril 1792.*

Il ne pourra en être délivré aux officiers qu'autant que le service de la troupe sera assuré ; mais alors même la dépense

1034   13. Les officiers chargés du logement, numéro-
teront toutes les maisons et granges, et marqueront
sur celles destinées pour le soldat, le nom de la compagnie et le nombre d'hommes qu'elles devront
loger.

1035   14. Les capitaines et officiers particuliers logeront
dans les quartiers de leur compagnie, afin d'être à
portée de les contenir.

1036   15. Les compagnies de grenadiers seront toujours
logées par préférence aux avenues des quartiers de
leur bataillon.

1037   16. Il sera marqué aux tambours des logemens
au centre du quartier, et le plus à portée qu'il sera
possible du logement de l'officier qui y commandera.

1038   17. Les sous-officiers veilleront à ce que toutes les
armes et gibernes des soldats soient rassemblées dans
les chambres ou granges qu'ils occuperont, de manière que chacun puisse retrouver aisément les
siennes.

1039   18. Les soldats logeront, autant qu'il se pourra,
dans les chambres sur le devant des maisons, et au
rez-de-chaussée, afin de pouvoir se rassembler plus
promptement en cas d'alarme.

1040   19. Si l'on est dans un pays où l'usage soit de
chauffer les chambrées par des poêles, on fera coucher par préférence les soldats dans les granges ou
greniers; ayant été reconnu que la chaleur de ces
poêles étoit mal saine et pernicieuse, lorsqu'on
est obligé de mettre beaucoup d'hommes dans la
même chambre, comme cela seroit nécessaire dans
des cantonnemens à portée de l'ennemi.

---

*en sera remboursée aux entrepreneurs par lesdits officiers, soit
de gré à gré soit au prix fixé par les marchés.*

*La paille de couchage aux officiers et soldats sera fournie sur
états effectifs par corps, qu'établiront, à chaque distsibution,
les sous-inspecteurs aux revues, dans la forme des modèles joints
à la présente instruction.*

1041 20. Le commandant du quartier y aura le premier logement.

1042 21. Le commissaire des guerres ayant la police des troupes du quartier, y sera logé immédiatement après le commandant.

1043 22. Lorsque plusieurs brigades se trouveront dans un même quartier, chaque commandant de brigade aura un logement de préférence dans le canton destiné à sa brigade.

1044 23. Le colonel d'un régiment aura son logement de préférence dans le canton de son régiment.

1045 24. Les lieutenans-colonels auront les logemens de préférence après le colonel; le quartier-maître et les adjudans seront toujours logés à portée du commandant du régiment ou du bataillon, ainsi que les tambours.

1046 25. Les officiers auront attention qu'il ne soit fait aucun tort aux habitans, dans leurs maisons, granges, jardins, clos, vignes et prés (1), à peine de répondre de tous les dégâts qui pourroient y être faits, même des accidens de feu.

1047 26. Si le quartier qui sera donné à un bataillon, ne se trouve pas assez grand pour le contenir, de manière qu'on soit obligé d'en détacher quelques compagnies, les deux premières compagnies et celle des grenadiers resteront au quartier principal ; le capitaine de la troisième compagnie du bataillon, et à son défaut le premier capitaine après lui, ira avec sa compagnie commander dans l'autre quartier; et les autres compagnies tireront au sort leurs logemens.

1048 27. Les drapeaux (2) de chaque bataillon resteront toujours ensemble avec la première compagnie, quand même, par le peu d'étendue du quartier,

---

(1) Ce seroit l'objet des défenses comprises dans les *bans* dont il va être fait mention au n° 1053. Voyez *Manuel d'Infanterie*, 4ᵉ édition, n° 143.

(2) Voyez note 2ᵉᵐᵉ de la page 24.

les compagnies auxquelles ils sont attachés seroient
obligées de s'en séparer.

1049   28. Le capitaine de grenadiers restera avec sa
compagnie dans le quartier principal du bataillon,
et ne pourra s'en retirer ni la quitter, sous prétexte
d'aller prendre le commandement d'un autre quartier.

1050   29. Si le bataillon étoit divisé en de si petits
quartiers, qu'ils ne puissent contenir que trois compagnies ensemble, la première compagnie du bataillon resteroit alors avec la compagnie de grenadiers; et le second capitaine iroit, avec sa compagnie,
commander dans le second quartier.

1051   30. L'état-major demeurera toujours dans le quartier où sera la première compagnie.

1052   31. Les troupes n'entreront pas dans leurs quartiers, que le logement ne soit marqué et les gardes
établies.

1053   32. Les bans et défenses seront renouvelés, et il
sera tenu exactement la main à leur exécution.

1054   33. Il sera indiqué des limites (1) aux soldats, avec
défenses de les passer, sous les peines portées par
les lois contre les déserteurs.

1055   34. Il leur sera pareillement défendu de sortir
de leurs quartiers avec des armes, d'exiger de leurs
hôtes le repas de l'arrivée ou celui du départ, ni
aucune autre chose que l'ustensile (2) ordonné.

---

(1) L'art. 2 du tit. 1er du code pénal du 21 brumaire an 5,
(Voyez *Mémorial de l'Officier d'Infanterie*, 2e édition, p. 64)
s'exprime ainsi :

*Sera réputé déserteur à l'ennemi, et comme tel puni de
mort, tout militaire ou autre individu attaché à l'armée et à
sa suite, qui, sans ordre ou permission par écrit de son supérieur, aura franchi les limites fixées par le commandant de la
troupe dont il fait partie, sur les côtés par lesquels on pourroit
communiquer avec l'ennemi.*

(2) Le mot *ustensile* est depuis long-temps tombé en désuétude. Le réglement de 1778, titre 49, art. 36, étoit le
dernier où fut mentionné ce mot, emprunté des anciens
réglemens de marche. Le mot *ustensile* indiquoit l'espèce d'im-

1056   35. Nul ne pourra, sous peine de concussion, faire aucune imposition dans le quartier ni dans le pays, s'il n'est expressément autorisé par le général de l'armée.

1057   36. Personne ne pourra employer à son usage particulier les chevaux ni les voitures des habitans du quartier où il se trouvera.

1058   37. Lorsqu'il sera nécessaire d'en faire marcher pour les ordonnances, pour le service des troupes ou pour aider quelque offficier qui en aura réellement besoin, le commandant du quartier en donnera l'ordre par écrit; lorsqu'il en sera accordé à quelque officier, il seront payés au prix qui sera ordonné.

1059   38. Le commandant du quartier établira une garde pour veiller à la police, et la communauté (1) du lieu fournira pour cette garde une ou deux chambres au rez-de-chaussée sur la place, avec la quantité de bois et de chandelles prescrite par les réglemens, suivant le nombre d'hommes dont cette garde sera composée (2); il sera donné aussi un lieu capable de contenir le piquet (3), et il lui sera fourni pareillement du bois et de la lumière.

1060   39. Il désignera un ou plusieurs emplacemens, suivant l'étendue du quartier, pour l'assemblée des troupes en cas d'alarme.

1061   40. Si le quartier se trouve à portée de l'ennemi, et qu'il soit trop étendu relativement au nombre de

---

position dont étoit passible l'habitant, lors d'un passage de troupes. Cette imposition se distinguoit en *ustensile* en argent, et en *ustensile* en nature. Dans l'origine, cela exprimoit l'obligation de fournir un pot pour cuire la viande, une écuelle ou gamelle pour la manger, et place au feu et à la chandelle.

(1) Lisez: *la commune* ou la *municipalité*.

(2) Ce *bois* est pris sur la fourniture générale faite aux corps, en vertu de l'article 54 du réglement du 1er fructidor an 8. Voy. note première de la page 206.

(3) Le mot *piquet* est encore ici une erreur. Dans les réglemens dont il est recopié, il signifioit *garde de police*. Voyez titre 10 du réglement de 1778. Voyez la note 3e de la pag. 56.

ses troupes, il n'en occupera que la partie la plus susceptible de défense.

1062 41. Il fera fermer tous les chemins et avenues par des chariots dont on attachera les flèches ensemble, de façon qu'elles ne puissent être que difficilement séparées.

1063 42. Il établira des postes à ces barrières et autres endroits qu'il jugera nécessaires.

1064 43. Ces gardes se communiqueront entr'elles par une chaîne de sentinelles, qu'on aura soin de poster toujours dans des endroits couverts, comme fossés, haies, jardins, etc. et qui observeront avec soin tout ce qui se passera au dehors, et ce qui entrera ou sortira.

1065 44. Le commandant du quartier reconnoîtra ensuite en avant ou en arrière du village, une hauteur ou autre position avantageuse, et il y fera construire diligemment une redoute pour soutenir les efforts de l'ennemi en cas d'attaque, ou pour protéger sa retraite.

1066 45. Il aura soin de mener les troupes sur ce terrain, afin que les officiers et soldats soient parfaitement instruits du poste qu'ils devront occuper.

1067 46. Les compagnies de grenadiers ne feront point d'autre service (1) dans les quartiers, que les détachemens et les patrouilles, à moins qu'il n'y eût quelque poste important où le commandant jugeât à propos de leur faire monter la garde.

1068 47. On fera fournir aux gardes qui seront établies aux barrières, redoutes ou autre espèce de postes en dehors du village, du bois pour se chauffer, et quelques perches et travers avec de la paille, pour y faire des abri-vents.

1069 48. Si les habitans du lieu ne peuvent fournir le bois nécessaire pour la cuisine des soldats et pour le feu des gardes, on en fera couper aux soldats qui y seront conduits à cet effet avec une escorte armée.

---

(1) Voyez la note du n°. 185.

1070 49. Le colonel d'un régiment et les lieutenans-colonels en son absence, en commanderont toutes les compagnies, quoique séparées en différens quartiers.

1071 Le colonel du régiment étant présent, toutes les fois que les bataillons seront séparés en plusieurs cantonnemens, le second lieutenant-colonel (1) restera au premier bataillon, et le premier lieutenant-colonel suivra le sort du second bataillon.

1072 5o. Les plus anciens capitaines des bataillons commanderont pareillement toutes les compagnies de leurs bataillons, quoiqu'elles ne soient pas réunies dans un même lieu.

1073 51. Tout capitaine qui se trouvera commander par accident un régiment ou un bataillon dont les compagnies seront divisées, restera en résidence au quartier de sa compagnie.

1074 52. Il se fera rendre compte de ce qui se passera dans les autres quartiers du régiment ou bataillon qu'il commandera, et y enverra les ordres qu'il jugera nécessaires pour la discipline générale du corps, sans cependant rien changer aux dispositions qui auront été faites par le colonel ou les lieutenans-colonels.

1075 53. Il visitera de temps en temps les derniers quartiers, et ils commandera dans tous ceux où il se trouvera.

1076 54. Les ordres concernant le régiment ou le bataillon étant adressés au quartier de l'état-major, seront ouverts en l'absence du premier commandant, par le commandant inférieur qui s'y trouvera, lequel les enverra audit premier commandant pour pourvoir à leur exécution, à moins qu'ils ne fussent pressés ; auquel cas, il les fera passer tout de suite à ceux qu'ils concerneront, et en rendra compte aussitôt au commandant du régiment ou du bataillon, en quelque quartier qu'il se trouve.

---

(1) Voyez la note du n° 86.

1077   55. Les lieutenans-colonels, quoique attachés au quartier où sera la première compagnie de leur régiment, visiteront fréquemment les autres quartiers, pour veiller à la discipline, tenue et exercice des bataillons qui y seront détachés.

1078   56. L'économie dans la consommation des fourrages étant extrêmement importante, les commandans des corps et des quartiers feront exécuter avec la plus grande exactitude les instructions qui leur sont données à ce sujet, suivant les circonstances.

1079   57. Il sera observé dans tous les cantonnemens la même discipline qu'au camp ; et les officiers qui y commanderont, seront responsables de tous les dégâts et dommages qui pourroient s'y commettre.

1080   58. Il sera envoyé par le commandant de la gendarmerie au quartier du lieutenant-général commandant la division, un certain nombre de vivandiers du quartier-général, qui recevront une ration d'infanterie par cheval, sur l'ordre signé du chef de l'état-major, dans lequel sera spécifié le nombre de chevaux qu'il leur sera permis d'avoir.

1081   59. Lorsque l'armée séjournera plusieurs jours dans ses cantonnemens, soit à la fin, soit au commencement de la campagne, les commandans des régimens feront observer pour la police et manœuvres, tout ce qui est prescrit au *titre des cantonnemens d'entrée de campagne* (1).

1082   60. Quand les armées seront envoyées en quartier d'hiver, les troupes y seront placées conformément à l'ordre de bataille, sans aucune acception de

---

(1) Le réglement de 1778 contenoit un titre 4, intitulé : *Des cantonnemens d'entrée de campagne ;* le réglement de 1792 a cru devoir, en recopiant le réglement de 1778, supprimer ce titre. Le titre 40 du réglement de 1778, art. 61, faisoit citation de son tit. 4. On a recopié, en 1792, ce même art. 61, devenu le 59, mais au lieu de lui donner une forme nouvelle, on y a fait la citation du titre des cantonnemens, etc. Titre qui n'existe plus qu'en tradition et non en principe ; il est fort remarquable que le réglement de 1809 ait encore renouvelé la même bévue.

faveur et de préférence ; les troupes de la droite, à
la droite ; et celles de la gauche, à la gauche ; etc. et
les régimens des mêmes brigades mis à portée les
uns des autres ; cette disposition étant la plus favorable, soit pour opérer l'hiver et entreprendre
sur l'ennemi, si l'occasion s'en présentoit ; soit pour
se rassembler promptement, et s'opposer aux entre-
prises qu'il pourroit former.

TITRE XXXIII (1).

Des Revues de la fin de la campagne (2).

1083　Art. 1er. Avant que l'armée se sépare pour aller
dans les cantonnemens ou prendre ses quartiers
d'hiver, il sera fait une revue des régimens, par
les officiers généraux qui seront nommés à cet
effet.

1084　2. Il se feront rendre compte de la quantité de re-
crues dont ils auront besoin, et des mesures qui
auront été prises par les commandans des régimens
pour s'en procurer (3) le nombre nécessaire.

1085　3. Ils constateront aussi les effets d'habillement,
d'équipement et d'armement qui devront être remplacés.

1086　4. Ils feront dresser des états détaillés de tous ces
différens objets ; ils en laisseront un, qu'ils signeront,
aux commandans des corps ; et en prendront un, signé
d'eux et des conseils d'administration, qu'ils enverront au secrétaire d'état ayant le département de la
guerre.

1087　5. Ils examineront la tenue des régimens, et s'il

---

(1) Copié mot à mot du *titre XLI* du réglement de 1778
qui devoit être le *XXXVIII* du réglement non achevé de 1788.

(2) Ces revues sont inusitées.

(3) Les lois attribuent exclusivement aux maires et aux pré-
fets le *recrutement* de l'armée (Voy. *Mémorial de l'Officier
d'Infanterie*, 2 édition, page 2, n° 4.) ; ainsi, les dispositions
contenues au n° 1084 ne peuvent plus être d'aucun effet.

a été veillé pendant la campagne à la conservation de tous les effets et ustensiles qu'on leur aura fait délivrer avant d'y entrer.

088 6. Il sera observé par les troupes, lors de ces revues, ce qui est prescrit au *titre des revues d'entrée en campagne* (*voyez n°. 23.*).

TITRE XXXIV (1).

Des Siéges (2).

089 Art. 1er. Les troupes destinées à faire un siége (3), feront un double service ; l'un, qui sera le service ordinaire de l'armée, se fera par brigades qui demeureront formées comme elles l'auront été depuis

---

(1) Entièrement copié du *titre quarante-troisième* du réglement de 1778. Ce *titre* devoit être le 39e du réglement de 1788. Il a été reproduit mot pour mot dans le réglement de 1809, encore bien que la plus grande partie des règles qu'il prescrit soit maintenant inusitée. Voyez réglement de 1753, art. 612. Voici quel étoit le jugement porté à cet égard dans un ouvrage marqué au coin de la raison et du talent, et imprimé en 1812 sous le titre de *Projet de Réglement*, pag. 223.

Ainsi que les autres titres du réglement de campagne, celui-ci avoit pour bases la constitution des armées de Louis XIV et de Louis XV. Quoiqu'on n'ait pas changé ces règles, l'usage a prévalu sur beaucoup de choses principales, entre autres : les bataillons de tranchée ont fourni leurs gardes et leurs travailleurs, au lieu de les faire fournir par des corps du camp ; il en résulte moins de fatigue, moins de morcellement de troupes, et par conséquent plus d'ensemble ; les grenadiers forment des réserves ; les voltigeurs, des tirailleurs et des postes avancés ; les colonels de tranchée cèdent les détails du siége à des officiers supérieurs du génie, et ne s'occupent plus que de faire servir et faire travailler leurs troupes ; les travailleurs, autres que les auxiliaires des sapeurs, mineurs et de de l'artillerie, ne sont plus payés.

(2) Il avoit été promulgué, en date du 1er avril 1792, un réglement concernant l'artillerie employée dans les siéges ; il est mentionné au no 1203. Ce qui y traite de l'infanterie se trouve dans le *Mémorial de l'Officier d'Infanterie*, 2ème édit., page 274.

(3) Voyez les détails concernant à ce sujet les sous-officiers, dans le *Manuel d'infanterie*, 4e édition, no 433, etc.

le commencement de la campagne; l'autre service, sera celui du siége, et se fera par régimens commandés chacun à leur rang.

1090 2. Lorsque le commandant de l'armée aura réglé le nombre de bataillons qui devront être chaque jour de tranchée, l'infanterie employée au siége sera partagée en conséquence, de manière qu'un même bataillon ne monte pas une seconde fois la tranchée, que tous les autres ne l'aient montée une fois; et qu'il y ait autant de régimens destinés à être chefs de tranchée, qu'il faudra de jours pour couler à fond toute l'infanterie.

1091 3. L'ancien des régimens commandé pour la tranchée de chaque jour, sera le chef de tranchée, et les autres regimens ou bataillons seront disposés après lui, selon l'ancienneté des corps, sans avoir égard à la brigade dont ils auront été tirés (1).

1092 4. Lorsqu'il y aura plusieurs attaques séparées, chaque attaque aura son régiment chef de tranchée.

1093 5. Les régimens qui devront monter la tranchée, seront toujours commandés la veille, et ils ne fourniront point de gardes les jours qu'ils seront de tranchée.

1094 6. Les compagnies de grenadiers monteront toujours avec leurs bataillons, et on aura soin qu'elles soient complettes.

1095 7. Elles seront encore commandées à leur rang quand leurs bataillons ne seront point de tranchée, soient pour renforcer la tranchée ou pour les attaques qui seront ordonnées.

1096 8. A cet effet, les compagnies de grenadiers rou-

---

(1) L'ancienneté des régimens n'existant plus, ces régles cessent d'avoir aucun effet. Desirons qu'il soit établi positivement un droit de primauté, à raison de l'arme. Nous n'avous point vu faire de siéges par brigade, mais par divisions; ainsi, le principe qui veut que les corps soient commandés pour la tranchée, sans avoir égard à la brigade, a cessé d'être applicable. (Voyez la note 1ère de la page 106.)

leront ensemble pour le service des siéges, de manière qu'elles marchent suivant le rang qu'elles tiendront dans le régiment.

1097 9. Aucun officier ni soldat des régimens commandés pour la tranchée, ne pourra se dispenser
de la monter s'il n'est réellement malade, à la seule
exception de la garde du camp, qui y restera avec
le sergent qui la commandera.

1098 10. Les colonels monteront la tranchée avec leur
régiment; et s'il arrive que tous les bataillons de
leur régiment ne la montent pas en même temps,
ils la monteront seulement avec leurs premiers bataillons; et les autres bataillons qui monteront séparément, seront commandés successivement par un
lieutenant-colonel ou le plus ancien capitaine du
bataillon.

1099 11. Il sera nommé tous les jours un ou plusieurs
officiers-généraux pour monter la tranchée; le tour
recommencera toujours par la tête à chaque siége.

1100 12. Les officiers-généraux de tranchée en recon-
noîtront avec soin tous les débouchés, places d'armes
et angles avantageux, afin de déterminer en conséquence l'ordre et la disposition des troupes en cas
d'attaque.

1101 13. Le lieutenant-colonel du régiment chef de
tranchée, sera lieutenant-colonel de tranchée (1);
et en son absence, il sera remplacé par le lieutenant-colonel du second régiment de la tranchée.

1102 14. Le lieutenant-colonel de tranchée en fera le
détail, quant au service des troupes, pendant les

____

(1) Le réglement de 1809 avoit transporté cette fonction de
lieutenant-colonel de tranchée, dont le grade n'existoit plus,
au colonel du plus ancien régiment de tranchée; Il résultoit de
cette assimilation mal combinée, des règles inintelligibles. C'est
au *maréchal-de-camp* commandant la brigade de tranchée, à
régler le service, poser les postes et transmettre les ordres qu'il
a à donner.

10

vingt-quatre heures qu'il y sera, et y veillera à l'exacte observation de tout ce qui sera ordonné.

1103 15. Il fera d'avance la visite de tous les postes de la tranchée, et les visitera encore lorsque les troupes y seront établies, pour en prendre l'état et faire passer promptement à chacune les ordres des officiers-généraux, à portée desquels ils se tiendra pour les recevoir; pour cela, chaque régiment enverra auprès de l'officier-général, un officier d'ordonnance; et chaque compagnie de grenadiers, un grenadier.

1104 16. Le lieutenant-colonel de tranchée sera instruit par les officiers-généraux, des lieux où ils ordonneront aux troupes de se rassembler en cas de sortie, et il aura soin de les en instruire.

1105 17. Il sera toujours nommé par le général, un ou plusieurs officiers intelligens et actifs, pour être chargés des détails de la tranchée pendant tout le siége. Cet officier sera chargé de recevoir toutes les munitions qui seront apportées à la queue de la tranchée, comme sacs à terre, facines, claies, gabions et autres, dont il tiendra des états.

1106 18. Il fera délivrer des sacs à terre et les outils nécessaires pour les ouvrages, et il aura soin de faire retirer les uns et les autres lorsqu'on n'en fera pas d'usage.

1107 19. Il aura aussi soin qu'il y ait toujours des brancards et des gens prêts pour les porter, afin d'aller chercher les blessés.

1108 20. Il comptera tous les détachemens de travailleurs lorsqu'ils entreront à la tranchée, et en rendra compte au chef de l'état-major.

1109 21. Il lui donnera de même un état des travailleurs des bataillons de tranchée, que les officiers-généraux de tranchée auront fait employer.

1110 22. Il donnera des billets pour prendre au dépôt de l'artillerie les munitions de guerre dont les troupes de la tranchée auront besoin.

1111 23. Il remettra tous les jours au chef de l'état-major, un état de tous les ordres et certificats qu'il aura donnés, ainsi que l'état des dépôts qui auront été commis à ses soins.

1112 24. Il remettra pareillement tous les jours au chef de l'état-major, un état par régiment, des morts et des blessés.

1113 25. Il veillera au surplus à tout ce qui concerne l'ordre et la règle dans les tranchées, à l'exception néanmoins de la disposition des troupes, qui doit regarder uniquement le lieutenant-colonel de la tranchée.

1114 26. La tranchée sera relevée toutes les vingt-quatre heures, sans que les troupes puissent y demeurer plus long-temps, à moins d'un ordre du général, auquel cas les nouvelles troupes de tranchée prendront la queue de celles qui y seront déjà.

1115 27. Le général ayant fixé l'heure à laquelle on devra monter la tranchée, et le lieu du rendez-vous où les troupes devront s'assembler, elles s'y rendront assez à l'avance pour que les officiers-généraux et le chef de l'état-major ayent le temps d'en faire l'inspection.

1116 28. Lorsque les troupes seront arrivées au rendez-vous, le lieutenant-colonel de tranchée les disposera suivant l'ordre dans lequel elles devront occuper la tranchée.

1117 29. Les compagnies de grenadiers dont les bataillons monteront la tranchée, seront toujours les premières.

1118 30. Lorsqu'il aura été commandé des compagnies de grenadiers auxiliaires, celles des bataillons de tranchée auront toujours le pas sur elles, de quelque régiment qu'elles soient.

1119 31. Lorsque le général jugera à propos de faire monter la tranchée à des détachemens de carabiniers et de dragons, ils marcheront après les grenadiers.

1120 32. Il sera formé, par chaque bataillon, avant qu'il entre dans la tranchée, deux piquets de huit escouades, dont l'un marchera à la tête et l'autre à la queue du bataillon, pour être employés et placés au besoin dans les postes ou aux usages que les officiers-généraux pourroient ordonner. Les piquets seront commandés chacun par un capitaine et un lieutenant.

1121 Le reste du bataillon restera formé par compagnies, dans l'ordre ordinaire.

1122 33. Les officiers premiers à marcher commanderont ces deux piquets ; mais leur tour de garde ne sera censé fait que quand les piquets auront été employés séparément de leurs bataillons.

1123 34. Les tambours seront partagés également à la tête et à la queue de chaque bataillon, et il en marchera un seulement avec chaque piquet qui sera détaché séparément dans le temps de la tranchée.

1124 35. Chaque bataillon et chaque compagnie de grenadiers enverront, avant l'heure d'être relevés, un fusilier d'ordonnance à la queue de la tranchée, pour conduire les troupes qui devront les relever.

1125 36. Le lieutenant-colonel de tranchée distribuera les ordonnances, de sorte que chaque troupe de la nouvelle tranchée soit conduite en droiture au poste qu'elle devra occuper. Quant aux bataillons, ils se relèveront l'un l'autre suivant leur rang.

1126 37. Lorsque les nouvelles troupes de tranchée arriveront, celles qui devront la descendre leur céderont le côté le plus près de l'épaulement.

1127 38. Toutes les troupes, soit en montant, soit en descendant la tranchée, marcheront tambour battant et drapeau déployé, portant le fusil sur l'épaule jusqu'au lieu où elles devront commencer à défiler, où, ayant mis la baïonnette au bout du fusil et ôté les couvre-platines (1), elles porteront l'arme au bras.

---

(1) Le règlement de 1809 supprimoit ces mots : *Après avoir ôté les couvre-platines.* (Voy. la note 2e de la page 78 et celle du n° 428.)

1128 3g. Lorsque les troupes auront pris leur posté dans la tranchée, les porte-drapeaux placeront leurs drapeaux sur l'épaulement, et on mettra des sentinelles de distance en distance. Il sera consigné à ces sentinelles d'avertir de ce qu'elles pourront voir sortir de la place, et des bombes qui en partiront.

1129 40. On placera sur l'épaulement de la tranchée, des sacs à terre pour couvrir lesdites sentinelles.

1130 41. Les officiers feront travailler chaque soldat dans son terrain, à élargir la tranchée et à épaissir l'épaulement, pour s'y mettre à couvert du feu de la place.

1131 42. On ne rendra, dans la tranchée, aucun honneur à qui que ce soit; et lorsque le général de l'armée ou les officiers-généraux de tranchée la visiteront, les soldats se tiendront seulement debout, l'arme au bras, faisant face à l'épaulement et prêts à monter sur la banquette; et l'officier sera debout près d'eux, l'épée à la main.

1132 43. Lorsque les troupes sortiront de la tranchée, elles marcheront en colonne renversée, le dernier bataillon marchant le premier, et la compagnie de grenadiers du premier régiment de la tranchée faisant l'arrière-garde du tout.

1133 44. Les troupes étant hors de la tranchée, les commandans des bataillons leur feront faire halte pour les rassembler, et donner le temps à leurs piquets détachés et à leurs compagnies de grenadiers de les rejoindre.

1134 45. Lesdits commandans de bataillon examineront s'il ne manque personne; et lorsque leur troupe sera en état, ils la rameneront en bon ordre au camp, sans permettre que personne s'en sépare pour y aller à l'avance.

1135 46. L'infanterie fera le nombre de gabions, de claies et de fascines qui sera ordonné (1).

---

(1) Voy. *Manuel d'Infanterie*, 4e édition, n° 84.

1136   47. Les gabions et les claies qui seront fournis
à la queue de la tranchée, seront payés au prix
qui aura été réglé, sur les reçus qui en seront donnés par l'officier chargé du détail de la tranchée,
visés de l'ingénieur préposé pour les recevoir, auquel il sera expressément enjoint de rebuter tous
ceux qui ne seront pas bien faits, et dans les pro-
portions ordonnées.

1137   48. Les gabions (1) seront de trois pieds de haut,
y compris le bout des piquets qui devra entrer en
terre ; ils auront deux pieds et demi de diamètre,
et ils seront formés de neuf piquets, chacun de
deux pouces et demi de tour, entrelacés des mêmes
branchages effeuillés, avec lesquels ils seront également serrés par le haut et par le bas , pour qu'ils
ne s'évasent pas plus d'un bout que de l'autre.

1138   49. Les claies (2) auront également six pieds de long
sur trois pieds de large, et seront faites de neuf
piquets de deux pouces et demi à trois pouces de
circonférence, espacés également entre eux, et entrelacés de branchages plus forts que ceux qui devront être employés pour les gabions.

1139   50. Les fascines (3) auront six pieds de long sur
dix pouces de diamètre ; elles seront faites avec des
branchages dont on recroisera les petits brins ; elles
seront liées avec des harts en trois endroits différens, et on lardera dans chaque fascine trois piquets, chacun de trois pieds de long, sur deux à
trois pouces de diamètre.

1140   51. Les bataillons auront toujours à la tête de
leur camp une quantité réglée de fascines, qu'ils rempliront à mesure qu'elle se consommera.

1141   52. Les commandans des corps seront chargés de
veiller à ce que les bois de tranchée soient faits
suivant les dimensions ordonnées, et ils seront res-

---

(1) Voy. *Manuel d'Infanterie*, 4e édition, n°. 87.
(2) Voy. *idem*, n°. 89.
(3) Voy. *idem*, n° 85.

ponsables de ceux qui seront mal faits ; l'inattention sur ce point étant très-préjudicable au service des siéges.

1142   53. Tout soldat allant à la tranchée, soit pour la monter, soit pour y travailler, prendra, en partant de son camp, une fascine qu'il laissera au dépôt de la queue de la tranchée avant d'y entrer.

1143   54. Les gardes des travailleurs armés ou non armés, de jour ou de nuit, soit devant ou dans une place assiégée, seront commandés par un tour particulier, commençant par la tête ; les lieutenans-colonels auront soin d'en conserver le contrôle, afin de continuer ce tour au siége suivant, quelque mouvement que les régimens fassent, même d'une guerre à l'autre (1).

1144   55. Les officiers absens reprendront leur tour de service aux travailleurs, à l'exception de ceux qui auront été pris les armes à la main par les ennemis, lesquels seront dispensés de reprendre les tours qu'ils auront passés jusqu'au temps de leur échange, et de ceux qui auront été blessés, lesquels ne reprendront point non plus les tours qu'ils auront passés la première année de leur blessure, si pendant ce temps, elle les a empêchés de faire aucune autre fonction de leur état.

1145   56. Les détachemens des travailleurs seront de tel nombre d'escouades qu'on jugera à propos de demander, et composés et commandés, ainsi qu'il a été dit pour les divers espèces de détachemens armés.

1146   57. Ces détachemens seront commandés par régimens, suivant leur rang d'ancienneté, et de façon que tous les bataillons fournissent également.

1147   58. Les régimens qui seront de tranchée, qui la descendront ou qui devront la monter le lendemain, ne fourniront point de travailleurs ; mais ils ne devront par moins reprendre leur tour dans la suite

____

(1) Dispositions impraticables.

du siège, et tenir compte de ceux qu'ils auroient dû
fournir ces jours-là.

1148　59. Le nombre des travailleurs commandés sera
fourni exactement; ils seront conduits par un adjudant-major de chaque régiment au rendez-vous,
où les officiers généraux et le chef de l'état-major
les verront quand ils le jugeront à propos; et l'officier préposé pour le détail du siége les verra entrer à la tranchée et les comptera.

1149　60. Les travailleurs entrant à la tranchée, les capitaines marcheront chacun à la tête de leur détachement, et les lieutenans et sous-lieutenans au
centre et à la queue. On fera prendre à chaque tra-
vailleur une pelle, une pioche et une fascine au
dépôt; et s'ils sont armés, ils y laisseront leurs
armes, avec un soldat pour les garder.

1150　61. Les officiers et sergent détachés avec les travailleurs, prendront chacun, au dépôt de la tranchée en y arrivant, un pot en tête et une cuirasse (1);
et les officiers-généraux de tranchée ne souffriront pas
que ces officiers et sergens se dispensent jamais de
prendre ces armes.

1151　62. Chaque commandant d'escouade sera chargé
de faire travailler et contenir les soldats qui la composent; les sergens veilleront sur deux escouades,
et les officiers sur la totalité; mais le capitaine, plus
particulièrement sur la première division; et le lieutenant, sur la seconde.

1152　63. Les travailleurs marcheront dans le plus grand
silence, et se suivront de fort près quand les ingénieurs les placeront.

1153　64. Les officiers qui les commanderont, se tiendront avec leurs détachemens où les ingénieurs les
auront placés, et observeront exactement ce qui leur
aura été prescrit par eux.

---

(1) Nous n'avons point vu cet usage pratiqué depuis 25 ans.
On ne conçoit pas comment le réglement de 1809 à reproduit
cette injonction.

1154 65. Lorsque le travail sera établi, ils se promèneront continuellement le long de leur détachement, pour faire travailler les soldats, les obligeant à s'enterrer promptement, et à mettre ensuite leur ouvrage au meilleur état possible.

1155 66. Les officiers des détachemens qui soutiendront les travailleurs, feront asseoir les soldats, et les empêcheront de quitter leur fusil qu'il leur feront tenir devant eux, la crosse appuyée à terre.

1156 67. Les postes avancés de ces détachemens qui seront commandés par des sous-officiers, resteront couchés à terre jusqu'à ce que la tranchée soit assez profonde pour couvrir un homme jusqu'à la ceinture.

1157 Alors les détachemens ainsi que leurs postes avancés, se retireront dans la tranchée, pour occuper la tête de l'ouvrage qui aura été fait.

1158 68. Dans les sapes, batteries et autres lieux à portée des dépôts de poudre, il ne sera permis à aucun soldat de fumer.

1159 69. En cas de sortie, les travailleurs se retireront promptement dans quelque partie de la tranchée où ils ne puissent pas embarrasser les troupes, et par préférence, dans les lieux où ils auront déposé leurs armes.

1160 70. Les troupes sortiront diligemment de la tranchée pour se porter aux places d'armes, batteries, angles et débouchés qui leur auront été désignés, d'où elles pourront la défendre plus avantageusement, et prendre les ennemis à revers et en flanc; devant éviter sur toutes choses d'occuper la banquette pour défendre l'épaulement, et devant toujours se placer sur le revers de la tranchée.

1161 71. Pendant la sortie, toutes les batteries se dirigeront sur le front de l'attaque pour en écarter les assiégés.

1162 72. Lorsque les troupes auront repoussé l'ennemi, elles observeront de ne pas le poursuivre, et attendront les ordres des officiers-généraux pour reprendre leurs postes dans la tranchée.

1163   73. Aussitôt que l'attaque sera finie, les officiers de travailleurs ramèneront promptement leurs détachemens au travail, et ils en feront l'appel pour connoître ceux qui manqueront et les faire punir en rentrant au camp.

1164   74. L'heure de retirer les travailleurs étant venue, les détachemens retourneront au camp en bon ordre, et les officiers, à leur retour, rendront compte au commandant du régiment de la manière dont les soldats se seront comportés.

1165   75. Les travailleurs de tranchée qui auront été commandés à l'ordre, seront payés de leur travail sur le certificat des ingénieurs qui les auront employés, et l'argent leur sera donné en rentrant au camp, sans qu'il puisse leur être être fait aucune retenue, sous quelque prétexte que ce soit. Les lieutenans-colonels avanceront cet argent le premier jour, et il leur sera remis sur le champ, par le trésorier de l'armée ou de l'artillerie.

1166   76. Quand les officiers-généraux de tranchée auront employé des travailleurs d'augmentation pris dans les bataillons de tranchée, les ingénieurs leur donneront des billets certifiés desdits officiers-généraux.

1167   77. Ces billets seront présentés à l'officier chargé de faire le détail de la tranchée, qui en rendra compte au chef de l'état-major, afin qu'il comprenne ces travailleurs sur l'état qu'il en doit former, et que lesdits travailleurs soient payés sur cet état en rapportant lesdits billets certifiés.

1168   78. Les certificats et billets ci-dessus énoncés, seront remis à chaque détachement, lorsqu'il sortira de la tranchée.

1169   79. S'il arrive qu'un détachement de travailleurs n'ait pas été fourni complet, il ne sera pas donné de certificat à l'officier ; et cependant, comme il est juste que les soldats qui auront été réellement employés,

reçoivent la récompense de leur travail, le commandant du régiment aura soin de les faire payer, moitié sur les appointemens du lieutenant-colonel de
semaine du régiment, et moitié sur ceux du capitaine qui aura marché avec le détachement composé
d'un moindre nombre d'hommes que celui qui aura
été ordonné.

1170   80. Outre les travailleurs de tranchée, il y aura
tous les jours un nombre suffisant de petits détachemens de deux escouades chacun, commandés par
un sergent, qui seront pendant vingt-quatre heures
aux ordres de l'officier préposé au détail du siége.

1171   81. Cet officier les emploiera à rassembler les outils, à faire les différentes distributions, à aller avec
les brancards, et les rapporter au petit hôpital qui
sera établi à la queue de la tranchée.

1172   82. Ces travailleurs seront fournis par tous les ba-
lons de l'armée, chacun à son rang, ainsi que les
travailleurs de tranchée; et seront payés sur les états
arrêtés par le chef de l'état-major.

1173   83. Il sera fourni au siége, quand il en sera besoin, des travailleurs détachés des bataillons de la
ligne, pour aider à la construction des batteries de
canons et de mortiers; d'autres, pour le service des
sapes; et d'autres encore, pour le service des mines;
ces travailleurs seront payés au prix réglé par l'artillerie.

1174   84. Si le général juge à propos d'affecter quelques régimens ou bataillons pour ce service, ces régimens ou bataillons seront dispensés de faire tout
autre service pour le siége, que celui de monter la
tranchée à leur tour; ce qui n'empêchera pas que
leurs compagnies de grenadiers ne fournissent à leur
rang, ainsi que les compagnies de grenadiers des
autres régimens, les grenadiers auxiliaires dont on
jugera à propos d'augmenter la tranchée.

1175   85. Lorsqu'il sera tiré des travailleurs à quelques
travaux que ce soit du siége, la paye desdits travailleurs sera répartie entre les soldats des détachemens dont ils faisoient partie.

1176   86. Dès le commencement de chaque siége , il y aura deux sergens affectés pour demeurer pendant tout le temps de sa durée auprès du commandant des ingénieurs; un autre, auprès de l'ingénieur chargé du détail de la tranchée ; et deux autres, à chaque brigade d'ingénieurs : ces sergens ne feront pas d'autre service.

1177   Ils seront payés sur le certificat du lieutenant-colonel du génie.

1178   87. Lorsqu'une place sera prise d'assaut, les officiers contiendront leurs soldats, et empêcheront qu'ils ne se dispersent pour piller, et surtout ne fassent aucun tort ni violence dans les églises ou monastères d'hommes ou de filles sous peine de la vie (1).

1179   88. Comme il est cependant juste que la ville qui se laisse prendre d'assaut se rachette du pillage, il sera réglé par le général la somme qu'elle devra payer, et elle sera répartie sur le champ aux troupes qui l'auront emportée (2).

1180   89. Les blés , vins et autres munitions de bouche ou de guerre qui se trouveront dans les villes prises d'assaut, seront réservés pour les magasins de l'armée , et remis à ceux qui auront été chargés d'en faire la recherche ; et le trésor appartenant au prince à qui appartiendra la place, ou aux troupes qui la défendoient , sera conservé, et mis entre les mains du trésorier de l'armée (3)

---

(1) Le réglement de 1809 terminoit ainsi cet article : *Et surtout qu'ils ne fassent aucun tort ni violence , sous peine de la vie.*

(2) Le réglement de 1809 supprimoit cet article.

(3) Le réglement de 1809 faisoit suivre *le titre XXXIV* d'un autre titre intitulé : *De la défense des places en état de siége.* Les dispositions que contient *ce titre* ont été reproduites d'une manière plus étendue dans le *réglement du 24 décembre 1811,* transcrit à la fin de ce volume.

TITRE XXXV (1).

Des Camps de Paix et d'Exercice.

1181   Art. 1er. Les troupes se conformeront sur tous les points de service, de discipline et police, à ce qui est prescrit dans le présent réglement pour lesdites armées.

1182   2. A l'arrivée des troupes au camp, on fera battre des (2) bans pour publier les mêmes défenses qui seront ordonnées par le général commandant le camp.

1183   3. Les colonels et commandans des corps ne pourront permettre à aucun soldat de passer les gardes ordinaires du camp, sans des congés (3) approuvés du général, et visés par le chef de l'état-major.

1184   4. En arrivant au camp, les officiers des compagnies retireront toutes les balles et autres plombs que les soldats pourront avoir, n'étant permis à aucun d'eux d'en avoir d'autres que celui qui sera donné pour monter la garde.

1185   5. Lorsqu'on assemblera les détachemens destinés pour les gardes du camp, des magasins et des prisonniers, les sergens-majors des compagnies don-

---

(1) Copié mot à mot du dernier *titre* du réglement de 1778, et reproduit sans aucun changement par le *titre XXXVIII* du réglement de 1809. Voy. régl. de 1753, article 748. Le réglement de 1809 faisoit suivre le dernier *titre* du réglement de 1792 d'un *titre* nouveau qui n'étoit autre que l'instruction de l'an 12 sur le campement; cette instruction est transcrite à la fin du présent volume.

(2) Voyez n° 52.

(3) Le mot *congé* est le mot des anciens réglemens, il suppose une absence d'une certaine durée. Aujourd'hui on donneroit seulement le nom de *permission*, à l'autorisation accordée à un soldat, de passer les gardes ordinaires; et on n'exigeroit plus qu'elle fût revêtue de la signature du général.

neront trois balles (1) à chaque soldat commandé
pour lesdites gardés, et auront l'attention la plus
exacte de les retirer au retour du détachement.

1186   6. Il sera défendu à tous les marchands du quartier-général, à ceux des villes et villages des environs, de vendre aucune sorte de plomb aux soldats,
ni même aux valets des troupes, à peine de *cent
livres d'amende.*

1187   7. Le commandant de la gendarmerie employé au
camp, veillera à la police et discipline, ainsi qu'il
a été ordonné pour les armées; et les autres officiers
de ladite gendarmerie dont les résidences seront dans
le voisinage, y concourront avec lui, en arrêtant
tous les soldats qu'ils rencontreront hors des gardes,
ou faisant du désordre.

1188   8. Les maires, officiers municipaux, et habitans
des villes et lieux qui seront dans les environs du
camp, feront de même arrêter et mettre en prison
tous les soldats qui s'y présenteront, et en donneront avis au commandant de la gendarmerie du camp,
qui les enverra prendre.

1189   9. Les camps de paix ayant particulièrement pour
but l'instruction des officiers et les manœuvres générales, il n'y sera jamais exercé moins d'un batailllon à la fois.

1190   10. Il n'y sera pareillement fait aucun exercice de
détail ou de classe; les soldats ayant dû être instruits
de tous les principes dans les garnisons et quartiers,
et aucun régiment ne devant être admis auxdits
camps, qu'il ne soit parfaitement instruit et dressé.

1191   11. Les régimens y seront pareillement habitués à

____

(1) Cet article est emprunté des réglemens publiés à des
époques où l'on ne faisoit point encore de *cartouches à balles:*
Ce seroit maintenaut des cartouches à balles qu'on délivreroit.
Cependant l'ancienne méthode indiquée ici, seroit peut être,
en beaucoup de cas, préférable et plus économique. (Voyez
Manuel d'Infanterie, 4ᵉ édition, nᵒ 45.)

tendre (1) et détendre promptement leur camp, à se former de même en bataille, à faire des marches vives, et arriver au bout de quelques heures et sans traîneurs ; à passer rapidement un bois, ravin ou défilé, et à se réformer de même ; à ne faire enfin que les manœuvres et les mouvemens qui se présentent le plus souvent à la guerre.

1192   12. Lorsque les régimens auront été exercés ainsi pendant quelques jours, toute l'infanterie du camp exécutera des ordres de marche et de bataille, les officiers-généraux formeront les colonnes, les conduiront, feront observer les distances entre elles, et les déploieront au premier signal, pour se mettre en bataille ; sur le front ou sur les flancs, dans tous les ordres que le général jugera à propos de former.

1193   13. Il sera fait ensuite des détachemens, fourrages, convois, etc. avec les mêmes précautions qu'à la guerre ; les officiers supérieurs qui les commanderont étant seulement instruits par le commandant du camp, de l'objet proposé, et restant absolument maîtres des dispositions à faire (2) pour leur exécution, afin de montrer s'ils en sont capables ; le général leur fera connoître en quoi ils pourroient avoir manqué, et fera rectifier celles qui auroient été mauvaises ou mal exécutées.

1194   14. Si un régiment ne paroissoit pas, pendant la durée du camp, apporter assez de célérité, d'ordre et de silence dans ses manœuvres, s'il n'étoit pas parfaitement instruit de tous les détails et principes d'instruction, ou qu'il se fût écarté de ceux prescrits par les réglemens sur l'exercice et les manœuvres ; lorsque les troupes se sépareront, le commandant

---

(1) Le réglement de 1809 supprimoit ces mots : *A tendre et à détendre leur camp*. Voyez l'instruction de l'an 12 sur le campement, transcrite ci-après.

(2) Ce que prescrit cet article est parfaitement sage. Il est malheureusement trop fréquent de voir des officiers-généraux n'en être pas assez pénétrés.

du camp en avertira le commandant dudit régiment pour qu'en rentrant dans son quartier, il y soit appliqué sans relâche.

Fait à Paris le 5 avril 1792.

Signé LOUIS.

Et plus bas, De Grave.

RECUEIL

CHRONOLOGIQUE

D'Extraits puisés dans toutes les dispositions légales qui traitent du service militaire soit en cas de siége, soit en campagne;

OU

Rapprochement et comparaison de tous les matériaux qui semblent de nature à entrer dans la composition du règlement à intervenir.

RECUEIL

CHRONOLOGIQUE

D'Extraits puisés dans toutes les dispositions légales qui traitent du service militaire, soit en cas de siége, soit en campagne.

LOI DU 10 JUILLET 1791.

Conservation et classement des places de guerre.

1195 TIT. Ier, art. 5. Les places de guerre, et postes militaires seront considérés sous trois rapports; savoir : dans l'état de paix, dans l'état de guerre et dans l'état de siége.

1196 7. Dans les places de guerre et postes militaires, lorsque ces places et postes, seront en état de guerre, les officiers civils ne cesseront pas d'être chargés de la police intérieure ; mais ils pourront être requis par le commandant militaire, de se prêter aux mesures d'ordre et de police qui intéresseront la sureté de la place ; en conséquence, pour assurer la responsabilité respective des officiers civils et des agens militaires, les délibérations du conseil de guerre, en vertu desquelles les réquisitions du commandant militaire auront été faites, seront remises et resteront à la municipalité.

1197 10. Dans les places de guerre et postes militaires, lorsque les places et postes seront en état de siége, toute l'autorité dont les officiers civils sont revêtus par la constitution, pour le maintien de l'ordre et de la police intérieure, passera au commandant militaire, qui l'exercera exclusivement sous sa responsabilité personnelle.

1198 11. Les places de guerre et postes militaires seront en état de siége, non-seulement dès l'instant que les attaques seront commencées, mais même aussitôt que, par l'effet de leur investissement par les troupes ennemies, les communications du dehors au dedans, et du dedans au dehors seront interceptées à la distance de dix-huit cents toises des crêtes des chemins couverts.

1199   12. L'état de siége ne cessera que lorsque l'investissement sera rompu; et, dans le cas où les attaques auroient été commencées, qu'après que les travaux des assiégeans auront été détruits, et que les brèches auront été réparées, ou mises en état de défense.

1200   36. Lorsqu'une place sera en état de guerre, les inondations qui servent à sa défense ne pourront être tendues ou mises à sec, sans un ordre exprès du Roi; il en sera de même pour les démolitions des bâtimens ou clôtures qu'il deviendroit nécessaire de détruire, pour la défense desdites places; et, en général, cette disposition sera suivie pour toutes les opérations qui pourroient porter prejudice aux propriétés et aux jouissances particulières.

1201   37. Dans le cas d'urgente nécessité qui ne permettroit pas d'attendre les ordres du Roi, *le commandant* des troupes assemblera le conseil de guerre à l'effet de délibérer sur l'état de la place et la défense des environs, et d'autoriser la prompte exécution des dispositions nécessaires à sa défense.

RÉGLEMENT DU 1er AVRIL 1792.

Service de l'artillerie en campagne.

1202   L'artillerie de campagne sera distinguée, etc. (1),

----

(1) Si ce règlement n'a point pris place ici, c'est parce que le comité central d'artillerie s'occupe en ce moment, par l'ordre de M. le maréchal de Feltre, ministre de la guerre, de la révision de toute la législation qui concerne l'*artillerie*. Voy. *Mémorial de l'Officier d'infanterie*, 2e édition, p. 274.

Règlement du 1er. avril 1792.

Service de l'artillerie dans les siéges.

1203 Le service de l'artillerie dans les siéges sera commandé etc. (1).

Extrait du décret du 26 juillet 1792 (2).

Moyens de conserver les places fortes.

1204 Art. 1er. Tout commandant de place forte ou bastionnée, qui la rendra à l'ennemi avant qu'il y ait brêche accessible et praticable au corps de ladite place, et avant que le corps de la place n'ait soutenu au moins un assaut (3), si toutefois il y a un retranchement intérieur derrière la brêche, sera puni de mort, à moins qu'il ne manque de munitions ou de vivres.

1205 2. Les places de guerre étant la propriété de tou^t le royaume, dans aucun cas, les habitans, ni corps administratifs ne pourront requérir un commandant de la rendre, sous peine d'être traités comme des révoltés et traîtres à la patrie.

Extrait du code pénal (4) du 21 brumaire an 5 (5).

Tit. III. *De la trahison.*

1206 Art. 1er. Tout militaire ou autre individu attaché à l'armée ou à sa suite, convaincu de trahison, sera puni de mort.

1207 2. Sont réputés coupables de trahison :

1208 1°. Tout individu qui, en présence de l'ennemi,

---

(1) Voyez la note de la page précédente.
(2) Voyez n°. 1655 et 1677.
(3) Voy. n° 1215.
(4) Voyez *Mémorial de l'Officier d'infanterie*, 2e édition, page 64. Voy. note du n° 1054.
(5) Voyez n°. 1655.

sera convaincu de s'être permis des clameurs ten-
dant à jetter l'épouvante et le désordre dans les
rangs ;

1209 2°. Tout commandant d'un poste, toute sentinelle
ou vedette qui, en présence de l'ennemi, soit à l'armée, soit dans une place assiégée, aura donné de
fausses consignes, lorsque par suite de cette faute,
la sûreté aura été compromise ;

1210 3°. Tout commandant d'une patrouille, à l'armée
ou dans une place assiégée, qui, envoyé en présence de l'ennemi pour faire quelque découverte
ou reconnoissance locale, aura négligé d'en rendre
compte, ou bien n'aura pas exécuté ponctuellement
l'ordre qui lui étoit donné, lorsque, par suite de sa
négligence ou de sa désobéissance, le succès de quelque opération militaire se sera trouvée compromis.

1211 4°. Tout commandant d'un poste à l'armée, en
présence de l'ennemi, ou dans une place assiégée,
qui n'auroit pas rendu compte à celui qui le relève,
des découvertes qu'il auroit faites, soit par lui-même,
soit par ses patrouilles, lorsque, par suite de son
silence, la sûreté du poste se sera trouvée compromise ;

1212 5°. Tout militaire convaincu d'avoir communi-
qué le secret du poste, ou le mot d'ordre à l'ennemi ;

1213 6°. Tout militaire ou autre individu attaché à
l'armée ou à sa suite, qui entretiendroit une correspondance dans l'armée ennemie, sans la permission de son supérieur ;

1214 7°. Tout militaire ou autre individu attaché à
l'armée ou à suite, qui, sans ordre de son supérieur ou sans motif légitime, auroit encloué ou mis
hors de service un canon, mortier, obusier ou affut ;
ainsi que tout charretier ou conducteur qui, dans
une affaire de déroute ou retraite, en présence de
l'ennemi, auroit, sans les ordres de son supérieur,
coupé les traits des chevaux, brisé ou mis hors de
service aucune pièce de train ou équipage confié à sa
conduite ;

1215 8°. Tout commandant d'une place assiégée, qui, sans avoir pris l'avis, ou contre le vœu de la majorité du conseil militaire de la place (auquel devront toujours être appelés les officiers en chef de l'artillerie et du génie), aura consenti à la reddition de la place, avant que l'ennemi y ait fait brèche praticable, ou qu'elle n'ait soutenu un assaut (1);

1216 9°. Tout commissaire ordonnateur, ou autre en faisant les fonctions, qui n'auroit pas pourvu aux distributions des vivres et fourrages ordonnées pour toutes les parties du service confiées à sa surveillance, lorsqu'il en avoit les moyens; ou qui auroit négligé ou refusé d'instruire le général en chef de l'armée, ou d'une division détachée de l'armée du besoin en ce genre de ladite armée ou division, si, par suite de cette prévarication, le salut de l'armée, ou le succès de ses opérations a été compromis.

LOI DU 11 FRIMAIRE AN 6.

Conseils de guerre dans les places assiégées.

1217 Art. 1er. Dans toute place de guerre investie et assiégée, il sera formé des conseils de guerre et de révision, dont les membres seront pris, sur la désignation du commandant en chef de la place, parmi les officiers et sous-officiers de la garnison.

1218 2. La durée de leurs fonctions ne pourra excéder celle de l'état de siége.

1219 3. Les présidens de ces conseils adresseront au ministre de la guerre, aussitôt qu'il leur sera possible, copie certifiée des jugemens rendus.

1220 4. Les lois relatives aux conseils de guerre et de révision permanens, sont communes à ceux établis par la présente, en tout ce qui n'y est pas contraire.

---

(1) Voyez n° 1204.

EXTRAIT DE L'ARRÊTÉ DU 16 MESSIDOR AN 7.

Defense des places.

1221   Art. 1er. Tout commandant de place forte qui auroit capitulé avec l'ennemi pour rendre une place qui lui étoit confiée, sans avoir forcé les attaquans de passer par les travaux lents et successifs des siéges, et avant d'avoir repoussé au moins un assaut au corps de place, sur les brêches praticables (1), sera traduit à un conseil de guerre pour être jugé conformément aux lois.

1222   2. Les membres du conseil de guerre qui auront signé ces honteuses capitulations, et ceux qui, ayant droit d'y assister, n'auroient pas protesté contre, seront également traduits au conseil de guerre pour être jugés suivant la rigueur des lois.

EXTRAIT DE L'ARRÊTÉ DU 24 THERMIDOR AN 8.

l'Hôpital ambulant.

1223   Art. 25 L'ambulance de chaque armée sera calculée en raison de la force de l'armée, et organisée au complet; on y joindra un supplément ou réserve tant en approvisionnemens qu'en officiers de santé, employés d'administration et infirmiers. Tous les moyens de service qui devront être rassemblés, seront réglés et arrêtés par l'ordonnateur en chef, de concert avec le directoire (2) chargé d'y pourvoir, et des officiers de santé en chef, chacun pour ce qui le concerne. On se rapprochera autant qu'il sera possible pour ce qui doit composer l'hôpital ambulant, tant en effets et ustensiles qu'en denrées et médicamens, de ce qui est prescrit pour les hôpitaux sédentaires.

1224   26. L'ambulance sera organisée de manière à pou-

---

(1) Voyez n° 1204 et 1215.
(2) Il existoit alors un directoire des hôpitaux.

voir être divisée en dépôt d'ambulance, divisions d'ambulance, sections d'ambulance, et ambulance volante.

1225 Le dépôt d'ambulance sera le résidu de l'ambulance elle même, lorsqu'elle aura fourni au service de l'armée.

1226 On donnera le nom de division d'ambulance à la portion de l'ambulance destinée au service d'une division ou colonne d'armée.

1227 Le nom de section d'ambulance sera donné à la portion de l'ambulance destinée au service des avant-postes des petits corps détachés.

1228 L'ambulance volante sera placée à l'avant-garde, afin d'être toujours à portée de se rendre sur le champ de bataille, dans le moment de l'action, pour administrer les premiers secours aux blessés.

1229 La force des divisions et des sections de l'ambulance, ainsi que celle de l'ambulance volante, sera proportionnée à celle du corps auquel elles seront attachées.

1230 27. Les divisions d'ambulance destinées à suivre les différentes colonnes de l'armée, seront organisées sur le pied d'hôpitaux temporaires, dans la proportion de soixante jusqu'à cent cinquante demi-fournitures ; et elles réuniront, tant au personnel qu'au matériel, tous les moyens nécessaires, de manière à former sur-le-champ un ou plusieurs hôpitaux de premiers secours, même sous la tente à défaut de bâtiment. Ces divisions seront sous la police et surveillance d'un commissaire des guerres, qui correspondra avec l'ordonnateur chargé de la police supérieure de l'ambulance.

1231 28. Les sections d'ambulance destinées à être réparties sur les différens points où l'on peut prévoir quelques chocs partiels, contiendront dans un ou deux caissons, outre six demi-fournitures et effets accessoires, tous les moyens de pansement, tels que caisses d'instrumens, bandes, charpie, compresses, pain, vin, eau-de-vie, vinaigre, sel, bouillon, etc.

1232   Ces objets seront confiés à un ou deux employés ;
il y sera attaché le nombre de chirurgiens jugé
nécessaire par les officiers de santé en chef, et six
infirmiers.

1233   La police et le mouvement en seront confiés aux
commissaires des guerres chargés des avant-postes,
ou à celui qui se trouvera le plus à proximité.

1234   29. L'ambulance volante sera attachée à l'avant-
garde, et, pendant le combat, elle se portera sur
tous les points où l'action sera le plus vive, afin
d'y donner les secours d'urgence.

1235   Les chirurgiens et les employés qui composeront
l'ambulance volante, seront montés sur des chevaux équipés à la légère avec porte-manteau (1).

1236   Il sera attaché à l'ambulance volante quatre infirmiers, et un caisson attelé de quatre chevaux, lequel
contiendra six couvertures, deux brancards, une
caisse d'instrumens de chirurgie, et les autres objets détaillés en l'article 28. (Voy. n° 1231).

1237   30. A la suite du dépôt d'ambulance, ainsi que
des divisions ou sections détachées, il y aura un
nombre suffisant de brancards pour recueillir les
blessés ; et, en outre, une quantité de voitures toujours garnies de paille, cerceaux et toiles, pour les
transporter commodément au dépôt, d'où il seront
successivement évacués sur l'hôpital le plus voisin.

1238   32. Le jour d'une bataille, le dépôt de l'ambulance sera placé en arrière du centre de l'armée, et
aussi près qu'il sera possible sans en compromettre
la sûreté. Tous les objets nécessaires au pansement
et au soulagement des blessés seront déployés ; les
premiers secours seront administrés ; et les blessés seront de suite transportés dans les hôpitaux de
première et seconde ligne.

1239   Des divisions et sections d'ambulance pourront se
porter au centre et sur les ailes, de manière à pouvoir se replier l'une sur l'autre, et se réunir suivant
le besoin.

____

(1) Voy. ci-après n° 1294.

1240 *Réception des malades.* — 33. Nul ne sera reçu dans les hôpitaux des armées sans un billet (1) contenant les noms, prénoms, grade ou emploi, lieu de naissance, municipalité et département (2).

1241 34. Ce billet sera signé par l'officier commandant la compagnie ou le détachement, le quartier-maître et le chirurgien du corps ; celui-ci indiquera sommairement la nature de la maladie, et les moyens de guerison déjà employés.

1242 Ces billets remplis sur des cartouches imprimées, seront écrits visiblement sans ratures, et les dates y seront en toutes lettres.

1243 35. Dans le cas où des militaires isolés en route, se trouvant malades, ne pourroient prendre de leurs officiers des billets d'entrée dans la forme ci-dessus prescrite, les commissaires des guerres, en leur absence les maires, expédieront les billets d'entrée, et sur-le-champ, ils en donneront avis au corps.

1244 38. Le jour d'une action, la formalité des billets n'étant pas compatible avec la promptitude nécessaire au service, les blessés seront reçus sur le vû de leurs blessures.

1245 Les préposés de l'administration ne négligeront rien pour se procurer des renseignemens sur les entrans ; ils feront de fréquens appels pour parvenir à les connoître.

1246 39. Dans les quatre jours qui suivront une action, il sera envoyé dans les hôpitaux, des officiers pour reconnoître les malades et blessés de leurs corps respectifs, et pour leur expédier des billets d'entrée, en y rappellant la date du jour de leur arrivée à l'hôpital.

1247 40. Les prisonniers de guerre recevront, dans les hôpitaux, les mêmes soins que les autres malades et

---

(1) Cette forme ne sauroit être exigible un jour d'action. Voy. n° 1244 ci-après.

(2) Les billets doivent contenir de plus le n° matriculaire. (Circulaire du 11 brumaire an 11). Voy. *Mémorial de l'Officier d'Infanterie*, 2e édition, pag. 901.

11*

blessés ; et pour leur réception, on suivra, autant
que possible, les formes ci-dessus prescrites.

1248   *Transport des malades.* — 53. Les malades et
blessés seront évacués journellement de l'hôpital ambulant sur l'hôpital provisoire le plus voisin.

1249   Pour prévenir l'engorgement des hôpitaux de première ligne, les malades et blessés susceptibles de
transport, seront reversés, de proche en proche,
jusque sur les hôpitaux de troisième et de quatrième
ligne, s'il est nécessaire.

1250   55. Les officiers de santé chargés du service à l'hôpital ambulant, et dans les hôpitaux les plus voisins
de l'armée, désigneront, chaque jour, les malades
en état d'être transférés le lendemain.

1251   61. Pour l'ordre et la sûreté de la route, le commissaire des guerres demandera un détachement de
la garde. L'officier ou sous-officier commandant le
détachement recevra la consigne du commissaire des
guerres ; et cependant ledit commandant ne pourra
se dispenser d'obtempérer aux réquisitions de circonstances que l'officier de santé, ou l'employé d'administration, accompagnant l'évacuation, pourroit
lui faire pendant la route.

1252   La consigne à donner aux commandans aura pour
objet principal d'empêcher qu'aucun malade ne s'é-
carte du convoi et ne s'arrête pour prendre des boissons ou alimens autres que ceux prescrits par l'officier de santé, de veiller aussi à ce que dans la
route, il ne se joigne aucun militaire qui ne seroit
pas compris sur la feuille d'évacuation.

1253   62. Si l'on ne pouvoit faire usage des voitures affectées au transport des malades, il en sera fourni,
sur la réquisition du commissaire des guerres, par
l'administration municipale du lieu, ou par les autres
autorités constituées : ces voitures seront solides,
légères et bien garnies de paille ; les préposés de l'administration seront tenus d'avoir en réserve les cerceaux et les toiles nécessaires pour couvrir les voitures.

1254 On évitera d'employer au transport des malades ;
les caissons destinés à voiturer les effets et comestibles ; ces caissons devant toujours être disponibles
au premier ordre.

1255 64. Le convoi sera toujours accompagné d'un ou
de plusieurs chirurgiens auxquels seront confiées les
feuilles de visite destinées à éclairer les officiers
de santé en chef de l'hôpital qui devra recevoir les
malades. Ces chirurgiens remédieront aux accidens
qui pourroient survenir pendant la route ; ils seront
munis, à cet effet, des objets nécessaires.

1256 65. Feront aussi partie dudit convoi, un commis
de l'administration, ainsi qu'un nombre suffisant
d'infirmiers, pour que les malades ou blessés ne
manquent d'aucun secours.

1257 66. Lors de l'arrivée du convoi à sa destination,
il sera fait un nouvel appel des malades portés sur
la feuille d'évacuation.

1258 Dans le cas où il se trouveroit des militaires autres
que ceux dénommés dans ladite feuille, et qui ne seroient pas reconnus malades par les officiers de santé,
il en sera rendu compte au commissaire des guerres,
pour qu'il les fasse rejoindre sans délai.

1259 Le commandant du détachement prendra ensuite
du commissaire des guerres, ou à son défaut, de
l'économe de l'hôpital, un certificat qui indiquera
l'heure et l'ordre dans lesquels les malades seront
arrivés ; il remettra ce certificat au commissaire des
guerres du lieu du départ, et il lui rendra compte
de la conduite qu'auront tenue les malades pendant
la route.

1260 67. Les officiers de santé en chef chargés du service, ne se permettront jamais de désigner, pour
être évacué, aucun malade ou blessé dont le transport pourroit compromettre la vie.

1261 Les malades dont les indispositions seroient légères
ou susceptibles d'être terminées en peu de jours, ne
seront pas évacués au-delà de la première ligne.

1262 *Vénériens et galeux.* — Art. 69. Il y aura, à la plus
grande proximité des armées, des hôpitaux exclusi-

vement destinés au traitement des galeux et des vénériens.

1263   70. Dans le cas où un seul hôpital seroit assez spa-
cieux pour contenir les uns et les autres, le local
sera disposé de manière qu'il ne puisse y avoir aucune communication entre eux.

1264   71. Les chirugiens des corps armés enverront
dans les hôpitaux susdits, les militaires auxquels
ils auront reconnu des signes vénériens bien
caractérisés ou une gale soit rebelle soit compli-
quée.

1265   72. La gonorrhée simple sera traitée à la caserne
ou sous la tente. Les officiers de santé chargés du
traitement des vénériens, sont autorisés à refuser
l'entrée des hôpitaux aux militaires affectés de ces
maladies légères; ils les désigneront sur-le-champ au
commissaire des guerres chargé de la police, pour
qu'il leur fasse rejoindre leur corps où ils devront
être traités.

1266   75. Les militaires affectés de gales simples ou de
gonorrhées de même nature, seront traités sous la
tente; savoir : pour les armées du midi, depuis le
premier floréal jusqu'au premier vendémiaire; et
pour les armées du nord, depuis le premier prairial
jusqu'au premier vendémiaire.

1267   76. On suivra, pour les armées de l'ouest, la
même mesure que pour celles du nord,

1268   77. Il y aura dans les camps, ou à la suite de
chaque corps d'armée, un certain nombre de tentes
placées séparément des autres, lesquelles seront destinées au traitement des galeux. Les militaires attaqués de gonorrhées simples ne seront point assujettis à cette séparation pour être traités.

1269   78. Il sera placé un nombre suffisant de sentinelles pour empêcher la communication des galeux
avec le reste du camp.

1270   79. Les galeux ainsi traités, ne seront point soumis à un régime particulier; ils se réuniront en ordinaires pour préparer leurs alimens comme à la
chambrée.

1271 Lorsqu'ils ne seront point en assez grand nombre pour opérer cette réunion, les alimens leur seront envoyés par leur compagnie.

1272 80. Les officiers de santé des corps armés qui composeront le camp, seront chargés de ce traitement, chacun pour le corps auquel il est attaché.

1273 81. Le chirurgien du camp, le plus ancien de service, aura la surveillance du traitement des galeux, sur sa responsabilité; il convoquera ses confrères tous les dix jours afin de se concerter sur les moyens d'amélioration qu'ils jugeroient nécessaires.

1274 82. Si parmi les chirurgiens du corps il se trouvoit un chirurgien de première classe, la surveillance lui appartiendroit; elle seroit dévolue au plus ancien de ce grade, s'il s'en trouvoit plusieurs.

1275 83. Les médicamens strictement nécessaires au traitement sous la tente, des militaires galeux ou affectés de gonorrhées simples, seront fournis, tout confectionnés, par les hôpitaux militaires les plus voisins; on en excepte les boissons qui seront faites sur les lieux.

1276 84. Ces médicamens seront délivrés sur le bon du chirurgien qui aura la surveillance du traitement, lequel sera tenu de justifier de leur emploi par un état détaillé de ses consommations, auquel il joindra le mouvement des galeux, pour le tout être adressé, à la fin de chaque mois, au directoire près de l'armée, et aux officiers de santé en chef.

1277 85. Ce mouvement sera visé par le commissaire des guerres et le commandant du camp, lesquels seront tenus de visiter souvent ces établissemens et d'y maintenir la police.

1278 *Officiers de santé en chef.* — Art. 119. Il y aura à chaque armée, pour y diriger et surveiller les diverses parties de l'art de guérir, un médecin, un chirurgien et un pharmacien en chef.

1279 Lorsqu'il aura été jugé nécessaire d'attacher à une armée un second médecin, chirurgien ou pharmacien en chef, cet adjoint sera aux ordres du premier, auquel il rendra compte de ses opérations.

1280　120. Le poste des officiers de santé en chef de l'armée sera habituellement au quartier-général, afin qu'il soit à portée de recevoir et transmettre les ordres nécessaires.

1281　121. Le service du quartier-général sera particulièrement affecté aux officiers de santé en chef.

1282　122. Les fonctions des chefs du service de santé étant non-seulement de procurer aux malades une prompte et sûre guérison, mais encore de prévenir par leurs conseils les causes qui produisent les maladies ; ils prendront, soit par eux-mêmes, soit par la correspondance la plus suivie avec les autres officiers de santé de l'armée, une connoissance exacte de la situation des camps et des lieux occupés par les troupes, de la qualité des eaux potables, et de celle des alimens de tout genre.

1283　*Chirurgiens.* — Art. 155. Lorsqu'une action aura été prévue, le chirurgien en chef rappellera à l'ambulance tous les chirurgiens des divers grades qui ne seroient pas absolument nécessaires dans les hôpitaux temporaires ; ces chirurgiens, en retournant ensuite à leur poste, accompagneront les blessés qui pourroient être transportés.

1284　157. Le jour d'une bataille, le chirurgien en chef se tiendra à l'hôpital ambulant. Il attachera à chacune des divisions d'ambulance, prescrites par l'article 25, etc, un nombre suffisant de chirurgiens qui seront munis de tous les objets nécessaires au pansement et au transport des blessés.

1285　Le chirurgien en chef ordonnera à l'ambulance volante de porter des secours partout où l'action paroîtra plus vive ; les divisions de l'ambulance suivront les mouvemens de l'armée. et après avoir donné les premiers secours aux blessés, elles les feront évacuer sur les hôpitaux de première et deuxième ligne.

1286　Ces divisions de chirurgiens agiront toujours de manière à pouvoir se replier l'une sur l'autre, ou à se réunir toutes, suivant le besoin et les ordres qui seront donnés.

1287 158. Lors du siége (1) d'une place, le chirurgien en chef ordonnera, pour le service de la tranchée, une division de chirurgiens qui seront munis de tous les objets convenables. Cette division sera remplacée par un autre, à l'heure où l'on relève la tranchée.

1288 *Pharmaciens.* — Art. 175. Les pharmaciens attachés pendant la campagne à une division d'ambulance, ne s'éloigneront pas du caisson affecté au transport de la pharmacie, afin d'être toujours à portée de parer sur-le-champ aux événemens qui pourroient survenir en route, et d'avoir sous la main les différens articles indispensables au service.

1289 *Pharmacies.* — Art. 187. Les pharmacies ambulantes ne seront composées que des objets propres à donner les premiers secours.

1290 188. Dans le cas où, lors d'une retraite, on seroit forcé d'abandonner des malades à l'ennemi, le pharmacien délivrera les médicamens jugés nécessaires par les officiers de santé en chef, qui en signeront l'état, à l'officier de santé qui sera chargé de rester près de ces malades pour en suivre le traitement ; celui-ci en donnera récépissé, et sera tenu d'en rendre compte à son retour.

1291 *Equipage d'ambulance.* — Art. 365. Avant l'ouverture de la campagne, il sera mis à la disposition du service des hôpitaux, le nombre d'hommes, de chevaux, mulets, et caissons reconnus nécessaires pour le service des ambulances, et la direction centrale en fera la répartition sur les armées, dans la proportion qui sera réglée pour chacune d'elles.

1292 367. Les caissons à quatre roues seront attelés de quatre chevaux ; ceux à deux roues le seront de trois chevaux ; ils seront tous recouverts d'une toile enduite. Ils porteront les mots : *Hôpital ambulant,* n.º   sur le berceau de chaque caisson.

____

(1) Voyez nᵒˢ 1089 et 1203.

1293   368. La force de l'équipage d'ambulance sera calculée et établie d'après celle de l'armée, à raison de deux caissons par mille hommes sous les armes.

1294   369. Indépendamment des chevaux d'attelage, et de rechange, il sera entretenu le nombre de chevaux de selle nécessaire à l'organisation et au service de l'ambulance volante qui devra être formée à la suite de chaque armée, conformément à l'article 29. (Voy. n° 1235.).

1295   372. Indépendamment de l'équipage susdit, il sera réuni au corps ou parc d'ambulance, à la diligence du commissaire ordonnateur, un certain nombre de voitures à loyer ou de réquisition ; lesquelles seront destinées au transport des malades et blessés des dépôts d'ambulance sur les hôpitaux de première et seconde ligne.

1296   373. Le directoire des hôpitaux de l'armée sera chargé de faire disposer une quantité suffisante de cerceaux et de toiles d'un tissu ferme et serré, pour couvrir, lors des évacuations, ces voitures, qui devront être aussi garnies amplement de paille fraiche et non foulée.

1297   376. Ils feront (*les capitaines d'équipages*) chaque jour, la visite des chevaux, caissons et harnois ; ils feront exécuter sur-le-champ, les réparations nécessaires, et seront personnellement responsables des retards qui pourroient être attribués à leur négligence.

1298   *Inhumations*, etc. — 480. Aussitôt après une action, le commissaire ordonnateur chargé de la police des hôpitaux, commandera le nombre d'hommes suffisant pour la recherche de tous les morts et les enterrer.

1299   485. (alinéa second.) A la suite d'une bataille ou d'une action, ou dans le cas d'un siège, les commissaires des guerres et les économes des hôpitaux se procureront, dans les régimens, bataillons et autres corps, les noms de ceux qui ont été tués. Ils réuniront sur les décédés tous les renseignemens possibles, pour les inscrire sur leurs registres, afin de fournir aux familles les extraits mortuaires.

Extrait du réglement de 1809.

Campement de l'infanterie (1).

1300   La présente instruction (2) n'entrera dans les détails que pour le campement d'un bataillon, parce qu'un bataillon une fois campé, tous les autres peuvent l'être de la même manière.

1301   L'étendue d'un camp doit être déterminée d'après la force de la troupe qui doit l'occuper. Le camp doit être couvert par la troupe en bataille; ainsi il faut connoître l'espace qu'occupe une troupe en bataille, pour assigner l'étendue du front du camp. On a pris pour base de cette instruction le camp d'un bataillon de 840 hommes. Le chef d'état-major pourra déterminer, d'après le développement du front de bataillon sur trois de hauteur, les dimensions du front et de la profondeur du camp que ce bataillon devra occuper, ainsi que la longueur et la division des cordeaux à tracer.

1302   Un bataillon de 840 hommes donne en bataille, sur trois de hauteur, un front de 280 files, on évalue la

----

(1) Il a été publié, en brumaire an 12, une instruction sur le campement de la cavalerie : on ne l'a pas transcrite ici, parce que nous n'avons pas vu la cavalerie camper sous des tentes.

(2) On retrace ici cette instruction comme la plus récente ; elle est recopiée sur celle de brumaire an 12 ; mais elle en diffère en ce qu'elle considère le bataillon comme étant de 840 hommes divisés en six compagnies, tandis que l'autre établissoit les calculs de campement sur une force de 1042 hommes répartis à raison de huit compagnies ; ce dernier nombre de compagnies étant rétabli, et les bataillons n'étant forts aujourd'hui que de 402 hommes, il conviendroit de reviser tout l'ensemble de ce règlement. Le règl. de brumaire an 12 et celui de 1809 sont mis en parallèle dans le *Mémorial de l'Officier d'Infanterie*, 2ᵉ édition, pag. 375 et 393.

la file à 51 centimètres (1) ainsi 280 files occuperont un espace de 144 mètres (2).

1303 On pourra tracer le camp en partant, soit de la droite, soit de la gauche de la ligne.

1304 Les bataillons dans les régimens, et les régimens dans les brigades, camperont toujours dans le même ordre où ils devront se mettre en bataille.

1305 Lorsque la cavalerie campera sur les ailes, on laissera, entre elle et la première brigade de droite ou de gauche de l'infanterie, un intervalle de cinquante mètres.

1306 Cette première brigade d'infanterie s'alignera sur l'aile de la cavalerie, et les brigades suivantes s'aligneront successivement l'une sur l'autre; on suppose une plaine qui permette d'établir tout le camp sur une même ligne. Lorsque le terrain ne le permettra pas, en suivant le même principe, on sera toujours aligné jusqu'au point où la disposition du terrain forcera de changer la direction de la ligne, mais, dans ce cas, il faut bien faire attention que la queue du camp d'un bataillon ne vienne pas se confondre avec le camp du bataillon voisin. On évitera cet inconvénient en augmentant sur le front l'intervalle qui sépare les camps des deux bataillons, de l'espace nécessaire pour que la queue de l'un ne prenne pas sur celle de l'autre (3).

1307 Il sera donné pour le front du camp une étendue de 144 mètres, y compris l'intervalle qu'il doit y avoir entre deux bataillons, parce que le front du bataillon se trouve toujours diminué par les hommes absens.

Forme du camp. — On campera ordinairement
1308 par demi-compagnie, formant chacune une demi-

---

(1) Il est plus correct et plus convenable d'évaluer chaque homme à raison d'un demi-mètre; telle étoit l'évaluation du règlement de brumaire an 12. Voy. *Mémorial de l'Officier d'infanterie*, 2ᶜ édit., pag. 376, alinea 4.

(2) 140 mèt., si l'on calcule à raison d'un demi-mètre par hom.

(3) Non seulement il ne faut pas qu'elle prenne sur l'autre; mais il faut encore qu'il reste un intervalle qui permette un passage facile à un front de division.

rangée de tentes dans le cas où l'étendue du front du bataillon ne seroit pas au-dessous de 280 files.

1309 Lorsque les bataillons seront de 840 hommes et au-dessus, les deux demi-compagnies seront séparées entre elles par une grande rue, au moyen de quoi les deux rangées se feront face l'une à l'autre.

1310 La première compagnie de l'aile droite et la dernière de l'aile gauche de chaque bataillon formeront chacune une rangée de tentes isolées; toutes autres demi-compagnies du bataillon seront adossées deux à deux, et les demi-compagnies adossées seront séparées l'une de l'autre par une petite rue.

1311 Lorsque les compagnies de grenadiers seront détachées (1), l'emplacement qu'elles devront occuper restera vaquant et augmentera d'autant l'intervalle entre les bataillons.

1312 Les faisceaux d'armes ou chevalets seront placés sur un même alignement à 9 mètres en avant du front des tentes et vis-à-vis de leurs demi-compagnies respectives.

1312 Les cuisines seront placées et alignées en arrière des dernières tentes des sous-officiers et soldats à 11 mètres de distance.

1314 Les adjudans, tambours-majors, avec les musiciens, les vivandiers et blanchisseuses attachées aux compagnies camperont sur un même alignement à 15 mètres en arrière des cuisines.

1315 Les lieutenans et sous-lieutenans camperont sur un même alignement, à quinze mètres en arrière du rang des adjudans, tambours-majors, musiciens, etc. vis-à-vis leur compagnie.

1316 Les capitaines camperont sur un même alignement également à quinze mètres en arrière du rang des lieutenans, chacun vis-à-vis de sa compagnie.

1317 Les officiers supérieurs, les adjudans-majors, le chirurgien et le trésorier camperont sur un même alignement à 20 mètres en arrière des capitaines; savoir: le colonel, vis-à-vis le centre du régiment,

---

(1) Voy. note du n° 36.

ayant à sa droite le chef de bataillon et l'adjudant-major, et à sa gauche, l'officier payeur et le chirurgien ; les chefs de bataillon et les adjudans-majors seront vis-à-vis le centre de leur bataillon, l'adjudant-major à la droite du chef de bataillon, et l'aide chirurgien à sa gauche (1).

1318 Les avant-trains et les caissons seront placés, etc. (2).

1319 Les drapeaux de chaque régiment seront toujours placés au centre de leurs bataillons ou régimens, à une égale distance du front de bandière aux faisceaux d'armes.

1320 Le chevalet du piquet sera placé, savoir : lorsque le régiment sera de deux bataillons, au milieu de l'intervalle qui les séparera ; et lorsqu'il sera de trois bataillons, au milieu de l'intervalle du deuxième au troisième.

1321 Lorsqu'on campera par bataillons séparés, le chevalet sera placé de la même manière à la gauche du bataillon.

1322 Il n'y aura qu'une seule garde du camp par régiment ; cette garde sera placée à 140 mètres en avant des faisceaux, vis-à-vis le centre du régiment.

1323 La tente destinée à loger les prisonniers sera placée à deux mètres en arrière de la garde du camp ; elle aura la même dimension que celle du camp.

1324 Les latrines pour les sous-officiers et soldats seront placées vis-à-vis le centre de chaque bataillon à 110 mètres.

1325 Les latrines des officiers seront placées également vis-à-vis le centre de chaque bataillon à 50 mètres en arrière de la dernière ligne du camp.

1326 Les unes et les autres seront entourées d'une feuillée.

1327 D'après ces dispositions, il est facile de détermi-

---

(1) Il conviendroit d'assigner un emplacement au lieutenant-colonel et au major. Ces grades n'existoient pas quand le régl. fut rédigé pour la première fois ; il n'existoit pas non plus d'aumônier.

(2) Il n'est pas fait emploi maintenant d'artillerie régimentaire. Voy. note 3 de la page 36.

ner l'étendue du camp d'un bataillon , en front , en largeur et en profondeur ; une même brigade aura toujours des tentes du même modèle.

1328 *Tentes de 16 hommes l'une.* — Le front du camp (1) doit être de 144 mètres , les baraques ont de largeur (2) , etc.

1329 *Profondeur du camp.* — Les baraques sont reconnues pouvoir contenir seize hommes ; mais les tentes n'en peuvent contenir que 12 à 13 au plus.

1330 Les compagnies de fusiliers , officiers déduits , sont de (2). . . . . .

1331 Le camp de chaque bataillon , tant pour le front que pour la profondeur sera tracé au cordeau , et les cordeaux seront divisés et marqués d'après les dimensions relatives aux planches 1ere. et 2e. (3).

1332 *Cordeau de front pour les tentes de 16 hommes.* — Ce cordeau aura 144 mètres 12 millim. L'extrémité du cordeau marquera la première encoignure de la première rangée simple de grenadiers. (On suppose que le camp se trace par la droite.) La première marque placée à 5 mètres indiquera la seconde encoignure de la rangée simple de baraques ; la deuxième marque placée à 15 mèt. 668 millimèt. de l'extrémité du cordeau , indiquera l'encoignure de la deuxième baraque ; la troisième marque , placée à 20 mèt. 668 millim. de l'extrémité du cordeau , indiquera la deuxième encoignure de cette rangée de baraques. La quatrième marque , placée à 21 mèt. 668 millim. de l'extrémité du cordeau , indiquera

---

(1) L'étendue du front en tentes ou en baraques est le même ; mais la dimension des tentes et des baraques est différente. Une tente de 16 hommes est longue de 5 mètres 830 millim. , et large de 4 mètres. Si l'on fait usage de tentes , les dimensions se proportionnent de manière à conserver un front pareil à celui indiqué pour les barraques.

(2) Tous ces calculs sont changés par suite des variations survenues dans la constitution des troupes ; les détails supprimés ici , se trouvent dans le *Mémorial de l'Officier d'infant.* , 2e édit. page 378.

(3) Voy. *Mémorial de l'Officier d'infanterie* , 2e édit. p. 398.

la première encoignure de la première baraque de la
moitié de la 1re. compagnie de fusiliers , y compris
l'intervalle d'un mètre pour la séparation de la première rangée jumelle de baraques. La cinquième
marque , placée à 26 mèt. 668 millim. de l'extrémité du cordeau , marquera le seconde encoignure
de la troisième rangée de baraques et ainsi de suite
jusqu'à la rangée simple de baraques qui ferme la
gauche du bataillon.

1333   La place des tentes étant ainsi marquée , il devra
rester , après cette opération, une longueur de 15
mèt. pour l'intervalle d'un bataillon à l'autre.

1334   *Cordeau de front.* — A mesure que le terrain destiné pour le camp sera distribué aux différens régimens , l'officier chargé de tracer le camp de chacun ,
fera placer un fanion à la droite et un autre à la gauche dudit terrain en observant de les aligner sur ceux
des bataillons ou escadrons placés à sa droite ou à
sa gauche ; et , à leur défaut , sur les points de direction qui lui seront indiqués (1).

1335   Le point de droite et de gauche de chaque régiment étant ainsi déterminés , un sous-officier de la
compagnie de droite du premier bataillon du régiment , passera le bout de son fanion dans la boucle
ou nœud placé à l'extrémité du cordeau de front , et
le tiendra fixe à ce point.

1336   Un second sous-officier, partant de ce point , et
se dirigeant sur le fanion planté à la gauche du terrain du régiment , prolongera le cordeau dans toute
sa longueur , et , s'arrêtant alors, fera face à droite
d'où l'officier chargé du campement l'alignera correctement sur le fanion de gauche; un autre sous-officier plantera aussitôt un second fanion au centre ,
et un troisième à la dernière marque placée sur le
cordeau à la gauche du bataillon.

1337   Un sous-officier de la compagnie de droite du se-

---

(1) Le mécanisme du campement de compagnie en compa-
gnie , est indiqué avec détail au *Manuel d'Infant.*, 4e édit. p. 64.

cond bataillon , plantera tout de suite un fanion à la place où se termine le cordeau du premier bataillon après en avoir passé le bout dans la boucle ou nœud qui forme l'extrémité du cordeau de front de son bataillon, et un second sous-officier partira tout de suite de ce point , en se dirigeant vers le fanion planté à la gauche du régiment. Après avoir bien tendu son cordeau dans toute sa longueur, il s'arrêtera , fera face à droite , et s'alignera correctement sur les fanions déjà plantés. Un troisième sous-officier plantera aussitôt un fanion au centre et un autre à la gauche du bataillon.

1338 Le troisième bataillon de chaque régiment exécutera la même opération. Le sous-officier placé à la droite de chaque bataillon aura soin de bien arrêter son fanion et de le tenir bien perpendiculaire , et l'autre sous-officier tendra fortement le cordeau dans toute sa longueur. .

1339 Les fanions des trois bataillons étant placés ainsi qu'il vient d'être prescrit , l'officier chargé de tracer le camp du régiment s'assurera s'ils sont exactement alignés sur ceux de l'aile de cavalerie , ou bien sur les points de direction qui lui auront été indiqués.

1340 Lorsque l'on marquera le camp par la gauche de la ligne, l'opération qui vient d'être indiquée ci-dessus aura lieu de la même manière en commençant par la gauche du dernier bataillon du régiment.

1341 Dès que les trois fanions seront plantés sur le front de chaque bataillon, et le cordeau bien tendu , les caporaux de campement planteront des fiches ou baguettes à toutes les places, indistinctement , désignées sur le cordeau par les marques ; l'excédant du cordeau de front de chaque bataillon marquera l'intervalle d'un bataillon à l'autre.

1342 Cette opération commencera par la droite ou par la gauche de chaque bataillon.

1343 Aussitôt que le front de bandière de chaque bataillon aura été ainsi marqué, on tracera la profondeur du camp.

1344 *Cordeau de profondeur.* La première marque placée à 9 mètres de la boucle ou nœud qui forme l'extrémité du cordeau partant de la ligne des faisceaux indiquera l'encoignure du front de la première baraque.

1345 La deuxième marque, placée à 15 mètres de la ligne des faisceaux, indiquera la deuxième encoignure de la profondeur de cette première baraque.

1346 La troisième marque, placée à 16 mèt. 770 millim. de la ligne des faisceaux, y compris une petite rue, désignera la première encoignure de la deuxième baraque, et ainsi de suite, jusques et y compris la cinquième baraque en profondeur.

1347 Le reste du cordeau pourra être marqué d'après les dimensions détaillées ci-dessus pour la profondeur du camp.

1348 *Cordeau de perpendiculaire.* On doit faire attention de placer le cordeau de profondeur bien perpendiculairement sur le cordeau de front ; pour cela on se servira d'un petit cordeau appelé *cordeau de perpendiculaire*, conforme au modèle de la planche 1re. (1). Ce cordeau qui forme un triangle coupé par le milieu, est composé de quatre cordes et de quatre anneaux. On s'en servira de la manière suivante :

1349 La corde sur laquelle sont les anneaux A, E, B, sera placée sur l'alignement du cordeau de front ; après qu'on aura fixé les quatre anneaux par de petits piquets, on placera un homme en E, un autre en C, et un autre en M, et on prolongera la perpendiculaire tant qu'on voudra et avec autant d'exactitude que de facilité.

1350 *Cordeau de profondeur.* Lorsqu'on aura la perpendiculaire bien exacte on placera le cordeau de profondeur.

1351 On portera d'abord le cordeau de profondeur sur la ligne des faisceaux placés à 9 mèt. de la droite du

-----

(1) Voy. la planche du *Mémorial de l'Officier d'infanterie*, 2e édit. page 398.

cordeau de front et on plantera les fiches indistinctement aux différens endroits désignés sur le cordeau
de profondeur, par les marques convenues ; ces fiches indiqueront la place des encoignures des baraque de la première demi-compagnie des grenadiers.

1352   On répétera la même opération jusqu'à la gauche
du bataillon.

1353   Le camp des compagnies étant ainsi tracé, ainsi
que l'alignement des cuisines et celui des adjudans,
tambour-major, musiciens, etc., on tracera l'alignement des baraques des lieutenans et sous-lieutenans.

1354   Pour cet effet, deux sous-officiers se porteront,
l'un, à la droite ; et l'autre, à la gauche de chaque
bataillon ; ils se placeront vis-à-vis le terrain de la
demi-compagnie extérieure de chaque aile sur l'alignement tracé pour les adjudans, tambour-major,
musiciens etc. feront face en arrière, marcheront jusqu'à la distance de 15 mètres, s'arrêteront et planteront une fiche qui désignera l'alignement des baraques des lieutenans et sous-lieutenans.

1355   Ils répéteront la même opération pour tracer l'alignement des baraques des capitaines et celui des baraques de l'état-major, en observant pour les officiers supérieurs 20 mètres d'intervalle de l'alignement des baraques des capitaines.

1356   Enfin les tentes de l'artillerie, ainsi que les piquets
pour les chevaux seront placés à 20 mètres d'intervalle de la ligne des officiers supérieurs.

1357   L'officier de chaque régiment, qui présidera à
l'opération du campement, aura soin que l'alignement tant des faisceaux d'armes que des baraques des
officiers des différens grades soit parallèle au front de
bandière, et que les fiches ou baguettes plantées
pour marquer ces différens emplacemens soient bien
alignées entre elles ; le cordeau de perpendiculaire
pourra être employé utilement à tracer ces paral-
lèles.

1358   *Pas métrique.*—Le mètre étant la base de toutes les
dimensions d'un camp, les sous-officiers d'état-major
et les officiers des troupes d'infanterie chargés de

marquer les camps, s'habitueront à faire le pas d'un
mètre qu'on appellera *pas métrique*. Ce pas n'a que
25 millim. de plus que celui de trois pieds dont on
s'est servi anciennement pour mesurer les distances
militaires. Un homme d'une taille ordinaire peut
faire aisément ce pas en pliant les genoux; il con-
tractera l'habitude de le faire exact, en s'y exerçant
très-peu de temps. L'habitude de faire ce pas exact
peut, dans beaucoup d'occasions, être très-utile et
abréger le temps qu'il faut employer pour tracer le
le camp.

1359　Aussi la règle générale pour mesurer au pas métrique sera de faire autant de pas qu'il y a de mètres dans le front du bataillon.

1360　Les officiers de l'état-major de l'armée doivent
également s'exercer à juger les distances d'une manière approximative, soit au coup-d'œil, soit au
temps de galop de leurs chevaux, au moyen d'une
montre à secondes.

1361　*Cordeau métrique.* Comme la force des bataillons
peut être ou devenir au dessous ou au-dessus de
celle de 840 hommes, qui a été prise seulement
pour exemple dans cette instruction, chaque bataillon indépendamment du cordeau de front et de celui de profondeur, aura un cordeau divisé exactement en mètres et de la longueur au moins de 100
mètres pour les bataillons les plus foibles, et de
200 mètres pour les bataillons de 840 hommes et
au-dessus.

1362　Ce cordeau servira non-seulement à exercer ceux
qui marquent les camps, aux pas adaptés à la mesure métrique dont on vient de parler; mais encore
à donner une plus grande régularité, lorsque le
temps le permettra, soit aux fronts d'une moindre
ou d'une plus grande étendue que celui de 144 mèt.
soit à la profondeur du camp. Après avoir tendu ce
cordeau, il sera facile, par le moyen de petits
cordeaux que les compagnies doivent se procurer,
d'y prendre la quantité de mètres qu'exigeront les

dimensions relatives aux différentes parties d'un camp.

1363 La division de ce cordeau sera faite par une marque d'étoffe noire à chaque longueur de mètre, par une marque rouge et noire en sautoir de 10 en 10 mètres et par deux marques rouges également en sautoir de 5o en 5o mètres.

1364 *Manière de tracer le camp.* 1°. On tendra le cordeau sur la longueur du terrain que le camp du bataillon doit occuper ;

1365 2°. On fera ensuite, sur la totalité des mètres du cordeau, la soustraction de la quantité de mètres que doivent occuper toutes les rangées simples et jumelles des tentes des bataillons, y compris les petites rues.

1366 3°. On déterminera la largeur des grandes rues et l'intervalle du camp d'un bataillon à l'autre, d'après la quantité de mètres restant sur le cordeau, après en avoir retranché la quantité nécessaire pour les tentes et les petites rues ; et on divisera cette quantité restante dans les grandes rues et l'intervalle, en ayant attention, comme il a déjà été dit, d'éviter, autant que possible, les fractions de mètre dans la largeur des rues ; et de rejeter ces fractions dans l'intervalle.

1367 4°. Lorsque ces opérations seront faites, la compagnie de droite ou celle de gauche, commencera à prendre sur ce cordeau la distance de mètres nécessaire à la rangée simple des tentes, ainsi que la largeur qui aura été déterminée pour sa grande rue ; la deuxième compagnie prendra ensuite la distance qu'occupe une rangée jumelle, y compris la petite rue et la largeur d'une grande rue, quoique la rangée jumelle soit composée de tentes de deux différentes compagnies. On continuera de même jusqu'à la dernière rangée simple de tentes.

1368 Ainsi dans le cordeau de front ordinaire de chaque compagnie, on ne se servira que de la partie marquée pour une rangée simple de tentes à la première et dernière demi compagnie, et de la partie marquée pour une rangée de tentes jumelles, y compris la petite rue, aux autres compagnies, parce que la grande rue se déterminera par la marque des mètres qui sont sur le cordeau de front du bataillon.

1369   Le cordeau du front du bataillon, divisé exactement en mètres, et les cordeaux des compagnies suffiront pour tracer régulièrement le camp d'un bataillon qui seroit au-dessus ou au-dessous de 840 hommes.

1370   Ce cordeau sera employé lorsque le général jugera à propos d'étendre ou de resserrer le front.

1371   Enfin, il sera facile à un bataillon dont la force sera déterminée, de donner à son cordeau de front les dimensions relatives au terrain qu'il doit occuper en bataille.

1372   Le cordeau métrique sera particulièrement utile pour tracer un camp formé de baraques.

1373   *Bataillons au-dessous de 840 hommes.* — On se servira d'abord du cordeau de perpendiculaire, ensuite on diminuera sur le cordeau ordinaire de profondeur l'espace qu'occuperoient les tentes et les intervalles qu'il y aura de moins dans la profondeur d'après la force du bataillon.

1374   Si les compagnies, étant de force inégale, n'ont pas un nombre égal de tentes, on laissera vide, dans le centre des rangées, la place des tentes qu'il y aura de moins.

1375   *Méthode pour tendre le camp.* — Lorsque les bataillons ou régimens se seront mis en bataille à la tête du camp, un sous-officier par compagnie ira planter les deux faisceaux d'armes de chacune à la place indiquée par les fiches.

1376   Lorsque les tentes seront arrivées, on détachera deux ou trois hommes par chambrée pour les aller chercher, et les porter à la place que leur indiqueront les sous-officiers de campement.

1377   On déploiera promptement les tentes, et aussitôt deux soldats prendront les deux morceaux de bois qui doivent composer le mât, et ils les réuniront ensemble en les ajustant dans leurs entailles, après quoi on posera la traverse dessus ledit mât.

1378 On passera ensuite la tente par-dessus la traverse,
ayant attention que les encoignures de la faîtière
soient bien montées ; et pour les tentes nouvelles,
on l'ajustera par le milieu dans l'entaille où il y a
une broche au haut du mât, et on fera entrer en même
temps les arcs-boutans dans les mortaises qui sont
préparées dans le dessous de la traverse, ce qui
formera une double potence pour mieux soutenir
ladite traverse.

1379 On aura soin aussi de faire entrer la petite broche de
fer dans les œillets pratiqués au milieu de la faîtière,
et de l'enfoncer dans les trous qui sont percés au milieu et sur le tranchant de la traverse ; cette petite
broche sert à fixer solidement la tente et la traverse
et à empêcher que la faîtière ne puisse pas se déran-
ger lorsqu'on tend la tente.

1380 Cette opération finie, on placera le pied du mât
à la place indiquée par la grande fiche, et on restera
dans cette position jusqu'au signal qui sera donné
pour dresser les tentes toutes ensemble ; ce signal
consistera dans un roulement.

1381 A la fin du roulement, les hommes qui tiennent
les fourches ou les mâts de chaque tente, les dresse-
ront aussitôt perdendiculairement, en observant
que la traverse des tentes du nouveau modèle soit
bien horisontale, et que les deux extrémités de ladite traverse soient dirigés exactement sur l'alignement des fiches, vers la tête et la queue du
camp.

1382 Aussitôt deux soldats passeront des piquets dans
les boucles de cordes attachées aux encoignures des
tentes, et les enfonceront également ; ils feront ensuite la même opération pour le milieu des culs-
de-lampe.

1383 On aura soin de passer les dernières boucles de
cordes qui sont attachées à la moitié de la tente de
dessous, dans les boutonnières pratiquées à la sangle
du bas de l'autre moitié de tente de dessus, ce qui
sert à fermer les deux portes de la tente. Cette opéra-

tion faite, on enfoncera les autres piquets à volonté.

1384 Les officiers et sous-officiers de chaque compagnie veilleront à ce que l'on se conforme exactement à tout ce qui a été prescrit ci-dessus dans leurs compagnies respectives ; les officiers supérieurs, adjudans-majors et adjudans y veilleront également chacun dans leur bataillon.

1385 Pour que le camp soit bien dressé, il faut que l'extrémité du cul-de-lampe de la première tente de chaque demi-compagnie se trouve placée exactement sur la ligne de front de bandière ; que le mât et l'extrémité de l'autre cul-de-lampe se trouvent placés bien perpendiculairement à ladite ligne du front de bandière ; et qu'enfin, l'extrémité des deux culs de-lampe, ainsi que le mât de toutes les tentes suivantes de chaque demi-compagnie, se trouvent placés exactement sur le prolongement de ceux de la première tente. Il devra se trouver un intervalle d'un mètre quatre-vingt-quinze centimètres, d'une tente à l'autre.

1386 Les tentes affectées aux prisonniers seront tendues par les soins du caporal de la garde du camp, qui sera chargé de les faire prendre à la compagnie dont ce sera le tour.

1387 Le manteau d'armes du piquet sera tendu par les soins du plus ancien sous-officier dudit piquet.

1388 *Méthode pour décamper.* — Lorsqu'on battra l'assemblée pour décamper, on arrachera les piquets avec le plus de célérité possible ; un soldat se placera au mât des tentes du nouveau modèle, et aura soin de le diriger sur un autre soldat placé en dehors, qui le recevra lorsque l'on cessera de battre le roulement, afin que les tentes tombent toutes ensemble.

1389 On déboîtera ensuite la traverse du mât ; ou séparera celui-ci en deux, et on attachera le tout ensemble par le moyen des courroies qui s'y trouvent clouées à cet effet.

1390 On prendra la précaution d'ôter la terre qui pourroit s'être attachée à la *toile à pourrir*, et l'on pliera aussitôt la tente en faisant rentrer les deux culs-de-lampe, en dedans jusqu'aux encoignures; on la pliera ensuite par le milieu dans toute sa hauteur; et un soldat placé à chaque extrémité, la roulera le plus serré possible en sens contraire, pour qu'elle ait la forme d'un manteau plié.

1391 Les couvertures, lorsqu'on en aura, seront pliées dans la tente, pour être préservées de l'humidité.

1392 Le chef de chaque tente distribuera aux soldats les piquets, ainsi que les outils appartenant à la tente.

1393 Les soldats attachés aux équipages de transport des tentes, chargeront les tentes, les manteaux d'armes et les bois, de manière à ce que les tentes se trouvent au-dessus des bois, afin que ces bois et les ferrures n'endommagent pas la toile par leur pesanteur.

1394 *Fournitures à faire.* — Il sera délivré aux compagnies de grenadiers et de fusiliers, sous-officiers et tambours compris, une tente à raison de quinze hommes.

1395 Outre les tentes affectées aux compagnies, il sera délivré aux régimens le nombre de tentes ci-après : pour chaque adjudant, une tente de l'ancien modèle; pour le tambour-major, le caporal-tambour et les huit musiciens, un tente du nouveau modèle ou deux de l'ancien; pour chaque blanchisseuse, une tente de l'ancien modèle; pour l'usage des prisonniers détenus à la garde du camp, une tente du nouveau modèle ou deux de l'ancien; pour le piquet, un chevalet avec son manteau d'armes.

1396 Les faisceaux d'armes avec leur manteau seront délivrés aux compagnies dans la proportion suivante :

1397 Un faisceau par chaque rangée de baraque qu'une compagnie occupera.

1398 Il sera fourni, par chaque tente, une marmite avec son couvercle et son sac ou étui garni de bretelles de cuir; il sera ajouté une marmite de plus par compagnie, pour remplacer momentanément celles qui pourroient être en réparation, et pour fournir aux détachemens (1). Dans ce dernier cas, le sergent en sera personnellement responsable.

1399 Il sera fourni encore, par chaque tente, deux gamelles, deux grands bidons, huit outils, deux pelles, deux pioches, deux haches et deux serpes ou petites haches à marteau.

1400 Il sera fourni de plus quatre couvertures de laine pour une tente, lesquelles ne seront délivrées que dans l'arrière saison, et lorsque l'ordre en sera donné.

1401 Il sera fourni de plus trois bidons par compagnie, pour contenir du vinaigre, lesquels seront portés, les jours de marche, par les sergens.

1402 Les tentes destinées aux adjudans, musiciens; maîtres ouvriers, vivandiers et blanchisseuses, seront pourvues des différens effets réglés ci-dessus pour celles des compagnies, et dans la proportion des personnes qui seront logées dans ces tentes; mais il n'en sera pas délivré pour les tentes affectées aux prisonniers.

1403 Indépendamment des différens effets ci-dessus, il sera délivré, par bataillon, un cordeau de front, un cordeau de profondeur, un cordeau perpendiculaire, et un cordeau métrique de la longueur au moins de cent mètres, pour les bataillons au-dessous de huit cents hommes, et de deux cents mètres pour ceux au-dessus.

1404 Il sera également fourni aux officiers, tant pour leur personne que pour leurs domestiques, le nombre de tentes ci-après, savoir:

1405 Au colonel, une tente complète pour se loger, et une tente de soldat à l'ancien modèle pour ses domestiques; il sera de plus fourni au colonel ou autre commandant de chaque régiment, une marquise simple avec ses murailles, pour tenir le conseil et recevoir les officiers (2);

---

(1) Voy. note de la page 119.

(2) Il conviendroit de mentionner ici le lieutenant-colonel et l'aumônier.

1406 Au major et à chaque chef de bataillon, une tente complète pour se loger, et une tente de soldat à l'ancien modèle pour leurs domestiques ;

1407 A chaque capitaine, adjudant-major et chirurgien-major, une tente complète pour se loger, et une tente de soldat à l'ancien modèle pour leurs domestiques ;

1408 Au trésorier, une tente complète pour se loger, avec une tente de soldat au nouveau modèle pour son bureau, et une tente à l'ancien modèle pour ses domestiques ;

1409 Aux lieutenans et sous-lieutenans de chaque compagnie, une tente complète pour deux, et une tente de soldat à l'ancien modèle pour leurs domestiques.

1410 Il sera délivré aux officiers, pour chaque tente destinée à loger leurs domestiques, une pelle, une pioche, une hache et une serpe.

1411 Il sera délivré, à l'entrée de la campagne, tant pour les officiers que pour les soldats et autres, la quantité de piquets nécessaires pour tendre les tentes, manteaux d'armes et chevalet de piquet.

1412 *Manière de resserrer un camp.* — Le système de campement qu'on vient de détailler, permet de resserrer ou d'alonger promptement le camp, et de lui donner, d'après les principes qu'on a établis, un front proportionné au front ordinaire de la troupe.

1413 Si le général ne veut que resserrer un peu sa position, on pourra diminuer ce que l'on jugera convenable sur la largeur des grandes rues.

1414 Si le général veut resserrer davantage sa position et la réduire de moitié, on prendra pour front de campement la moitié du front ordinaire, c'est à-dire, 72 mètres 6 millimètres, au lieu de 144 mètres 12 millimètres.

1415 Alors on pourra mettre en bataille sur six de hauteur, en doublant par demi-compagnie, et laissant la distance d'une demi-compagnie. Cette formation donnera au général les moyens prompts de porter rapidement en avant une première ligne composée de demi-bataillons, et de laisser l'autre ligne couvrant le camp ; ou de faire, de premier abord, marcher les deux lignes en échelons ; ou de commander enfin toutes autres manœuvres quelconques en changement de front. Le bataillon se trouvant resserré de moitié, et les demi-compagnies étant dans leur ordre de marche habituel, au moyen de la distance, les mouvemens seront plus raccourcis qu'en partant de la formation en bataille sur trois ou sur deux de hauteur.

1416 On pourra encore mettre en bataille sur trois de hauteur, une demi-compagnie sur le front du camp, et l'autre demi-compagnie sur le derrière du camp, faisant face en arrière ; les flancs du camp défendus d'après les ordres que le commandant aura donnés.

1417 La manière de resserrer le camp de moitié, et de réduire son front à 72 mètres 6 millimètres, est bien simple.

1418 Chaque compagnie campera sur une seule rangée de profondeur. La compagnie de grenadiers formera une rangée de tentes isolées ; les autres compagnies seront adossées deux à deux, et les compagnies adossées seront séparées l'une de l'autre par une petite rue.

1419 La profondeur du camp ne sera augmentée que de l'espace qu'occuperont les tentes des sous-officiers et soldats qui seront placées de plus dans cette profondeur.

1420 On pourra aussi camper par demi-bataillon, derrière les tentes des canonniers et soldats du train, faisant face en arrière pour défendre les retranchemens de cette partie du camp : on rapprochera alors convenablement les distances des cinq rangées qui sont en arrière des cuisines, et on placera les cuisines à la distance ordinaire des demi-bataillons.

1421 Les gardes du camp, leurs retranchemens et latrines, seront en avant de ceux qui couvriront le front et le derrière du camp.

1422 On n'entend pas pour cela que les retranchemens des lignes en avant et en arrière du camp ne puissent être des redoutes détachées qui se flanquent mutuellement, et qui laissent la facilité de mouvoir les troupes en tous sens.

1423 *Manière de camper les bataillons au-dessous de 840 hommes jusqu'à 420.* — Ces bataillons camperont, comme ceux d'huit cent quarante hommes, par demi-compagnie. On calculera l'étendue du front du bataillon, par la quantité de files qu'il présente étant en bataille sur trois de hauteur, à raison d'un mètre 29 millimètres par deux files; et on diminuera, sur la largeur des grandes rues, la quantité de mètres qu'on aura au-dessous de celle de cent quarante-quatre mètres 12 millimètres, front d'un bataillon de huit cent quarante hommes. On aura l'attention, autant qu'il sera possible, d'éviter les fractions de mètre dans la largeur des grandes rues, et de réjeter ces fractions sur l'intervalle du camp d'un bataillon à l'autre.

1424 La profondeur du camp se trouvera diminuée en raison des tentes des sous-officiers et soldats qu'il y aura de moins que dans un bataillon de huit cent quarante hommes.

1425 *Manière de camper les bataillons au-dessous de 840 hommes jusqu'à 420.* — On suppose le bataillon de 420 hommes. La manière expliquée ci-dessus, de réduire à moitié le front du camp d'un bataillon de huit-cent quarante hommes, est précisément celle de camper un bataillon de quatre cent vingt hommes, qui campera par conséquent par compagnies.

1426 Ce bataillon, ayant sur trois de hauteur cent quarante files, a par conséquent un front de bataille de 72 mètres 6 millimètres, même front qu'occupe le camp d'un bataillon de huit cent quarante hommes resserré de moitié.

1427 Si le bataillon est au-dessus de quatre cent vingt hommes, on augmentera la largeur des grandes rues de la quantité de mètres que le front du bataillon aura au-delà de soixante et douze mètres, en ayant l'attention, autant qu'il sera possible, de régler la largeur des rues à une quantité de mètres fixe, sans

fractions dans l'intervalle du camp d'un bataillon à
l'autre.

EXTRAIT DU RÉGLEMENT DU 31 AOUT 1809.

Postes aux lettres, en campagne.

1428   76. *Nominations des vaguemestres.* — Les généraux, pour eux et leur état-major, les conseils d'administration des corps et commandans de détachement, les inspecteurs et les sous-inspecteurs aux
revues, les commissaires ordonnateurs et ordinaires
des guerres, ainsi que les chefs des différens services administratifs, pour eux et leurs employés,
font reconnoître aux bureaux de postes, les vaguemestres, ou autres personnes qui sont chargées de
prendre leurs lettres et articles.

1429   A cet effet, ils remettent aux directeurs, pour
la sûreté et garantie de ceux-ci, un certificat ou acte
de nomination desdits vaguemestres ou autres individus, contenant l'autorisation de retirer les lettres
chargées et non chargées, ainsi que les articles.

1430   Aussitôt l'arrivée des courriers au grand quartier-
général, le directeur en chef fait porter au général
commandant en chef, au major-général, ou chef de
l'état-major général, à l'intendant général et à l'inspecteur en chef aux revues, les dépêches qui leur
sont adressées.

1431   La même disposition est observée par les directeurs particuliers à l'égard des commandans, commissaires ordonnateurs en chef et inspecteurs aux
revues des corps d'armée.

1432   77. *Retrait des lettres, etc.* — Les vaguemestres
ou autres individus dont il est parlé à l'article qui
précède, sont assujettis aux formalités usitées dans
le service des postes, pour le retrait des lettres chargées et non chargées, et des articles d'argent; sauf
réclamation auprès du commissaire des guerres, lorsqu'ils s'y croient fondés.

1433   Ils sont tenus de payer comptant le port des lettres qu'ils retirent des bureaux de poste.

1434   Le port de celles qu'ils y rapportent leur est rendu, si elles n'ont pas été décachetées , et si l'on a remis au dos de la suscription , le motif de la remise au bureau , tel que : *refusée ; malade à tel hôpital, au dépôt à ; en détachement à ; passé à tel régiment ou à telle armée ; en mission à ; congé temporaire ou absolu à ; mort ; déserté ; prisonnier de guerre ; égaré ; inconnu* (ce mot ne peut s'appliquer qu'à celui qui n'a jamais paru au corps ou à l'armée).

1435   Ils est enjoint aux vaguemestres de rapporter aux bureaux de poste , les chargemens et articles adressés à des individus qui se trouvent dans les positions prévues par le paragraphe précédent. Dans ce cas , ils se font donner par les directeurs un reçu qui est inscrit sur le premier registre dont il est parlé à l'art. 79.

1436   78. *Chargemens de lettres , etc.* Les lettres chargées et les articles déposés dans les bureaux de postes par les vaguemestres, ou par les militaires eux-mêmes , sont enregistrés en présence des uns ou des autres ; et il leur est délivré un bulletin pour les chargemens, et une reconnoissance pour les articles.

1437   Les bulletins et reconnoissances sont ensuite remis aux envoyeurs, si les chargemens ou dépôts ont été faits par les soins des vaguemestres.

1438   79. *Registres pour lettres chargées , etc.* — Les vaguemestres doivent avoir , pour les lettres chargées et pour les articles d'argent adressés aux militaires , un registre côté et paraphé par les sous-inspecteurs aux revues ayant la police du camp.

1439   Ce registre est divisé par colonnes destinées , les unes à l'inspection des articles , à fur et à mesure que les reconnoissances sont remises aux vaguemestres par les personnes intéressées , lesquelles peuvent exiger que cette inscription soit faite en leur présence ;

1440   Les autres , à recevoir de la part du directeur ou de l'un des employés du bureau de poste , l'indication signée par lui, de la date du jour où il a payé l'article ou remis le chargement.

1441   Et la dernière, à recevoir pour acquit la signature du destinataire; si ce dernier ne sait pas écrire, il fait sa croix en présence de deux militaires de son corps qui signent pour certifier le payement; l'un d'eux doit être officier.

1442   *Registre pour lettres à charger.* — Les vaguemestres doivent avoir, pour les lettres à charger et les articles à déposer aux bureaux de postes de la part des militaires, un second registre également côté et paraphé par le sous-inspecteur aux revues.

1443   Ce registre, divisé par colonnes, sert à indiquer le nom de l'envoyeur, celui du destinataire, les bureaux d'expédition et de destination, et la somme ou la lettre qui a été remise aux vaguemestres pour être déposée ou chargée.

1444   Les lettres et articles ne doivent rester entre les mains des vaguemestres, que le temps strictement nécessaire pour en faire la remise ou le dépôt, soit aux destinataires, soit aux bureaux de poste.

1445. 80. *Vérification des registres ci-dessus.* — Les registres dont il est question à l'article précédent, doivent être vérifiés, le lundi de chaque semaine, par un officier nommé *ad hoc*, et choisi parmi les membres des conseils d'administration des régimens ou détachemens. Cet officier est chargé spécialement de veiller à ce que les vaguemestres se conforment aux dispositions des articles 77, 78 et 79.

1446   Le même officier est chargé de recevoir et de vérifier les plaintes et réclamations des militaires, relativement aux lettres et articles d'argent; il fait faire droit, sur-le-champ, auxdites plaintes et réclamations; et, dans le cas où elles l'ameneroient à découvrir quelques infidélités, il en dénonce les auteurs qui sont punis suivant toute la rigueur des lois.

1447   81. *Soins à apporter dans la suscription des lettres.* Les militaires, ou autres personnes tenant à l'armée, sont avertis de temps en temps, savoir : les premiers à l'appel des compagnies, et les autres par

leur chef , de la nécessité d'indiquer à leurs parens
et autres correspondans :

1448   *Les numéro et noms des compagnies , escadrons
ou bataillons , régimens , armes et armées dans lesquels ils servent ; les noms des généraux , fonctionnaires et services auxquels ils sont attachés , ainsi
que leur grade ou emploi.*

1449   Il leur est recommandé d'inviter leurs correspondans à se conformer exactement à ces indications,
sur la suscription des lettres qu'ils leur adressent.

1450   Il leur est en outre recommandé de ne pas se
contenter d'indiquer sur les lettres qu'ils écrivent,
le lieu de la résidence de leurs parens ou autres
correspondans , mais d'avoir soin d'y ajouter *le nom
du bureau de poste le plus voisin de ce lieu , et celui
du département.*

1451   Enfin ils sont prévenus de ne jeter leurs lettres
que dans les boîtes des bureaux militaires.

1452   82. *Vérification des registres des vague mestres, de
ceux dès bureaux de postes et des caisses des articles.* — Le sous-inspecteur aux revues vérifie, aussi
souvent qu'il le croit utile, les registres du vaguemestre du corps ou détachement dont il a la police,
afin de s'assurer de l'exactitude apportée dans la
remise des lettres chargées et articles aux personnes
intéressées et dans les chargemens et dépôts faits aux
bureaux de postes.

1453   Il requiert la punition selon la gravité des circonstances , de toute négligence ou infidélité commise à
cet egard.

1454   Les commissaires ordonnateurs et les commissaires
des guerres ayant la police supérieure et particulière
du service, vérifient tous les mois les registres de
chargement tenus dans les bureaux de postes aux
armées , ainsi que les registres et caisses des articles,
et ils veillent soigneusement à ce que les directeurs
remplissent toutes leurs obligations dans cette partie du service.

1455   En cas de plainte, ils prennent les mesures nécessaires pour que ceux-ci donnent toute satisfaction
convenable.   12 **

1456   Ils vérifient de même les registres et caisses affectés au matériel et au service actif.

1457   L'intendant général et, à son défaut, l'ordonnateur en chef font faire extraordinairement de sem-
blables vérifications, toutes les fois qu'ils le jugent
à propos, tant au grand bureau que dans les bureaux divisionnaires et autres; ils suspendent de
leurs fonctions, et font provisoirement mettre en ar-
restation, s'il y a lieu, les employés et sous-em-
ployés prévaricateurs qu'ils dénoncent ensuite au ministre de la guerre et au directeur-général des postes.

EXTRAIT DE L'INSTRUCTION (1) DU 15 NOVEMBRE 1809,

Sur l'exécution des dispositions du Code civil, en
temps de guerre et en campagne.

1458   Actes hors du territoire. — *Le code civil contenant*
des dispositions applicables aux militaires, lorsqu'ils
se trouvent en corps d'armée sur le territoire étran-
ger; et quelques titres de ce Code, ainsi que plusieurs
décrets relatifs au mariage des militaires, ayant été
publiés depuis que l'instruction du 24 brumaire an 12
a été arrêtée par le min. de la guerre. S. Exc. a jugé
nécessaire d'en faire rédiger une nouvelle.

1459   *Les actes de l'état civil doivent énoncer le lieu,*
l'année, le jour et l'heure où ils seront reçus, les pré-
noms, noms, âge, profession et domicile de tous
ceux qui y seront dénommés comme objet de l'acte
ou comme témoins.

1460   *Les noms en usage dans les différens calendriers,*
et ceux des personnages connus de l'histoire ancienne,
peuvent seuls être reçus comme prénoms sur les regis-
tres de l'état civil destinés à constater la naissance,
des enfans ; il est interdit aux officiers publics d'en
admettre aucun autre dans leurs actes.

---

(1) On n'a extrait de cette instruction que les dispositions qui
concernent les militaires en cas de guerre, et hors du territoire
français. L'interprétation du Code y est en caractères italiques.

1461 *Toute personne qui porte actuellement comme prénom, soit le nom d'une famille existante, soit un nom quelconque qui ne se trouve pas compris dans la désignation portée au paragraphe ci-dessus, pourra en demander le changement, en se conformant aux dispositions de ce même paragraphe, et à celle du décret du 11 germinal an 11.*

1462 *Le changement aura lieu d'après un jugement etc. (1).*

1463 *Les officiers de l'état civil ne pourront rien insérer dans les actes qu'ils recevront, soit par note soit par énonciation quelconque, que ce qui doit être nécessairement déclaré par les comparans.*

1464 *Dans les cas où les parties intéressées ne seront point obligées de comparoître en personne, elles pourront se faire représenter par un fondé de procuration spéciale et authentique.*

1465 *Les témoins produits aux actes de l'état civil ne pourront être que du sexe masculin, âgés de vingt-un ans au moins, parens ou autres, et ils seront choisis par les personnes intéressées.*

1466 *L'officier de l'état civil donnera lecture des actes aux parties comparantes ou à leurs fondés de procuration et aux témoins; il y sera fait mention de l'accomplissement de cette formalité.*

1467 *Ces actes seront signés par l'officier de l'état civil, par les comparans et les témoins, ou mention sera faite de la cause qui empêchera les comparans et les témoins de signer.*

1468 *Les actes seront inscrits sur les registres, de suite, sans aucun blanc; les ratures et les renvois seront approuvés et signés de la même manière que le corps de l'acte. Il n'y sera rien écrit par abréviation, et aucune date ne sera mise en chiffres.*

1469 *Tout dépositaire des registres sera civilement responsable des altérations qui y surviendront, sauf son*

---

(1). Ceci ne concerne que les militaires qui se trouvent sur le territoire françois.

recours, s'il y a lieu, contre les auteurs desdites altérations.

1470   Toute altération, tout faux dans les actes de l'état civil, toute inscription de ces actes faite sur une feuille volante et autrement que sur les registres à ce destinés, donneront lieu aux dommages-intérêts des parties, sans préjudice des peines portées au Code pénal (1).

1471   Actes hors du territoire. (Code civil). 89. Le quartier-maître, dans chaque corps d'un ou plusieurs bataillons ou escadrons, et le capitaine commandant dans les autres corps, rempliront les fonctions d'officier de l'état civil. Ces mêmes fonctions seront remplies, pour les officiers sans troupes et pour les employés de l'armée, par l'inspecteur aux revues attaché à l'armée ou au corps d'armée.

1472   90. Registre des actes de l'état civil. — Il sera tenu dans chaque corps de troupes, un registre pour les actes de l'état civil relatifs aux individus de ce corps, et un autre à l'état-major de l'armée ou d'un corps d'armée, pour les actes civils relatifs aux officiers sans troupes et aux employés. Ces registres seront conservés de la même manière que les autres registres des corps et états majors, et déposés aux archives de la guerre, à la rentrée des corps ou armées sur le territoire.

1473   91. Les registres seront côtés et paraphés, dans chaque corps, par l'officier qui le commande, et à l'état-major, par le chef de l'état-major général.

1474   Le volume et la forme des registres de l'état civil sont indifférens ; seulement il importe qu'ils soient établis de manière à se détériorer le moins possible, écrits très-lisiblement, et composés d'un assez grand nombre de feuilles pour qu'il ne soit pas besoin de les renouveler pendant la campagne.

1475   Ils doivent être fournis par les corps et états-majors ; et aussitôt la rentrée sur le territoire françois,

---

(1) Disposition conforme à différens articles du Code civil.

ils seront envoyés au ministre de la guerre, sauf à en établir de nouveaux, dans le cas où ces mêmes corps ou détachemens quitteroient encore le territoire.

1476 Ces registres doivent être continués si l'armée ne change que de dénomination, et l'on se bornera à y en faire mention ; mais si, par l'effet d'une dislocation générale, un corps d'armée ou une division venoient à etre dissous, les registres qui auroient servi à cette division seroient déposés à l'état - major général, pour être renvoyés au ministre de la guerre.

1477 Il doit en être de même pour ceux de chaque régiment ou corps de troupes qui seroit incorporé ou amalgamé dans un autre corps.

1778 En cas de renouvellement des registres de l'état civil, ou lorsque l'armée rentre sur le territoire françois, ces registres doivent être renvoyés par les chefs d'état major et les conseils d'administration, puisque ce sont eux que la loi charge de veiller à leur conservation : l'officier qui a rempli les fonctions d'officier de l'état civil, doit provoquer cet envoi, au besoin le requérir, et en rendre compte directement au ministre.

1479 L'inspecteur aux revues chargé, à l'état-major, de la tenue de ces registres, en enverra tous les mois au ministre de la guerre, un extrait collationné.

1480 Il sera également adressé, tous les mois, au ministre de la guerre, extrait collationné des registres de l'état civil tenus pour les divers corps ou détachemens, par les officiers chargés de leur tenue.

1481 Les quartiers-maîtres, capitaines, commandans ou autres officiers chargés de la rédaction des actes, seront surveillés, dans les fonctions d'officier de l'état civil, par le conseil d'administration et les inspecteurs aux revues.

1482 S'il arrivoit qu'un événement devant donner lieu à la rédaction d'un acte de l'état civil, se passât à une distance telle que les témoins fussent dans l'impossibilité de se rendre auprès de l'officier de l'état civil le plus à portée, ou ne pussent le faire dans les délais prescrits par la loi, le sous-inspecteur, ou à dé-

faut l'officier présent le plus élevé en grade, recevroit
par écrit la déclaration des témoins, en dresseroit
procès-verbal qu'ils signeroient avec lui, et l'enverroit à l'officier de l'état civil, qui transcriroit cette
pièce sur son registre et l'y annexeroit.

1483   S'il s'agissoit de militaires isolés et éloignés de l'officier militaire remplissant les fonctions d'officier de
l'état civil, l'évènement pourroit être constaté par les
autorités locales, et dans les formes usitées dans le
pays.

1484   Les obligations relatives aux actes de l'état civil,
qui sont imposées aux quartiers-maîtres par la loi
et par la présente instruction, devront, en leur absence, être remplies, par l'officier, quel que soit
son grade, qui sera chargé à l'armée de la tenue des
contrôles nominatifs.

1485   Un sous-inspecteur supplée de droit un inspecteur
dans les fonctions d'officier de l'état-civil, comme
dans celles relatives aux revues, toutes les fois qu'il
n'y a pas d'inspecteur attaché au corps d'armée ; et
par ces mots on doit entendre un corps ou division
sous les ordres séparés d'un général, et trop éloigné
du grand quartier général, pour que l'on ne puisse
sans inconvénient faire intervenir dans les actes à
passer pour ce corps, l'inspecteur ou sous-inspecteur
attaché au grand quartier général.

1486   Lorsque, par suite d'un des cas prévus dans le
paragraphe précédent, il vient à être ouvert un registre particulier pour une division détachée, le sous-
inspecteur doit être autorisé à le tenir, par le chef
d'état-major du corps d'armée dont cette division
faisoit partie, et l'inspecteur, ou celui qui le remplace, doit en être prévenu.

1487   Les registres de l'état civil tenus à l'état-major sont
sous la garde et la surveillance du chef de l'état-major, et doivent rester en dépôt dans ses bureaux :
cependant, s'il arrivoit que des circonstances exigeassent qu'ils fussent momentanément confiés à l'inspecteur ou sous-inspecteur aux revues, pour faciliter
la prompte inscription de quelques actes, ou les

transporter chez un malade dont la signature seroit nécessaire, le chef d'état-major pourroit en autoriser le déplacement.

1488 C'est dans ses bureaux que les témoins, et celui qui remplit les fonctions d'officier de l'état civil, doivent, en général, se rendre, pour que l'acte soit dressé; mais cette mesure, qui a pour objet de prévenir des difficultés, n'est pas indispensable pour la légalité de l'acte.

1489 Les registres de l'état civil, dans chaque corps de troupes, doivent également rester, autant qu'il sera possible, entre les mains du conseil d'administration et dans la caisse à trois clefs, lorsqu'il y en a une : dans le cas contraire, le président du conseil en a la garde et la surveillance; il pourra, si les circonstances venoient à y donner lieu, les confier momentanément à l'officier chargé de leur confection.

1490 Dans les compagnies isolées, et dans les petits détachemens, il seroit convenable que les registres de l'état civil fussent cotés et paraphés par le sous-inspecteur aux revues attaché à ce corps, comme tous les registres relatifs à l'administration. La loi, au surplus, n'a rien prévu à cet égard; l'art. 91 du Code, qui désigne pour cet objet l'officier commandant le corps, ne peut être applicable dans cette circonstance, puisque, suivant l'article 89, cet officier doit lui-même rédiger les actes, et qu'il ne peut être sous sa propre surveillance. En général, dans le cas dont il s'agit ici, les registres doivent être cotés et paraphés, avant la séparation du détachement, par le commandant du corps; si cette formalité a été omise, ils le seront par le commandant de place, ou autre officier supérieur de l'officier commandant le détachement dans le lieu où il se trouve, ou enfin par un sous-inspecteur aux revues ou celui qui le remplace; car le vœu de la loi sera toujours rempli, lorsque l'identité du registre sera établie de manière à ne pouvoir être contestée.

1491 Tit. I.er (1) *Naissance.* 56. La naissance de l'enfant sera déclarée par le père, ou, à défaut du père, par

(1) Voici comment s'exprimait, en matière semblable, le règlement de 1809.

Titre. XXIII. — *Scellés, inventaires.* — Article 1.er A l'armée, hors du territoire, l'acte de décès est dressé par l'officier chargé des fonctions d'officier de l'état civil, sur l'attestation de trois témoins ; et l'extrait en doit être envoyé à l'officier de l'état civil du dernier domicile du décédé et au ministre de la guerre, par l'intermédiaire du conseil d'administration, après qu'il a été relaté sur les registres-matricules du corps.

2. Pour établir le décès des militaires tués dans une affaire, l'officier chargé d'en constater, doit se faire rendre compte sur le champ de bataille, à la suite de chaque action, par les sergens-majors des compagnies, du nom des militaires manquans : il doit s'informer ensuite aux trois témoins voulus par la loi, des causes de l'absence, et constater par ce moyen la mort ou la prise par l'ennemi des individus absens.

3. A l'armée les directeurs des hôpitaux militaires, ambulans ou sédentaires, rédigent l'acte de décès et le font passer à l'officier chargé des fonctions d'officier de l'état civil, soit dans les corps, soit dans les états-majors pour les officiers sans troupe ; et pour les employés, aux commissaires-ordonnateurs des corps d'armée. Cet officier est tenu d'en faire parvenir une expédition à l'officier de l'état civil du dernier domicile du décédé.

4. Les directeurs des hôpitaux de l'armée tiendront un registre destiné à inscrire les décès ; ils doivent en remettre chaque mois un extrait en double expédition au commissaire des guerres, qui fait passer de suite au ministre de la guerre ces deux actes mortuaires, avec un bordereau nominatif pour chaque hôpital.

5. Les officiers chargés à l'armée des fonctions d'officier de l'état civil, doivent avoir soin de réclamer des directeurs des hôpitaux, et particulièrement des hôpitaux ambulans, les actes de décès des militaires qu'ils sauroient y avoir été transportés.

6. Dans tous les actes de décès en général on ne doit relater le genre de mort qu'à l'égard des militaires morts sur le champ de bataille ou des suites des blessures reçues en combattant l'ennemi, ou de maladies provenant des fatigues de la guerre, ou enfin morts de maladie ordinaire, dont le genre est spécifié par les officiers de santé.

7. Lorsqu'il y a des signes ou indices de mort violente ou d'autres circonstances qui donnent lieu de le soupçonner, le Code civil veut qu'on ne puisse faire l'inhumation qu'après qu'un officier de police, assisté d'un docteur en médecine ou en chirurgie, a dressé procès-verbal de l'état du cadavre et des circonstances y relatives, ainsi que des renseignemens qu'il auroit

les docteurs en médecine ou en chirurgie, sages-femmes, officiers de santé ou autres personnes qui

---

pu recueillir sur les prénoms, nom, âge et profession, lieu de naissance et domicile de la personne décédée

8. L'officier de police est tenu de transmettre de suite à l'officier de l'état civil du lieu où la personne est décédée, tous les renseignemens énoncés dans son procès-verbal, d'après lesquels l'acte de décès doit être rédigé. L'officier de l'état civil en envoie une expédition à celui du domicile de la personne décédée, s'il est connu : cette expédition doit être inscrite sur le registre.

9. S'il s'agit d'un militaire, un double de l'acte mortuaire est remis au corps dont il faisoit partie, si ce corps se trouve sur les lieux; si, au contraire, il a changé de garnison, l'officier de l'état civil envoie directement cette expédition au ministre.

10. La mort violente comprend le duel et le suicide, et l'intention du gouvernement est qu'il n'en soit fait aucune mention dans les actes de décès.

11. En cas de condamnation à mort par jugement, le procureur du Roi qui a requis l'exécution est tenu d'envoyer, dans les vingt-quatre heures, le procès-verbal qu'il en a dressé, au quartier-maître du corps auquel appartient le condamné; et le quartier-maître en relate la mort, tant sur les registres-matricules que sur les états de mutations, sans faire mention du genre de mort.

12. Aussitôt après le décès, à l'armée, d'un officier général, supérieur ou particulier de toutes armes, d'un inspecteur aux revues, commissaire-ordonnateur, officier de santé en chef, etc., les commissaires des guerres sont chargés d'apposer les scellés sur les papiers, cartes, plans et mémoires militaires, autres que ceux dont le décédé est l'auteur, et d'en instruire de suite le général commandant et le ministre de la guerre.

13. Le général commandant la division doit nommer, dans les dix jours qui suivent, un officier pour être témoin à la levée des scellés et à l'inventaire des objets qui viennent d'être mentionnés.

14. Lors de l'inventaire de ces objets, ceux qui sont reconnus appartenir au gouvernement, ou que l'officier nommé par le général commandant la division juge devoir l'intéresser, sont inventoriés séparément, et remis à cet officier sur son reçu; il doit être rendu compte au ministre de la guerre de ceux de ces objets qui appartiennent en propre au décédé, l'estimation en sera faite, et la valeur acquitée à qui de droit sur les fonds affectés au dépôt de la guerre. Le surplus de ces objets provenant du défunt, doit être délivré, de suite et sans frais, à ses héritiers ou ayant droit, sur quittance de décharge en bonne forme ; copies

auront assisté à l'accouchement ; et lorsque la mère
sera accouchée hors de son domicile , par la personne

---

de l'inventaire et du reçu de l'officier doivent ensuite être adressées au ministre de la guerre , qui veille à ce que les objets ainsi
recouvrés ou acquis soient remis sans délai dans les dépôts respectifs qui les concernent.

15. Le décompte de la solde qui peut être due à un décédé,
sera établi jusqu'au jour de son décès , et le montant remis à ses
héritiers ou créanciers, sur la réprésentation des pièces justificatives.

16. Les héritiers ne pouvoient cependant, d'après l'ordonnance du premier mars 1768 , réclamer l'épée que portoit ordinairement l'officier défunt ; mais cette disposition a été changée par un avis du conseil d'état du 5 brumaire an 13, qui
prescrit :

1°. Que dans aucun cas les officiers de service pour des ob-
sèques , aient , à ce titre , aucune prétention à former sur l'épée,
et moins encore sur les armes d'honneur et décorations des militaires décédés ;

2°. Que les militaires qui ont obtenu des décorations et armes
d'honneur, ont incontestablement le droit d'en disposer par testament ; ces armes doivent être envoyées , par les chefs de corps
ou le commandant de la place, au maire de la commune du domicile du décédé , pour être , par ce magistrat , remises , avec
solennité et en présence du conseil municipal , à ses héritiers ;

3°. Qu'il doit en être de même de l'épée de tout officier mort
sur le champ de bataille ou des suites de ses blessures , et que
celle des autres officiers doit être remise à leurs héritiers avec les
autres parties de leur héritage.

17. Les militaires peuvent également disposer de leur bien en
faveur de qui bon leur semble Ils peuvent même, lorsqu'ils sont en
campagne, s'exempter des formalités et règles des testamens com-
muns , en observant cependant de ne rien faire qui soit prohibé par les lois sur la faculté de tester : *quia scilicet privi-
legia in aliorum injuriâ porrigi non debent. L.* 15 , 28 *et* 41.
ff. h. t.

18. Si le testateur est malade ou blessé à l'armée , le testament
peut être reçu par l'officier de santé en chef , assisté du commandant militaire chargé de la police de l'hospice.

19. Les testamens n'ayant été établis que pour des cas d'exception , ils doivent perdre leur effet lorsque la cause a cessé ;
ce que le *Code* exprime en ces termes : « Le testament fait dans
» cette forme sera nul, six mois après que le testateur sera re-

chez qui elle sera accouchée. L'acte de naissance sera
rédigé de suite, en présence de deux témoins.

« venu dans un lieu où il aura la liberté d'employer les formes
» ordinaires. »

20. Le *Code* autorise encore les François qui se trouvent en
pays étrangers, à faire des dispositions testamentaires par acte
sous signature privée ou testament olographe, pourvu qu'il soit
écrit en entier, daté et signé de la main du testateur.

21. Ces mêmes Français peuvent encore tester valablement
par acte authentique, avec les formes usitées dans le lieu où le
testament est passé.

22. La solde due à un militaire en activité au moment de son
décès, appartient à sa succession; et il doit être compris, pour
cette solde, dans les revues, jusqu'au jour de sa mort.

Il en est de même des officiers qui meurent à l'hôpital ou en
congé avec solde, ainsi qu'il a déjà été remarqué dans le cours
de cet ouvrage. Les inspecteurs aux revues sont autorisés, par
l'article 48 du règlement du 25 germinal an 13, à les rappeler
dans la première revue qu'ils passent au corps après le décès de
l'officier, et à faire payer leur solde jusqu'au jour de la mort
inclusivement, sur les extraits mortuaires en bonne forme qui
leur sont remis, et sur les pièces justificatives des droits d'hérédité.

23. A l'égard des sous-officiers et soldats, aussitôt après leur
décès, le capitaine fait arrêter leur compte en sa présence; il
fait vérifier l'état du sac ou porte-manteau, fait vendre les effets
qui s'y trouvent, et le produit de la vente, ainsi que le décompte
de la masse du linge et chaussure, est versé à la masse générale et
à celle de la compagnie.

24. Leurs familles n'ont donc de droit que sur leur succession
patrimoniale, à moins qu'ils n'aient laissé des effets et de l'argent
provenant de leur patrimoine.

25. Si le militaire meurt hors du territoire du royaume, le
chef du corps ou l'officier le plus élevé en grade, présent sur les
lieux, doit commettre un officier pour apposer les scellés, les
lever, faire la désignation des effets et procéder à la vente.

26. Dans le cas où un militaire hors du territoire du royaume
laisseroit en mourant dans le corps dont il faisoit partie, un ou
plusieurs enfans sans que leur mère fût présente, le conseil
d'administration devra nommer de suite parmi les officiers un
tuteur temporaire, dont les fonctions se borneroient à régler les
intérêts du mineur avec le corps; cet officier doit se hâter de
prévenir la famille du décès du père de l'enfant, afin que, conformément aux lois, il puisse lui être nommé un tuteur dans le
plus court délai. Aussitôt la nomination de ce dernier, les fonc-

1492 *Si la mère est mariée, nul autre que son mari ne peut être déclaré père de l'enfant. Si elle n'est pas*

---

tions du tuteur temporaire cessent de droit, après cependant qu'il a rendu les comptes que peut nécessiter sa gestion.

27. Les conseils d'administration et les inspecteurs aux revues doivent, au surplus, faire constater juridiquement l'état de la succession des officiers aussitôt après leur décès, et prévenir leur famille; ou, si elle leur est inconnue, le préfet de la résidence du défunt.

28. A l'armée, lorsqu'un officier meurt, le chef de bataillon ou d'escadron de semaine se transporte à la baraque ou au logement du défunt, y fait l'inventaire de ses effets et équipages ou y met le scellé, fait ensuite la remise aux héritiers, s'il s'en présente munis des titres sufffisans, et qui veuillent acquitter sur-le-champ les dettes de la succession : si non, il en fait faire diligemment la vente à l'encan.

29. Il doit être retenu le sou pour livre sur le produit de la vente pour le paiement du greffier; après quoi, l'on acquitte les frais funéraires, les gages des domestiques, et ce qui peut être dû au corps, ainsi qu'aux vivandiers marchant à la suite de l'armée.

30. Le chef d'escadron ou de bataillon déposera dans la caisse du corps le surplus de l'argent de la succession, avec l'inventaire et les pièces justificatives des paiemens qu'il auroit faits, ainsi que les effets qui n'auroient pu être vendus, et les papiers, pour que le tout puisse être remis aux héritiers naturels ou à leurs chargés de procuration.

31. D'après les dispositions contenues dans le titre 2 du règlement du ministre de la guerre, en date du 24 brumaire an 12, sur l'exécution des dispositions du Code civil applicables aux militaires de toute arme, il doit être tenu par chaque quartier-maître, pour les régimens composés d'un ou de plusieurs bataillons ou escadrons, et par le capitaine commandant, pour les autres corps qui ne sont formés que par compagnie, un registre pour les actes de l'état civil : un autre registre doit être tenu à l'état-major général des corps d'armée, pour les actes civils relatifs aux officiers sans troupe et eux employés. Ces registres doivent être cotés et paraphés dans chaque régiment par l'officier qui le commande ; à l'état-major du corps d'armée, par le chef de l'état-major ; et à l'état-major général de la grande armée, par le général sous-chef de l'état-major.

32. Les inspecteurs aux revues remplissent les fonctions d'officiers de l'état civil, pour les officiers sans troupe et employés ; les quartiers-maîtres ou capitaines-commandans, pour les officiers de leurs corps : ces derniers sous la surveillance du conseil

mariée, la déclaration de paternité ne doit être reçue que du père même ; et s'il étoit marié à une autre femme, sa déclaration ne seroit pas admissible, nul ne pouvant se reconnoître publiquement adultère.

1493 57. L'acte de naissance énoncera le jour, l'heure et le lieu de la naissance, le sexe de l'enfant et les prénoms qui lui seront donnés ; les prénoms, noms, profession et domicile des père et mère, et ceux des témoins.

1494 62. L'acte de reconnoissance d'un enfant sera inscrit sur les registres, à sa date, et il en sera fait mention en marge de l'acte de naissance, s'il en existe un.

1495 *Les chefs d'état-major et les conseils d'administration veilleront à ce que les dispositions des précédens articles soient toujours ponctuellement exécutées. Il importe qu'ils aient connoissance de quelques articles du titre 7, liv. 1er. du Code civil, sur la paternité et la filiation, non pour prononcer en pareille matière, mais pour indiquer à leurs subordonnés la marche qu'ils doivent suivre pour obtenir des tribu-*

---

d'administration et des inspecteurs aux revues. Les uns et les autres sont personnellement responsables de l'entière exécution des formalités qui sont relatées dans le titre 1er de l'instruction du 24 brumaire an 12, et dont ils doivent se pénétrer.

33. Un extrait collationné de ces registres doit être envoyé exactement tous les mois au ministre de la guerre par les soins des inspecteurs aux revues, chargés à l'état-major de la tenue desdits registres. Les inspecteurs aux revues adresseront également chaque mois au ministre pareil extrait des registres tenus par le quartier-maître dans chaque régiment ou détachement soumis à leur inspection. A l'armée, un relevé de ces actes civils sera de plus envoyé au major-général aux mêmes époques.

34. Les inspecteurs aux revues, officiers supérieurs ou quartiers-maîtres, chargés de remplir les fonctions d'officier de l'état civil, doivent sentir l'importance des mesures dont l'exécution leur est confiée : ils doivent apporter l'exactitude la plus rigoureuse jusque dans les moindres détails, et prévenir par une attention soutenue, des erreurs qui deviendroient préjudiciables à ceux qui en seroient l'objet, et les mettroient eux-mêmes dans le cas d'encourir les peines prononcées par la loi.

naux la justice qu'ils peuvent être en droit de récla-
mer. Ces articles sont ci-après :

1496   312. L'enfant conçu pendant le mariage a pour
père le mari ; néanmoins celui-ci pourra désavouer
l'enfant, s'il prouve que, pendant le temps qui a
couru depuis le trois centième jusqu'au cent quatre-
vingtième jour avant la naissance de cet enfant, il
étoit, soit pour cause d'éloignement, soit par l'effet de quelque accident, dans l'impossibilité physi-
que de co-habiter avec sa femme.

1497   313. Le mari ne pourra en alléguant son impuis-
sance naturelle, désavouer l'enfant ; il ne pourra le
désavouer même pour cause d'adultère, à moins que
la naissance ne lui ait été cachée ; auquel cas il sera
admis à proposer tous les faits propres à justifier
qu'il n'en est pas le père.

1498   314. L'enfant né avant le cent quatre-vingtième
jour du mariage, ne pourra être désavoué par le
mari dans les cas suivans :

1°. S'il a eu connoissance de la grossesse avant
le mariage ;

2°. S'il a assisté à l'acte de naisssance, et si cet
acte est signé de lui ou contient sa déclaration qu'il
ne sait signer ;

3°. Si l'enfant n'est pas déclaré viable.

1499   315. La légitimité de l'enfant né trois cents jours
après la dissolution du mariage, pourra être contestée.

1500   316. Dans les divers cas où le mari est autorisé
à réclamer, il devra le faire dans le mois, s'il se
trouve sur les lieux de la naissance de l'enfant ; dans
les deux mois après son retour, si à la même époque il est absent ; dans les deux mois après la découverte de la fraude, si on lui avoit caché la naissance de l'enfant.

1501   317. Si le mari est mort avant d'avoir fait sa réclamation, mais étant encore dans le délai utile
pour la faire, les héritiers auront deux mois pour
contester la légitimité de l'enfant, à compter de
l'époque où cet enfant se seroit mis en possession

des biens du mari, ou de l'époque où les héritiers seroient troublés par l'enfant dans cette possession.

1502   318. Tout acte extrajudiciaire contenant le désaveu de la part du mari ou de ses héritiers, sera comme non avenu, s'il n'est suivi, dans le délai d'un mois, d'une action en justice, dirigée contre un tuteur *ad hoc* donné à l'enfant, et en présence de sa mère.

1503   Sect. 1ʳᵉ. *Naissance des enfans des militaires sur le territoire.* — 55. Les déclarations de naissance seront faites, dans les trois jours de l'accouchement, à l'officier de l'état civil du lieu; l'enfant lui sera présenté.

1504   Sect. 2ᵉ. *Naissance hors du territoire.* — 92. Les déclarations de naissance à l'armée seront faites dans les dix jours qui suivront l'accouchement.

1505   *Cet article fait exception a l'art. 55, qui n'accorde que trois jours pour les déclarations. Quant aux autres formalités, elles devront être les mêmes hors du territoire que dans l'intérieur, et les officiers de l'état civil se conformeront, à cet effet, aux dispositions générales relatives aux actes de naissance, et énoncées au commencement de ce titre.*

1506   93. L'officier chargé de la tenue du registre de l'état civil devra, dans les dix jours qui suivront l'inscription d'un acte de naissance audit registre, en adresser un extrait à l'officier de l'état civil du dernier domicile du père de l'enfant, ou de la mère, si le père est inconnu.

1507   *Afin d'éviter les erreurs que pourroient commettre des bataillons ou escadrons qui, étant détachés du corps, n'ont point sous les yeux les registres matricules, l'officier de l'état civil enverra l'extrait mentionné en l'article précédent au dépôt du corps, où il sera confronté avec le signalement du père de l'enfant, s'il est connu, et transmis par le conseil d'administration au lieu de son dernier domicile ou de celui de la mère, dans le cas ou le pere seroit inconnu.*

1508   *Un double de cet extrait sera, en outre, envoyé au ministre de la guerre, et le numéro du registre matricule, sous lequel le père aura été signalé, sera relaté avec soin sur ledit acte de naissance.*

1509   *Dans le cas où des corps entiers se trouveroient hors du territoire, ils transmettroient directement lesdits extraits ainsi qu'il est prescrit ci-dessus.*

1510   Tit. 2. *Mariage des militaires.* — 144. L'homme avant dix-huit ans révolus, la femme avant quinze ans révolus, ne peuvent contracter mariage.

1511   145. Néanmoins il est loisible à Sa Majesté d'accorder des dispenses d'âge pour des motifs graves.

1512   146. Il n'y a pas de mariage lorsqu'il n'y a pas de consentement.

1513   147. On ne peut contracter un second mariage avant la dissolution du premier.

1514   148. Le fils qui n'a pas atteint l'âge de vingt-cinq ans accomplis, la fille qui n'a pas atteint l'âge de vingt-un ans accomplis ne peuvent contracter mariage sans le consentement de leurs père et mère. En cas de dissentiment, le consentement du père suffit.

1515   149. Si l'un des deux est mort, ou s'il est dans l'impossibilité de manifester sa volonté, le consentement de l'autre suffit.

1516   150. Si le père et la mère sont morts, ou s'ils sont dans l'impossibilité de manifester leur volonté, les aïeuls et aïeules les remplacent : s'il y a dissentiment entre l'aïeul et l'aïeule de la même ligne, il suffit du consentement de l'aïeul.

1517   S'il y a dissentiment entre les deux lignes, ce partage emportera consentement.

1518   151. Les enfans de famille ayant atteint la majorité fixée par l'article 148, sont tenus, avant de contracter mariage, de demander, par un acte respectueux et formel, le conseil de leur père et de leur mère, ou celui de leurs aïeuls et aïeules, lorsque leur père et leur mère sont décédés, ou dans l'impossibilité de manifester leur volonté.

1519   152. Depuis la majorité fixée par l'article 148, jusqu'à l'âge de trente ans accomplis pour les fils, et jusqu'à l'âge de vingt-cinq ans accomplis pour les filles, l'acte respectueux prescrit par l'article précédent, et sur lequel il n'y auroit pas de consentement au mariage, sera renouvelé deux autres fois, de mois en mois; et un mois après le troisième acte, il pourra être passé outre à la célébration du mariage.

1520   153. Après l'âge de trente ans, il pourra être, à défaut de consentement sur un acte respectueux, passé outre, un mois après, à la célébration du mariage.

1521   154. Les officiers de l'état civil qui auroient procédé à la célébration des mariages contractés par des fils n'ayant pas atteint l'âge de vingt cinq ans accomplis, ou par des filles n'ayant pas atteint l'âge de vingt-un ans accomplis, sans que le consentement des pères et mères, celui des aïeuls et aïeules, et celui de la famille, dans le cas où ils sont requis, soient énoncés dans l'acte de mariage, seront, à la diligence des parties intéressées et du procureur royal au tribunal de première instance du lieu où le mariage aura été célébré, condamnés à l'amende portée par l'art 192 (1), et, en outre, à un emprisonnement dont la durée ne pourra être moindre de six mois.

1522   157. Lorsqu'il n'y aura pas eu d'acte respectueux, dans les cas où ils sont prescrits, l'officier de l'état civil qui auroit célébré le mariage, sera condamné à la même amende, et à un emprisonnement qui ne pourra être moindre d'un mois.

1523   158. Les dispositions contenues aux articles 148, 149, et les dispositions des articles 151, 152, 153, 154 et 155, relatives à l'acte respectueux qui doit être fait aux père et mère dans le cas prévu par ces articles, sont applicables aux enfans naturels légament reconnus.

1524   159. L'enfant naturel qui n'a point été reconnu, et celui qui, après l'avoir été, a perdu ses père et mère, ou dont les père et mère ne peuvent manifes-

---

(1) Cette amende, dont le *minimum* n'est pas fixé, ne pourra excéder 300 francs.

ter leur volonté , ne pourra, avant l'âge de 21 ans révolus , se marier, qu'après avoir obtenu le consentement d'un tuteur *ad hoc* , qui lui sera nommé.

1525   160. S'il n'y a ni père ni mère , ni aïeuls ni aïeules, ou s'ils se trouvent tous dans l'impossibilité de manifester leur volonté , les fils ou filles mineurs de 21 ans , ne peuvent contracter mariage sans le consentement du conseil de famille.

1526   161. En ligne directe , le mariage est prohibé entre tous les ascendans et descendans légitimes ou naturels , et les alliés dans la même ligne.

1527   162. En ligne collatérale , le mariage est prohibé entre le frère et la sœur légitimes ou naturels , et les alliés au même degré.

1528   163. Le mariage est encore prohibé entre l'oncle et la nièce, la tante et le neveu.

1529   164. Néanmoins il est loisible à Sa Majesté de lever, pour des causes graves, les prohibitions portées au précédent article.

1530   170. Le mariage contracté en pays étranger entre français et entre français et étranger, sera valable, s'il a été célébré dans les formes usitées dans le pays, pourvu qu'il ait été précédé des publications prescrites par l'art. 63 , et que le français n'ait point contrevenu aux dispositions contenues au chap. précédent (1).

1531   171. Dans les trois mois après le retour du français sur le territoire , l'acte de célébration du mariage contracté en pays étranger , sera transcrit sur le registre public des mariages du lieu de son domicile.

1532   203. Les époux contractent ensemble, par le fait seul du mariage, l'obligation de nourrir , entretenir et élever leurs enfans.

1533   227. Le mariage se dissout , 1°. par la mort de l'un des époux ; 2°. par le divorce (2) légalement pro-

---

(1) Voyez depuis l'art. 144 inclusivement
(2) La loi qui autorisoit le divorce a été rapportée.

noncé ; 3°. par la condamnation devenue définitive de l'un des époux à une peine emportant mort civile.

1534   228. La femme ne peut contracter un nouveau mariage, qu'après dix mois révolus depuis la dissolution du mariage précédent.

1535   *L'art. 74 du Code civil fixe à six mois le temps de domicile de l'un des deux époux dans une commune, pour y célébrer leur mariage ; mais, comme un militaire, obligé de suivre ses drapeaux, peut se trouver pendant long-temps dans la nécessité de ne pas résider six mois de suite dans le même lieu, il suffira qu'il justifie qu'il est au corps depuis plus de six mois ; et l'officier public en fera mention sur ses registres, ainsi que du temps depuis lequel le corps est en garnison dans la commune. S'il s'agit d'un officier sans troupes, il suffira qu'il justifie de la date de l'ordre qui l'a appelé pour le service, dans la commune où il est.*

1536   *Dans tous les cas, la publication devra aussi être faite dans la commune où étoit la dernière résidence, ainsi que dans celle où est le domicile des parens sous l'autorisation desquels on se marie.*

1537   *Le décret du 16 juin 1808 porte :*

Art. 1er. Les officiers de tout genre en activité de service ne pourront à l'avenir se marier qu'après en avoir obtenu la permission par écrit du ministre de la guerre. Ceux d'entre eux qui auront contracté mariage sans cette permission, encourront la destitution et la perte de leurs droits, tant pour eux que pour leurs veuves et leurs enfans, à toute pension ou récompense militaire.

1538   *2. Les sous-officiers et soldats en activité de service ne pourront de même se marier qu'après en avoir obtenu la permission du conseil d'administration de leur corps.*

1539   *3. Tout officier de l'état civil qui, sciemment, aura célébré le mariage d'un officier, sous-officier ou soldat en activité de service, sans s'être fait remettre lesdites permissions, ou qui aura négligé de les joindre à l'acte de célébration du mariage, sera destitué de ses fonctions.*

1540   D'après l'avis du conseil d'état, approuvé le 21 décembre 1808, les dispostions de ce décret sont également applicables aux officiers réformés.

1541   Elles le sont aussi, en vertu du décret du 28 août 1808, aux commissaires ordonnateurs et ordinaires des guerres et aux adjoints, aux officiers de santé militaires de toutes classes et de tout grade et aux officiers des bataillons et équipages. Les uns et les autres devront obtenir la permission par écrit du ministre.

1542   Les sous-officiers et soldats en activité dans les bataillons des équipages, ne pourront se marier qu'avec la permission du conseil d'administration de leurs bataillons.

1543   Les officiers de l'état civil devront donc veiller, avec le plus grand soin, à l'entière exécution de ces dispositions, et ne jamais passer outre à la célébration d'un mariage, sans s'être fait représenter l'une des permissions prescrites, et la joindre à l'acte de célébration.

1544   SECTION I\ᵉ. *Mariage des militaires sur le territoire français* (1).

1545   SECT. II. *Mariage hors du territoire.* — L'article 88 du Code civil porte que les actes de l'état civil faits hors du territoire du royaume, concernant des militaires ou autres personnes employées à la suite des armées, seront rédigés dans les formes prescrites par les dispositions précédentes, sauf les exceptions contenues dans les articles suivans.

1546   Les officiers appelés à remplir les fonctions d'officier de l'état civil, devront donc se bien pénétrer des formalités exigées dans l'intérieur, et qui sont exposées dans la section précédente, ainsi que des dispositions et observations générales qui commencent le titre II. Ils n'y dérogeront que dans les cas prévus par la loi, et pour lesquels elle a ad-

----

(1) Ceci n'a pas rapport au Règlement de campague.

mis des exceptions. Ils deviennent dès lors personnellement responsables de leur entière exécution, et la moindre infraction de leur part les
exposeroit aux peines prononcées à l'égard des
officiers publics qu'ils représentent.

1547   94. Les publications de mariage des militaires et
employés à la suite des armées, seront faites au lieu
de leur dernier domicile; elles seront mises en outre,
vingt-cinq jours avant la célébration du mariage, à
l'ordre du jour du corps, pour les individus qui
tiennent à un corps; et à celui de l'armée ou du corps
d'armée, pour les officiers sans troupes, et pour
les employés qui en font partie.

1548   Cet article fait exception aux articles 63 et 64,
concernant le délai, le mode de publication et la
durée des affiches dans l'intérieur du royaume;
il devra donc être seul suivi hors du territoire français, en observant cependant que les enfans de
troupes, n'ayant souvent pas eu d'autre domicile que sous les drapeaux, les publications faites
dans l'endroit où se trouve le corps, sont les seules
exigibles à leur égard. Quant aux autres militaires,
ils devront déclarer quel a été leur dernier domicile,
qui, à défaut de tout autre, sera censé être le lieu
de leur naissance et de leur domicile ordinaire.

1549   95. Immédiatement après l'inscription sur le registre, de l'acte de célébration du mariage, l'officier chargé de la tenue du registre en enverra une
expédition à l'officier de l'état civil du dernier domicile des époux.

1550   Pour prévenir l'inexactitude des renseignemens,
les officiers de l'état civil dans les corps, opéreront
à cet égard, ainsi qu'il est prescrit pour les actes de
naissance; ils transmettront cette expédition au
conseil d'administration qui, après l'avoir com-
parée à ses registres matricules, l'enverra à l'officier de l'état civil du dernier domicile du mari;
et quant à la femme, l'officier chargé de la tenue
des registres pourra toujours prendre sa déclaration
pour connoître son dernier domicile.

1551 *En général, tous les officiers remplissant, hors du territoire français, les fonctions d'officier de l'état civil, observeront exactement si les qualités et conditions requises pour contracter mariage, sont, dans les futurs époux, conformes en tout point au vœu de la loi. Ils se rappelleront surtout que la reconnoissance des enfans naturels, excepté le cas où elle seroit faite par un individu non marié au moment de la présentation de l'enfant pour constater sa naissance, et celui où deux personnes libres, en se mariant, reconnoîtroient les enfans qu'elles auroient eues précédemment, déclaration de reconnoissance que celui qui fait les fonctions d'officier public pour l'acte de mariage peut aussi recevoir et inscrire (voir, à cet égard, le modèle n.° 1, à la suite de cette instruction), que le désaveu fait par le père de l'enfant présenté sous son nom, et qu'enfin le prononcé du divorce, sont des cas dont il ne leur est pas permis de connoître. Les parties devront, pour être autorisées à ces divers actes, et pour les faire, se mettre en instance devant les tribunaux compétens ; et ce n'est conséquemment que lors de leur rentrée sur le territoire français, qu'elles pourront faire les diligences convenables quels que soient d'ailleurs les droits qu'elles puissent avoir, et dont elles auront toujours pu faire des actes conservatoires.*

1552 **Tit. III.** *Décès des militaires. — Lorsqu'un militaire appartenant à un corps viendra à décéder sur le territoire, etc. (1).*

1553 *Si un militaire meurt hors du territoire du royaume, le chef du corps, ou l'officier le plus élevé en grade, présent sur les lieux, commettra un officier pour apposer les scellés, qui seront ensuite levés, et la désignation des effets et leur vente faites comme il est dit ci-dessus.*

A l'égard des scellés à apposer sur les effets des of-

---

(1) Ces dispositions appartiennent au règlement de service de garnison.

1554 ficiers généraux ou supérieurs, commissaires ordonnateurs et inspecteurs aux revues, les juges de paix se conformeront, dans l'intérieur, aux dispositions prescrites par l'arrêté des consuls, du 13 nivôse an 10. Hors du territoire, les commissaires des guerres seront chargés de l'apposition des scellés, et les chefs de l'état-major, sont autorisés à commettre un adjoint à l'état-major, ou un officier particulier pour assister à la levée de ces scellés et à l'inventaire des effets du décédé.

1555 Lors de l'inventaire de ces objets, ceux qui seront reconnus appartenir au Gouvernement, ou que l'officier nommé par le chef de l'état-major jugera devoir l'intéresser, seront inventoriés séparement, et remis audit officier sur son reçu. Il sera rendu compte au ministre de la guerre, de ceux de ces objets qui appartiendront en propre au décédé. Le surplus desdits objets provenant du défunt, sera délivré de suite et sans frais à ses héritiers ou ayant droit. Copies de l'inventaire et du reçu de l'officier seront de suite adressées au ministre de la guerre, qui aura également dû être préalablement instruit du nom de cet officier.

1556 Si les héritiers ne sont pas sur les lieux, ils seront de suite prévenus du décès par le commissaire des guerres chargé de l'apposition des scellés, qui leur fera également passer copie de l'inventaire : si les héritiers ne sont pas connus, ces renseignemens seront donnés au juge de paix de l'arrondissement du lieu où est né le décédé ; si dans les délais jugés suffisans, leur réponse n'est point parvenue, ou qu'elle n'indique pas une destination pour les effets non susceptibles d'être conservés, tels que chevaux, hardes et équipages, il sera procédé de suite à leur vente, et le montant en sera versé entre les mains du payeur de la division, ainsi que l'argent provenant de la succession, pour être transmis par lui à la caisse d'amortissement ; les armes, décorations et autres effets du décédé, seront déposés à l'état-major.

1557   *Dans tous les cas, aucun des objets appartenant à la succession d'un militaire décédé, ne peut être remis qu'au porteur d'une procuration légale et authentique ; et s'il est seul, cette pièce devra énoncer qu'il agit au nom et comme représentant de la totalité des héritiers.*

1558   *Ces différentes manières d'opérer ne doivent évidemment être mises en usage qu'autant qu'il n'existeroit point de testament contenant des dispositions contraires. Dans ce cas, on devroit se conformer ponctuellement aux intentions du testateur, et s'entendre, pour l'exécution, avec le juge de paix du lieu de naissance du décédé.*

1559   SECTION I.re *Du décès des militaires sur le territoire* (1).

1560   *A l'égard des hôpitaux militaires, l'art. 485 de l'arrêté du 24 thermidor an 8* (2), *porte :* « Les » directeurs des hôpitaux remettront, tous les mois, » un extrait dudit registre au commissaire des » guerres, qui l'adressera au ministre de la guerre, » avec une double expédition de l'acte de mort. »

1561   *Le numéro que chaque militaire décédé avoit sur le registre matricule de son corps, sera soigneusement relaté sur lesdits extraits, ainsi que le prescrit la décision du ministre du 11 brumaire an 11.*

1562   SECTION II. *Décès des militaires et employés hors du territoire.* — 96. Les actes de décès seront dressés, dans chaque corps, par le quartier-maître ; et pour les officiers sans troupes et les employés, par l'inspecteur aux revues de l'armée, sur l'attestation de trois témoins ; et l'extrait de ces registres sera envoyé, dans les dix jours, à l'officier de l'état civil du dernier domicile du décédé.

1563   *L'officier remplissant les fonctions d'officier de l'état civil, observera que cet article fait exception, quant au nombre de témoins, à l'article 78,*

---

(1) Ces dispositions appartiennent au règlement de service de garnison.

(2) Voy. n.º 1299.

qui n'en exige que deux dans l'intérieur du royaume. C'est donc sur l'attestation de trois témoins qu'il devra rédiger les actes de décès, en se conformant d'ailleurs aux autres formalités précédemment indiquées.

1564 Pour les militaires appartenant à un corps, lesdits extraits de mort seront envoyés à l'officier de l'état civil du dernier domicile du décédé et au ministre de la guerre, par l'intermédiaire du conseil d'administration, après qu'ils auront été relatés sur les registres matricules. Il devra aussi en être fait mention dans les états de mutation qu'il doit adresser chaque mois.

1565 A l'égard des militaires tués sur le champ de bataille, l'officier de l'état civil se fera rendre compte à la suite de chaque action, par les sergens-majors des compagnies, du nom des militaires manquans. Il fera appeler ensuite, pour chaque individu, les trois témoins voulus par la loi, et qui attesteront les causes de l'absence ; il constatera par ce moyen, par des actes séparés, la mort ou la prise par l'ennemi des hommes absens ; et après avoir établi les actes de décès, il en enverra des extraits, conformément aux dispositions ci-dessus énoncées.

1566 L'officier de l'état civil, avant de rédiger un acte de décès, doit réquérir les témoins qu'il sait exister, s'ils ne se présentent pas volontairement; et en cas de refus de comparoître, il doit avoir recours à l'autorité supérieure pour les y contraindre.

1567 L'inspecteur aux revues attaché au grand quartier-général, et celui de chaque corps d'armée, ou, à défaut de l'un d'eux, le sous-inspecteur qui le remplace, doivent en principe remplir les fonctions d'officier de l'état civil, seulement pour les officiers sans troupes, et les employés de leur corps d'armée respectif.

1568 Cependant, s'il arrivoit que quelque officier sans troupes ou agent civil vînt à mourir étant momentanément employé à un autre corps d'armée que le sien, l'acte de son décès devroit, dans ce cas, être rédigé, par l'inspecteur ou sous-inspecteur aux revues du corps d'armée où il se trouveroit alors, et copie de cet acte seroit adressée à l'inspecteur aux revues de son ancien corps, qui, en transcrivant cette pièce sur son registre, feroit mention des causes qui auroient donné lieu à cette manière d'opérer.

1569   *Décès dans les hôpitaux.* — 97. En cas de décès dans les hôpitaux militaires, ambulans ou sédentaires, l'acte en sera rédigé par le directeur desdits hôpitaux, et envoyé au quatier-maître du corps, ou à l'inspecteur aux revues de l'armée ou du corps d'armée, dont le décédé faisoit partie. Ces officiers en feront parvenir une expédition à l'officier de l'état civil du dernier domicile du décédé.

1570   *L'extrait du registre que doivent tenir les directeurs desdits hôpitaux, sera en outre remis chaque mois, en double expédition, au commissaire des guerres, qui fera de suite passer au ministre ces deux actes mortuaires, avec un bordereau nominatif pour chaque hôpital.*

1571   *Dans le cas où, pendant un mois, il n'y auroit eu aucun décès dans un hôpital, le commissaire des guerres qui en a la police, auroit soin d'adresser au ministre un état négatif.*

1572   *Les officiers de l'état civil auront soin de réclamer des directeurs des hôpitaux, et particulièrement des hôpitaux ambulans, les actes de décès des individus qu'il sauroit y avoir été transportés.*

1573   *Ils relateront le genre de mort, dans les actes de décès relatifs aux individus morts sur le champ de bataille, ou des suites de blessures reçues en combattant l'ennemi, ou les maladies provenant des fatigues de la guerre, ou enfin morts de maladies ordinaires, et dont le genre sera spécifié par les officiers de santé.*

1574 *Les événemens de la guerre empêchent souvent de réunir le nombre de témoins nécessaire pour constater le décès d'un militaire, ou de le faire dans les délais exigés, ou enfin de se conformer, dans la rédaction de l'acte, à toutes les dispositions prescrites par la loi. On ne doit pas néanmoins négliger de le dresser, en ayant soin d'indiquer, dans cette pièce, les irrégularités qui s'y trouvent, et les motifs qui se sont opposés à ce qu'on y apportât plus d'exactitude, afin que, dans aucun temps, ce défaut de formes ne puisse être considéré comme un oubli. Ces espèces d'actes deviennent pour les familles un commencement de preuve, et les tribunaux fixent ensuite le degré de valeur qu'on doit y donner.*

1575 *En principe général, on ne doit donc jamais manquer de constater le décès d'un individu mort à l'armée, indépendamment de toutes les circonstances, puisque la pièce qui en résultera, et dont la non-existence seroit irréparable, peut un jour obtenir de la sanction des tribunaux un caractère légal, et devenir alors un titre positif.*

1576 *Les officiers de l'état civil ne doivent cependant pas conclure de cette observation, qu'il est quelquefois permis de ne pas s'astreindre à toutes les formalités prescrites par la loi; les moyens indiqués ci-dessus ne peuvent être employés que dans une nécessité absolue, et la responsabilité des officiers seroit gravement compromise, si la rédaction d'une pièce de cette nature donnoit lieu à découvrir que quelque défaut dans les formes peut être attribué à leur négligence ou au peu d'efficacité des moyens dont ils auroient cru devoir se servir. C'est par cette raison qu'ils doivent toujours avoir le soin d'énoncer d'une manière claire et détaillée, les motifs qui les ont empêchés de se conformer en tout point aux dispositions prescrites par les différens articles du Code civil.*

1577 TIT. IV. *Testamens.* — 981. *Les testamens des militaires et des individus employés dans les armées,* pourront, en quelque pays que ce soit , être reçus par un chef de bataillon ou escadron, ou par tout autre officier d'un grade supérieur, en présence de deux témoins , ou par deux commissaires des guerres, ou par un de ces commissaires en présence de deux témoins.

1578   982. Ils pourront encore, si le testateur est malade ou blessé, être reçus par l'officier de santé en chef, assisté du commandant militaire chargé de la la police de l'hospice.

1579   983. Les dispositions des articles ci-dessus n'auront lieu qu'en faveur de ceux qui seront en expédition militaire, ou en quartier, ou en garnison hors du territoire français, ou prisonniers chez l'ennemi, sans que ceux qui seront en quartier ou en garnison dans l'intérieur puissent en profiter, à moins qu'ils ne se trouvent dans une place assiégée, ou dans une citadelle et autres lieux dont les portes soient fermées et les communications interrompues à cause de la guerre.

1586   984. Le testament fait dans la forme ci-dessus établie, sera nul six mois après que le testateur sera revenu dans un lieu où il aura la liberté d'employer les formes ordinaires.

1581   998. Les testamens compris dans les articles ci-dessus seront signés par les testateurs et par ceux qui les auront reçus.

1582   Si le testateur déclare qu'il ne sait ou ne peut signer, il sera fait mention de sa déclaration, ainsi que de la cause qui l'empêche de signer.

1583   Dans le cas où la présence de deux témoins est requise, le testament sera signé au moins par l'un d'eux, et il sera fait mention de la cause pour laquelle l'autre n'aura pas signé.

1584   999. Un français qui se trouvera en pays étranger, pourra faire ses dispositions testamentaires par acte sous signature privée, ainsi qu'il est prescrit en l'article 970 (cité ci-après), ou par acte authentique, avec les formes usitées dans le lieu où cet acte sera passé.

1585   1000. Les testamens faits en pays étrangers ne pourront être exécutés sur les biens situés en France, qu'après avoir été enregistrés au bureau du domicile du testateur, s'il en a conservé un, sinon au bureau de son dernier domicile connu en France; et, dans le cas où le testament contiendroit des dispositions d'immeubles qui y seroient situés, il devra être, en outre, enregistré au bureau de la situation de ces immeubles, sans qu'il puisse être exigé un double droit.

1586   *Dispositions relatives aux testamens.* — Un testament ne pourra être fait dans le même acte par deux ou plusieurs personnes, soit au profit d'un tiers, soit à titre de dispositions réciproques et mutuelles. (*Art.* 968.)

1587   Le testament olographe ne sera point valable, s'il n'est écrit en entier, daté et signé de la main du testateur; il n'est assujetti à aucune autre forme. (*Art.* 970.)

1588   Le testament par acte public devra être signé pâr les témoins. On ne pourra recevoir en cette qualité, ni les légataires, à quelque titre qu'ils soient, ni les parens ou alliés du testateur jusqu'au quatrième degré inclusivement, ni les commis ou délégués de l'individu par lequel les actes seront reçus. Les témoins devront être mâles et majeurs. (*Art.* 974 et 975.).

1589   Il doit être donné lecture au testateur de son testament, en présence des témoins, et mention expresse en sera faite dans l'acte. (*Art.* 972.)

1590   Les docteurs en médecine ou en chirurgie, les officiers de santé et les pharmaciens qui auront traité un militaire ou toute autre personne employée à la suite de l'armée pendant la maladie dont elle meurt, ne pourront profiter des dispositions entre-vifs ou testamentaires faites en leur faveur pendant le cours de cette maladie.

1591   La même règle sera observée à l'égard des ministres du culte. Ne sont cependant pas interdites les dispositions rénumératoires faites à titre particulier, eu

égard aux facultés du disposant et aux services rendus (*Art.* 909). Les formalités auxquelles les divers
testamens sont assujettis, doivent être observées à
peine de nullité. (*Art.* 1001.)

1592 *Instructions générales.* — Art. 1er. Les dispositions relatives aux militaires hors du territoire français, sont applicables non-seulement à ceux réunis
en corps d'armée au-delà des frontières, ou qui y
sont employés dans des corps détachés, mais aussi
aux corps qui, dans un cas d'invasion ou de ré-
volte, se trouveroient dans l'impossibilité de re-
courir aux officiers publics ordinaires , pour constater le décès des militaires qui seroient morts sur
le champ de bataille, ou pour faire divers actes relatifs à l'état civil. Dans tous les autres cas, les
militaires sont assujettis aux mêmes lois que le reste
des citoyens.

1593   A l'égard de l'envoi qui doit être fait au dernier
domicile des parties, des actes de naissance, de mariage et de décès concernant des militaires hors du
territoire français, ce dernier domicile doit être le
lieu de naissance de l'individu ; à moins d'une déclaration contraire.

1594   2. Quant aux militaires qui mourroient prisonniers de guerre, les actes en seront rédigés dans les
formes usitées dans le pays où ils viendroient à décéder. Comme ils se trouvent alors éloignés de leurs
drapeaux, l'article 47 du Code civil leur est applicable sous tous les rapports; il porte que tout acte
de l'état civil des Français et des étrangers, fait en
pays étrangers, fera foi, s'il a été rédigé dans les
formes usitées dans ledit pays.

1595   Une lettre du ministre de la guerre, du 23 fructidor an 9, prescrit en outre aux conseils d'administration des corps, de recevoir la déclaration des
prisonniers de guerre rentrans, sur le sort des individus en captivité avec eux, et de la mort de qui
ils pourroient avoir été témoins.

1596 *Il devra être dressé procès-verbal de ces déclarations pour chacun des militaires dont on parviendra par ce moyen à connoître le décès. Ce procès-verbal sera dressé à l'état-major par l'inspecteur ou sous-inspecteur aux revues; aux bataillons ou escadrons de guerre, par l'officier remplissant les fonctions d'officier de l'état civil, et aux dépôts des corps, par le quartier-maître : il pourra, en cas de nécessité absolue, l'être encore par tous ceux désignés dans cette instruction comme destinés à suppléer au besoin les officiers de l'état civil. Il sera signé par les témoins, par celui qui l'aura rédigé, certifié par le conseil d'administration, et visé par le sous-inspecteur aux revues.*

1597 *A défaut d'acte légal, cette pièce pourra devenir un titre authentique, après que les parties intéressées auront obtenu, à cet égard, la sanction des tribunaux.*

1598 *Il devra toujours être envoyé de suite au ministre une copie de ces procès-verbaux.*

1599 3. *Dans le cas où un militaire hors du territoire du royaume, laisseroit en mourant, dans le corps dont il feroit partie, un ou plusieurs enfans sans que leur mère fût présente, le conseil d'administration nommera de suite, parmi les officiers dudit corps, un tuteur temporaire dont les fonctions se borneront seulement à régler provisoirement les intérêts du mineur avec le corps. Cet officier se hâtera de prévenir la famille du décès du père de l'enfant, afin que, conformément aux lois, il puisse lui être nommé un tuteur dans le plus court délai. Aussitôt la nomination de ce dernier, les fonctions du tuteur temporaire seront terminées de droit, après cependant qu'il aura rendu les comptes que pourroit nécessiter sa gestion.*

1600 4. *Les articles 2 et 3 de la loi du 26 fructidor an 2, additionnelle à celle du 11 ventôse, portent que les militaires qui se trouveront en pays ennemi ou au bivouac, à défaut de notaire pour recevoir leur procuration, pourront s'adresser au conseil d'admini-*

nistration du corps auquel ils appartiennent, et qu'il suffira que cette procuration soit signée par les membres du conseil d'administration et revêtue du sceau du corps.

1601   *On peut en conclure, par induction, que les inspecteurs ou sous-inspecteurs aux revues, qui tiennent lieu du conseil d'administration pour les officiers sans troupes et les employés, doivent agir de même à leur égard. Dans ce cas, la procuration est dressée par l'inspecteur ou sous-inspecteur aux revues, qui signe avec le requérant; et si ce dernier ne peut signer, il en est fait mention, qui est attestée par deux témoins.*

1602   Les certificats de vie également à délivrer par les inspecteurs ou sous-inspecteurs aux revues, ne sont, relativement à eux, assujettis à aucune formalité particulière, seulement ils doivent avoir soin de faire signer ces sortes de pièces par le réquérant, dont les nom, prénoms, grade ou qualité et époque de naissance, seront clairement énoncés, et par les témoins; et si quelqu'un d'eux ne savoit signer, ils devront ne pas oublier de le relater dans le certificat.

1603   Les procurations, les certificats de vie et les testamens que les officiers et les commissaires des guerres sont autorisés à recevoir, doivent être enregistrés sur un mémorial, sans entrer dans aucun détail, en énonçant seulement que tel jour il a été fait une procuration ou un certificat de vie pour un tel, ou qu'on a reçu le testament d'un tel.

1604   Ces registres d'ordre devront être envoyés au ministre de la guerre, lors de la rentrée sur le territoire français.

1605   Les registres de l'état civil doivent, autant que possible, être tenus à une distance telle de l'état-major ou des corps de troupes, que les actes puissent être faits dans les délais prescrits par la loi; on doit surtout assurer leur conservation avec le plus grand soin, et celui qui remplit les fonctions

d'officier de l'état civil, doit provoquer journellement, à cet égard, les mesures nécessaires, auprès
de l'autorité compétente.

Décret du 24 décembre 1811.

Organisation et service des états-majors des places.

1606 En cas de siége ou de circonstances particulières,
le commandement en chef pourra, comme par le
passé, être confié à des *gouverneurs* ou *commandans
supérieurs*, pour la durée du siége ou des circonstances.

1607 5. Les généraux en chef, dans le rayon de leur
armée, pourront en cas d'urgence et de motifs graves
dont ils rendront compte, donner des commandans
supérieurs aux places menacées; hors ce cas, les
commandans supérieurs sont nommés par le Roi.
Ils reçoivent de simples lettres de service, qui leur
assignent leur rang et leur traitement. Ils ne peuvent
recevoir ni prendre le titre de gouverneur.

1608 En temps de guerre, si la place est assiégée, bloquée ou menacée d'un siége, d'un blocus ou d'une
attaque de vive force, le commandant d'armes cor-
respond, par tous les moyens qui sont en son pouvoir, soit avec le général de la division, soit avec
le ministre de la guerre, à qui dans ce cas il doit
des comptes directs et journaliers.

1609 S'il ne reste que des officiers supérieurs dans une
division où il y ait un ou plusieurs commandans
d'armes de première classe, ce commandant, et s'ils
sont plusieurs, le plus ancien de grade ou d'emploi prend le commandement par intérim de la division, jusqu'à ce que le ministre y ait envoyé un
officier-général.

1610 Mais dans ce cas, il ne quitte point sa place, et
si quelque événement imprévu, telle qu'une descente, une invasion ou un rassemblement illicite,
oblige à faire marcher les troupes, il se borne à

donner ses ordres à l'officier de la ligne ou de l'état-major le plus élevé ou le plus ancien en grade, qui prend le commandement des troupes.

1611 Les mêmes règles s'appliqueront au cas où, par un concours de circonstances imprévues, il ne se trouveroit dans les divisions militaires que des officiers d'un grade inférieur à celui des commandans d'armes des autres classes.

1612 31. Lorsqu'un général commandant une armée, un corps d'armée, une division ou une brigade, aura une place de guerre dans son commandement, et s'y trouvera, il pourra y prendre le commandement supérieur, conformément à ce qui est prescrit par l'article 26.

1613 Si la place est assiégée ou bloquée, l'officier général ou supérieur ne prendra point le commandement; il se bornera à déférer aux demandes du commandant d'armes, pour l'emploi de ses troupes en faveur de la défense, et le siége ou le blocus levé, il suivra sa destination.

1614 38. En cas de siége, l'autorité du gouverneur, du commandant supérieur ou du commandant d'armes est absolue et s'étend même sur l'administration intérieure et des corps, sur les travaux et les divers services. En conséquence, les commandans des troupes d'artillerie et du génie, et le commissaire des guerres, sont tenus de prendre les mesures d'administration intérieure, d'exécuter les travaux et de faire toutes les dispositions de service que le commmandant juge à propos de leur prescrire, dans l'intérêt de la défense.

1615 5o. Les places de guerre, relativement à leur service et à leur police, continueront d'être considérées sous trois rapports, savoir : dans *l'état de paix*, dans *l'état de guerre* et dans *l'état de siége*, conformément aux articles 5, 6, 7, 8, 9, 10, 11 et 12 titre Ier de la loi du 10 juillet 1791, et sauf les modifications établies ci-après. (Voy. n° 1195.)

1616 52. *L'état de guerre* est déterminé par l'une des circonstances suivantes : 1°. En temps de guerre, lorsque la place est en première ligne sur la côte,

ou à moins de cinq journées de marche des places,
camps et positions occupés par l'ennemi; 2°. En tout
temps, par des travaux qui couvrent la place, lorsqu'elle est située sur les côtes, ou en première ligne;
par des rassemblemens formés dans le rayon de cinq
journées de marche, sans l'autorisation des magistrats; par un décret, lorsque les circonstances obligent de donner plus de force et d'action à la police
militaire, sans qu'il soit nécessaire de mettre la place
en état de siége. Dans ces différens cas, les fonctions
et obligations des commandans d'armes sont soumises
aux règles établies ci-après, ch. III. (Voy. n° 1626.)

1617 53. L'*état de siége* (1) est déterminé par un décret,

---

(1) Le Règlement de 1809 contenoit un 37ᵉ titre, intitulé *des
Siéges*, et conforme à ce qui suit :

TITRE XXXVII. *De la défense des places en état de siége.* —
Art. 1ᵉʳ. Lorsqu'une place est en état de siége, l'officier chargé
du soin de la défendre, ne peut plus sortir des remparts, au
moins au-delà d'une portée de fusil de ses ouvrages avancés,
sous quelque prétexte que ce soit; il inspectera et visitera fréquemment les approvisionnemens de siége et les magasins d'artillerie; il aura soin qu'ils soient abondamment pourvus, et conservés à l'abri de l'attaque de l'ennemi et de l'intempérie des sai-
sons; il lui est enjoint de prendre toutes les précautions, aussitôt qu'il sera dans le cas d'être attaqué, pour accroître lesdits
approvisionnemens, et pour que les habitans aient pour un an
de vivres, faisant sortir de la ville ceux qui n'auroient pas ledit
approvisionnement.

2. Il doit conserver la place qui lui est confiée, et ne jamais
la rendre sous aucun prétexte; dans le cas où elle seroit investie,
il doit être sourd à tous les bruits répandus par l'ennemi, ou aux
nouvelles qu'il lui feroit parvenir, lors même qu'il voudroit lui
persuader que l'armée a été battue, que la France a été envahie, etc., etc. Il n'en résistera pas moins à ses insinuations
comme à ses attaques, et ne laissera point ébranler son courage:
sa règle constante doit être d'avoir le moins de communication
possible avec l'ennemi.

Il aura toujours devant les yeux les conséquences inévitables
d'une contravention aux ordres du Roi, et d'une négligence à
remplir les devoirs qui lui sont imposés. Il n'oubliera jamais
qu'en perdant la confiance du Souverain, il encourt toute la
sévérité des lois militaires; et qu'elles condamnent à mort tout

ou par l'investissement, ou par une attaque de vive force, ou par une surprise ou par une sédition intérieure, ou enfin par des rassemblemens formés dans le rayon d'investissement, sans l'autorisation des magistrats.

1618   Dans le cas d'une attaque régulière, l'état de siége ne cesse qu'après que les travaux de l'ennemi ont été détruits et les brèches mises en état de défense.

1619   Dans ces différens cas, les fonctions et obligations des commandans d'armes sont soumises aux règles établies ci-après, chap. IV. (Voy. n° 1639.)

1620   70. Le *rayon d'attaque* des places s'étend sur la zone du terrain extérieur, comprise entre les bornes des glacis et les points où seroient établis, en cas de siége, les dépôts et la queue des tranchées de l'ennemi, à distance d'un kilomètre (500 toises) de la crête intérieure du parapet des chemins couverts les plus avancés, conformément aux articles

---

commandant et son état-major, s'il livre la place, lors même que deux lunettes seroient prises et le corps de la place ouvert.

3. Dans le cas où l'ennemi auroit fait sauter la contrescarpe, il en préviendra les suites en se retranchant dans l'intérieur des bastions ; enfin, il courra les hasards d'un assaut pour prolonger la défense et augmenter la perte de l'ennemi. Il songera qu'un français doit compter la vie pour rien, si elle doit être mise en balance avec son honneur ; et que cette idée doit être pour lui et pour ses subordonnés le mobile de toutes leurs actions ; il doit considérer que la reddition de la place doit être le dernier terme de tous ses efforts, et le résultat d'une impossibilité absolue de résister, et qu'il lui est défendu d'avancer cet événement malheureux par son consentement, ne fût-ce que d'une heure, et sous le prétexte d'obtenir par-là une capitulation plus honorable.

4. Toutes les fois qu'il sera dans le cas de réunir le conseil de défense pour consulter sur les opérations, le présent titre y sera lu à haute et intelligible voix.

5. Quand les circonstances prévues dans le présent règlement forceront à rendre une place ou un poste quelconque, il ne pourra, en aucun cas, être stipulé ni accepté des conditions pour les officiers, différentes de celles convenues pour leur troupe, de laquelle ils ne doivent jamais se séparer.

29 et 34, titre Ier de la loi du 10 juillet 1791, au décret du 13 fructidor an 13, et au décret du 9 décembre 1811.

1621   71. Mais le commandant d'armes doit étudier le terrain, ses accidens ou ses ressources en cas de siége, et rendre compte au général commandant la division ou le département, de tous les événemens qui intéressent l'état; 1°. Dans le rayon d'investissement jusqu'aux limites du terrain le plus favorable à l'assiette du camp, du parc et des lignes de circonvallation de l'ennemi; 2°. Dans le rayon d'activité de la garnison jusqu'aux points où le commandant peut et doit, quand la place est menacée, envoyer des partis ou pousser des reconnoissances, suivant les règles prescrites par le titre XVII de l'ordonnance du 1er mars 1768 sur le service des places; 3°. Sur la frontière, dans les cas prévus par l'art. 26, titre V de l'ordonnance du 31 décembre 1776, et par le décret du 13 fructidor an 13.

1622   83. Tout commandant doit considérer sa place comme susceptible d'être attaquée ou insultée à l'improviste, et de passer subitement de l'état de paix à l'état de guerre ou de siége.

1623   En conséquence, il établira, même dans l'état de paix, son plan de service et de défense suivant les hypothèses d'attaque les plus probables, et déterminera pour les principaux cas, ses postes et ses réserves, les mouvemens des troupes, l'action et le concours de tous les corps et de tous les services.

1624   Il rédigera, d'après ces bases, ses instructions en cas d'alarme, et s'assurera de leur exécution, conformément au titre XVIII de l'ordonnance du 1er mars 1768.

1625   84. Il réunira dans ce même but, les divers élémens de sa défense, et s'attachera particulièrement à bien connoître la situation, 1°. de l'intérieur de la place, des fortifictions, bâtimens ou établissemens militaires, et du terrain extérieur dans les rayons d'attaque, d'investissement et d'activité; 2°. de la garnison, de l'artillerie et des munitions ou appro-

visionnemens de toute espèce; 3°. de la population
à nourrir en cas de siége, des hommes capables de
porter les armes, des maîtres et compagnons ouvriers susceptibles d'être employés en cas d'incendie
ou pour les travaux; et des subsistances, des matériaux, des outils et des autres ressources que la
ville et le pays qui l'environne peut fournir, ou
dont il convient de s'assurer dans l'état de siége.

1626   Chap. III. *De l'Etat de guerre.*—91. Dans les places en *état de guerre*, le service et la police sont soumis aux mêmes règles que dans l'état de paix, sauf
les exceptions et les modifications suivantes.

1627   92. Dans les places en état de guerre, la garde nationale et la garde municipale passent sous le commandement du gouverneur ou commandant; et l'autorité civile ne peut ni rendre aucune ordonnance de
police sans l'avoir concertée avec lui, ni refuser de
rendre celles qu'il juge nécessaires à la sûreté de la
place ou à la tranquillité publique.

1628   93. Dans toute place en état de guerre, l'autorité
civile est tenue de concerter avec le commandant
d'armes les moyens de réunir dans la place en cas
de siége, 1°. Les ressources nécessaires à la subsistance des habitans et de la garde nationale; 2°. les
ressources que le pays peut fournir pour les travaux
militaires et pour les besoins de la garnison.

1629   94. Dans toute place en état de guerre, les gardes-
pompiers, s'il en est établi, passent avec les pom-
pes, machines et ustensiles, sous l'autorité du commandant d'armes.

1630   Les ouvriers charpentiers et autres, qui peuvent
servir à couper les incendies, sont syndiqués et
formés, sous leurs syndics et quatre maîtres, en
compagnies, sections et ateliers.

1631   Le service d'incendie, en cas de siége ou de bom-
bardement, est réglé par le gouverneur ou commandant, de concert avec le commandant du génie
et l'autorité civile.

1632   95. Dans toute place en *état de guerre*, si le ministre ou le général d'armée en donne l'ordre, ou si

les troupes ennemies se rapprochent à moins de trois journées de marche de la place, le gouverneur ou commandant est, sur-le-champ et sans attendre l'*état de siége*, investi de l'autorité nécessaire : 1°. pour faire sortir les bouches inutiles, les étrangers, et les gens notés par la police civile ou militaire ; 2°. pour faire rentrer dans la place, ou empêcher d'en sortir, *les ouvriers, les materiaux*, et autres moyens de travail, les bestiaux, denrées, et autres moyens de subsistance ; 3°. pour faire détruire par la garnison et la garde nationale, tout ce qui peut, dans l'intérieur de la place, gêner la circulation de l'artillerie et des troupes ; à l'extérieur, tout ce qui peut offrir quelque couvert à l'ennemi et abréger ses travaux d'approche.

1633   96. Le général commandant une armée dans le tableau de laquelle la garnison d'une place sera comprise, veillera, 1°. à ce qu'il reste dans la place la garnison nécessaire pour la garder, conjointement avec les gardes municipales et nationales ; 2°. A ce ce qu'il s'y trouve, dans l'état de siége, une garnison suffisante.

1634   97. Les généraux commandant les armées, s'ils n'y sont autorisés, ne toucheront aux munitions et aux approvisionnemens des places que dans les cas d'extrême urgence. Ils y remplaceront le plutôt possible ce qu'ils en auroient distrait. Ils les feront compléter par tous les moyens en leur pouvoir, lorsque la place sera menacée d'un siége.

1535   98. Les gouverneurs, commandans d'armes, d'artillerie et du génie, et les chefs des divers services, ne pourront jamais être détachés de la place sans un ordre du ministre de la guerre.

1636   99. Les gouverneurs ou commandans ne pourront détacher des officiers et des partis au-delà du rayon d'investissement, que pour les reconnoissances qui importent à la sureté de la place.

1637   Ils ne choisiront jamais ces officiers parmi les chefs de corps ou de service ; et ces partis seront toujours assez foibles pour que leur perte n'influe pas sensiblement sur la force de la garnison.

1638   100. Les gouverneurs et commandans d'armes ne pourront, dans l'état de guerre, coucher hors des barrières, ni s'éloigner de leur place de plus d'une portée de canon, sans un ordre formel de notre ministre de la guerre.

1639   CHAP. IV. *De l'État de siége.* — 101. Dans les places en état de siége, l'autorité dont les magistrats étoient revêtus pour le maintien de l'ordre et de la police, passe tout entière au commandant d'armes, qui l'exerce ou leur en délègue telle partie qu'il juge convenable.

1640   102. Le gouverneur ou commandant exerce cette autorité ou la fait exercer en son nom et sous sa surveillance, dans les limites que le décret détermine, et si la place est bloquée, dans le rayon de l'investissement.

1641   103. Pour tous les délits dont le gouverneur ou le commandant n'a pas jugé à propos de laisser la connoissance aux tribunaux ordinaires, les fonctions d'officier de police judiciaire sont remplies par un prévôt militaire, choisi, autant que possible, parmi les officiers de gendarmerie; et les tribunaux ordinaires sont remplacés par les tribunaux militaires.

1642   104. Dans l'état de siége, le gouverneur ou commandant détermine le service des troupes, de la garde nationale, et celui de toutes les autorités civiles et militaires, sans autres règles que ses instructions secrètes, les mouvemens de l'ennemi et les travaux de l'assiégeant.

1643   105. Le gouverneur ou commandant consulte les commandans des troupes, de l'artillerie et du génie, l'inspecteur aux revues et le commissaire des guerres, seuls ou réunis en *conseil de défense.*

1644   Dans ce dernier cas, le secrétaire archiviste tient la plume, et constate, dans le registre des délibérations du conseil, l'avis commun ou les opinions respectives de ses membres, qui peuvent y consigner, sous leur signature, tous les développemens qu'ils jugent à propos d'ajouter au procès-verbal.

1645 Mais le gouverneur ou commandant décide seul, et contre les avis du conseil ou de ses membres, lesquels restent secrets.

1646 Faisons au conseil et à ses membres défense expresse de laisser transpirer aucun objet de délibération, ou leur opinion personnelle sur la situation de la place.

1647 106. Indépendamment du registre des délibérations du conseil de défense, il sera tenu particulièrement par le gouverneur ou commandant de la place, par les commandans de l'artillerie et du génie, et par les chefs des divers services, un journal sur lequel seront transcrits, par ordre de date, et sans aucun blanc ni interligne, les ordres donnés et reçus, la manière dont ils ont été exécutés, leur résultat, et toutes les circonstances, toutes les observations qui peuvent éclairer sur la marche de la défense.

1648 Le ministre de la guerre déterminera, dans une instruction spéciale, la manière dont ces journaux doivent être tenus, et les formalités nécessaires, afin qu'ils aient, ainsi que le registre du conseil de défense, la régularité et l'authenticité nécessaires pour servir à l'enquête prescrite ci-après art. 114. (Voy. n° 1664.)

1649 107. Outre ces registres et journaux, il y aura dans le cabinet du gouverneur ou commandant, une carte directrice des environs de la place, un plan directeur de la place, et un plan spécial des fronts d'attaque, sur lesquels le commandant du génie tracera lui-même ou fera tracer en sa présence, et successivement, 1°. les positions occupées et les travaux exécutés par l'ennemi, à commencer de l'investissement ; 2°. les travaux de contre-approche ou de défense, et les dispositifs successifs de l'artillerie et des troupes à mesure des progrès de l'ennemi.

1650 108. Le gouverneur ou commandant défendra suc-

cessivement ses ouvrages et ses postes extérieurs ,
sa contrescarpe , ses dehors , son enceinte et ses
derniers retranchemens.

1651   Il ne se contentera pas de déblayer le pied de ses
brèches , et de les mettre en état de défense par des
abattis, des fougasses, des feux allumés , et par tous
les moyens usités dans les siéges ; mais , en outre ,
il commencera de bonne heure , en arrière des bastions ou des fronts d'attaque, les retranchemens nécessaires pour soutenir au corps de place un ou plusieurs assauts. Il y emploiera les habitans. Il y fera
servir les édifices , les maisons et les matériaux de
celles que les bombes auront ruinées.

1652   109. Mais, dans ces défenses successives, le gouverneur ménagera sa garnison , les munitions de
guerre et ses subsistances , de manière, 1°. qu'il
ait , pour les assauts et la reprise de ses dehors ,
et spécialement pour l'assaut au corps de place', une
réserve de troupes fraîches et choisies parmi les
vieux corps et les vieux soldats de sa garnison ; 2°.
qu'il lui reste les *munitions et les subsistances* nécessaires pour soutenir vigoureusement les dernières
attaques.

1653   110. Tout gouverneur ou commandant à qui nous
avons confié l'une de nos places de guerre , doit se
ressouvenir qu'il tient dans ses mains un des bou-
levarts de notre royaume , ou l'un des points d'appui de nos armées , et que sa reddition avancée ou
retardée d'un seul jour , peut être de la plus grande
conséquence pour la défense de l'état et le salut de
l'armée.

1654   En conséquence , il sera sourd à tous les bruits
répandus par l'ennemi, ou aux nouvelles directes et
indirectes qu'il lui feroit parvenir ; lors même qu'il
voudroit lui persuader que les armées sont battues
et la France envahie. Il résistera à ses insinuations
comme à ses attaques. Il ne laissera point ébranler
son courage ni celui de la garnison.

1655 111. Il se rappellera que les lois militaires (1) condamnent à la peine capitale tout gouverneur ou commandant qui livre sa place sans avoir forcé l'assiégeant de passer par les travaux lents et successifs des siéges, et avant d'avoir repoussé au moins un assaut, au corps de place, sur des brèches praticables. (*Circulaire de Louis XIV, du 6 avril 1705. — Loi du 26 juillet 1792. — Loi du 21 brumaire an 5, tit. III, art 1 et 2.— Arrêté du 16 messidor an 7*) (1).

1656 112. Lorsque le gouverneur ou commandant jugera que le dernier terme de sa défense est arrivé, il consultera le conseil de défense sur les moyens qui restent de prolonger le siége.

1657 Le présent paragraphe y sera lu d'abord à haute et intelligible voix.

1658 L'avis du conseil ou les opinions de ses membres seront consignés sur le registre des délibérations.

1659 Mais le gouverneur ou commandant seul prononcera, et suivra le conseil le plus ferme et le plus courageux, s'il n'est absolument impraticable.

1660 Dans tous les cas, il décidera seul de l'époque, du mode et des termes de la capitulation.

1661 Jusques-là, sa règle constante doit être de n'avoir avec l'ennemi que le moins de communication possible et de n'en tolérer aucune.

1662 Dans aucun cas, il ne sortira lui-même pour parlementer, et n'en chargera que des officiers dont la constance, la fermeté, le courage d'esprit et le dévouement lui seront personnellement connus.

1663 113. Dans la capitulation le gouverneur ou commandant ne se séparera jamais de ses officiers ni de ses troupes; il partagera le sort de sa garnison, après comme pendant le siége; il ne s'occupera que d'améliorer le sort du soldat et des malades et blessés, pour lesquels il stipulera toutes les clauses d'exception et de faveur qu'il lui sera possible d'obtenir.

---

(1) Voy. n° 1201, — 1204, — 1206, 1221, et note du n° 1677.

1664 114. Tout gouverneur ou commandant qui aura perdu une place que nous lui aurons confiée, sera tenu de justifier de la validité de ses motifs devant un conseil d'enquête.

1665 115. Si le conseil d'enquête trouve qu'il y a lieu à accusation, le prévenu sera traduit devant le tribunal compétent, pour y être jugé conformément aux lois.

1666 116. Si le conseil d'enquête déclare que le gouverneur ou commandant est sans reproche, et qu'il a prolongé sa défense par tous les moyens en son pouvoir, jusqu'à la dernière extrémité, il sera acquitté honorablement, et le jugement du conseil publié sur-le-champ et mis à l'ordre de l'armée et des places.

1667 117. Tout gouverneur ou commandant qui, d'après la déclaration des conseils d'enquête, et d'après les comptes particuliers qui nous en seront parvenus, aura défendu sa place en homme d'honneur, en bon François et en sujet fidèle, nous sera présenté par notre ministre de la guerre, dans un jour de grande parade, avec les chefs de corps et de service, et les militaires qui se seront le plus signalés dans la défense; nous réservant de leur donner nous-mêmes et en présence des troupes, les témoignages publics et les marques de notre satisfaction.

1668 A cet effet, notre ministre de la guerre hâtera l'échange de ceux qui seroient prisonniers, et qui seront, à leur retour, rappelés de leur solde d'activité sans aucune retenue.

1669 118. Tout gouverneur tué sur la brèche ou mort de ses blessures après une défense honorable, sera inhumé avec les mêmes honneurs que les grands officiers de la légion d'honneur; son traitement de retraite sera reversible sur sa famille, et ses enfans obtiendront les premières places vacantes dans les institutions publiques.

1670 Nous nous réservons de pensionner et placer dans les mêmes institutions, les enfans des militaires tués ou morts de leurs blessures dans la défense des places.

1671　119. Les batteries, dehors et ouvrages extérieurs des fronts d'attaque de nos places de terre recevront, à l'avenir, les noms des généraux, commandans et autres militaires qui se seront illustrés dans la défense des places.

1672　120. Dans les places de guerre qui sont en même temps ports de notre marine royale, il n'est rien changé aux lois et usages qui règlent le service des états-majors des places, dans ses rapports avec le service de la marine.

1673　Notre ministre de la guerre nous proposera, de concert avec notre ministre de la marine, les changemens qu'il seroit nécessaire de faire à cette partie de la législation, pour la mettre en harmonie avec les dispositions du présent décret.

DÉCRET DU 1ᵉʳ. MAI 1812.

Cas de capitulation, etc.

1674　Art. 1ᵉʳ. Il est défendu à tout général, à tout commandant d'une troupe armée, quelque soit son grade, de traiter en rase campagne, d'aucune capitulation par écrit ou verbale.

1675　2. Toute capitulation de ce genre, dont le résultat auroit été de faire poser les armes, est déclarée déshonorante et criminelle, et sera punie de mort. Il en sera de même de toute autre capitulation, si le général ou commandant n'a pas fait tout ce que lui prescrivoient le devoir et l'honneur.

1676　3. Une capitulation dans une place de guerre assiégée et bloquée, est permise dans les cas prévus par l'article suivant.

1677　4. La capitulation dans une place de guerre assiégée et bloquée, peut avoir lieu : si les vivres et munitions sont épuisés, après avoir été ménagés convenablement ; si la garnison a soutenu un assaut, à l'enceinte, sans pouvoir en soutenir un second ; et si le gouverneur ou commandant a satisfait à toutes les obligations qui lui sont imposées (1) par le décret du 24 décembre 1811 (2). Dans tous les cas, le gouverneur ou commandant, ainsi que les officiers, ne sépareront pas leur sort de celui de leurs soldats et le partageront.

1678 5. Lorsque les conditions prescrites dans l'article précédent n'auront pas été remplies, toute capitula- ou perte de la place qui s'ensuivra, est déclarée déshonorante et criminelle, et sera puni de mort.

1679 6. Tout commandant militaire prévenu des délits

---

(1) Conforme à la circulaire de Louis XIV, en date du 6 avril 1705, ainsi conçue :

Monsieur,

Quelque satisfaction que j'aie de la belle et vigoureuse défense qui a été faite dans celles de mes places fortes qui ont été assiégées depuis cette guerre, et bien que ceux qui y commandoient se soient distingués, en soutenant pendant plus de deux mois leurs dehors, ce que n'ont point fait les commandans des places ennemis, lesquelles ont été assiégées par mes armes; cependant, comme j'estime que les corps des places peuvent être défendues aussi long-temps que les dehors, et que c'est sur ce principe que, dès le règne du feu Roi, mon très-honoré Seigneur et père, il a été enjoint à tous gouverneurs de places de guerre, par une clause expresse, qui s'est toujours depuis insérée dans leurs provisions, de ne point se rendre à moins qu'il n'y ait brèche considérable au corps de la place, et qu'après y avoir soutenu plusieurs assauts, j'ai jugé à propos de renouveller les mêmes ordres à tous les commandans de mes places.

C'est pourquoi je vous écris cette lettre, pour vous dire qu'en cas que la place que vous commandez vienne à être assiégée par les ennemis, mon intention est que vous ne la rendiez point, à moins qu'il n'y ait brèche considérable au corps d'icelle, et qu'après y avoir soutenu au moins un assaut; et ne doutant pas que vous ne vous conformiez, avec tout le zèle que vous avez fait paroître en toutes occasions pour mon service, à ce que je vous prescris par la présente, je ne vous la ferai plus expresse ni plus longue, que pour prier Dieu qu'il vous ait, Monsieur, en sa sainte et digne garde.

(2) Ce décret se trouve transcrit au n° 1606. Voy. Décret du 26 juillet 1792, n° 1204. Code pénal du 21 brumaire an 5, n° 1215. Arrêté du 16 messidor an 7. n° 1221.

mentionnés aux articles 2 et 5, sera traduit devant un conseil de guerre extraordinaire, en conséquence du rapport qu'en fera le ministre de la guerre, à la suite d'une enquête.

1680   7. Le conseil de guerre extraordinaire sera composé de sept membres; savoir : d'un président, qui sera toujours, tant que cela sera possible, d'un grade supérieur à celui du prévenu, et de six officiers généraux, si le prévenu est officier général; de six officiers généraux ou supérieurs, si le prévenu est officier supérieur; et, dans tous les autres cas, de six officiers du même grade ou de grade supérieur.

1681   Le rapporteur et le commissaire du Gouvernement seront, autant que possible, d'un grade supérieur à celui de l'accusé.

1682   Les fonctions de secrétaire-greffier seront remplies par un inspecteur aux revues, s'il s'agit de prononcer sur un général en chef; par un sous-inspecteur, s'il est question d'un officier général ou d'un colonel; et par un adjoint, s'il s'agit de tout autre grade.

1683   8. Les juges décideront, dans leur ame et conscience, et d'après toutes les circonstances du fait, si le délit existe, si le prévenu est coupable, et s'il convient de lui appliquer la peine de mort.

1684   Lorsqu'il se présentera des circonstances atténuantes, la peine de mort pourra être commuée dans la peine de la dégradation, ou en celle de la prison pour un temps qui sera déterminé par le jugement.

1685   9. Le condamné pourra se pourvoir, dans le délai prescrit, devant la cour de cassation, dans les trois jours qui suivront le prononcé du jugement.

1686   Le commissaire du Gouvernement aura également la faculté de se pourvoir devant la cour de cassation dans le même délai.

1687   Les procédures auront lieu dans la chambre du conseil et sur mémoires non imprimés.

1688   10. La règle établie par l'article 8 est déclarée applicable, dans les jugemens des conseils ordinaires, à tous les cas non prévus par les lois militaires. Les juges appliqueront alors, en leur ame et conscience, et d'après toutes les circonstances du fait, une des peines du Code pénal, civil ou militaire, qui leur paroîtra proportionnée au délit.

DÉCRET DU 22 FÉVRIER 1813,

Concernant le nombre de chevaux que les militaires, à l'armée, devront avoir à leur service (1).

1689   TITRE Iᵉʳ. — Art. 1ᵉʳ. Le nombre de chevaux de main, chevaux de bât et voitures que les militaires de tous les grades et autres fonctionnaires employés à l'armée, devront avoir à leur service, demeure fixé conformément au tableau ci-après; savoir:

1690

DÉSIGNATION DES GRADES.	Chevaux de selle.	VOITURES ou fourgons.		Chevaux de bât.	Nombre de rations de fourrages.
		Voitures.	Chevaux de trait		
ÉTAT-MAJOR GÉNÉRAL.					
Maréchal de France..	18	2	8	10	36
Offic. généraux.. { Général commandant en chef	18	1	4	6	28
Lieutenant-général (2)	10	1	4	6	20
Général de division (3)	8	1	4	6	18
Général de brigade (4)	6	1	4	3	13
Général de brigade chef d'état-major (4)	6	2	8	3	17

(1) Ce décret a changé les dispositions qui étoient prescrites par le titre XXI du règlement de 1809, ainsi que cela est indiqué déjà au titre XXI du règlement de 1792. Voy. n° 739. Voy. note 3 de la page 150, et note 1re et 2e de la page 330. Il a changé également les dispositions du titre premier, à partir de l'art. 7e.

(2) Ce grade étoit alors supérieur au grade actuel de *lieutenant-général*.

(3) Actuellement *lieutenant-général*.

(4) Actuellement *maréchal de camp.*

DÉSIGNATION DES GRADES.	Chevaux de selle.	VOITURES ou fourgons.		Chevaux de bât.	Nombre de rations de fourrages.
		Voitures.	Chevaux de trait.		
Aides-de-camp de Sa Majesté, quel que soit leur grade	12	1	4	6	22
Adjudant commandant (1)	4	»	»	3	7
Adjudant commandant chef d'état-maj. (1)	4	1	4	3	11
Aides-de-camp. — Colonel	4	»	»	3	7
Aides-de-camp. — Chef de bataillon ou d'escadron	3	»	»	»	3
Aides-de-camp. — Capitaine	3	»	»	»	3
Aides-de-camp. — Lieutenant ou sous-lieutenant	3	»	»	»	3
Adjoints à l'état-major. — Chefs de bataillon ou d'escadron	3	»	»	»	3
Adjoints à l'état-major. — Capitaine	3	»	»	»	3
Adjoints à l'état-major. — Lieutenant ou sous-lieutenant	3	»	»	»	3
Intendant général	8	4	16	6	30
Inspect. aux rev. — Inspecteur en chef	6	1	4	3	13
Inspect. aux rev. — Inspecteur	4	1	4	3	11
Inspect. aux rev. — Sous-inspecteur	4	1	4	»	8
Commissaire des guerres. — Commissaire ordonnateur en chef	6	1	4	3	13
Commissaire des guerres. — Commissaire ordonnateur	4	1	4	»	8
Commissaire des guerres. — Commissaire des guerr.	3	»	»	2	5
Commissaire des guerres. — Adjoint	2	»	»	»	2
Officiers de santé aux armées à la suite des corps — Inspecteurs généraux	3	1	4	2	9
Officiers de santé aux armées à la suite des corps — Médecins, chirurgiens et pharmaciens en chef	3	1	4	2	9
Officiers de santé aux armées à la suite des corps — Médecins, chirurgiens et pharmaciens principaux	2	»	»	2	4
Officiers de santé aux armées à la suite des corps — Médecin ordinaire, chirurgien, pharmacien-major	2	»	»	2	4
Officiers de santé aux armées à la suite des corps — Chirurgiens et pharmaciens-aides	1	«	»	»	1

(1) Actuellement *colonel d'état-major.*

DÉSIGNATION DES GRADES.		Chevaux de selle.	Voitures ou fourgons.		Chevaux de bât.	Nombre de rations de fourrages.
			Voitures.	Chevaux de trait.		
CORPS DE TOUTES ARMES (1).						
Colonels et major	d'infanterie	3	1	2	3	8
	de cavalerie, artillerie et génie	4	1	2	3	9
Chefs de bataillon	d'infanterie	2	"	"	1	3
	d'artillerie et du génie.	3	"	"	1	4
Chef d'escadron		3	"	"	1	4
Quartiers-maîtres trésoriers . .	d'infanterie	1	"	"	1	2
	de cavalerie, artillerie et génie	1	"	"	1	2
Adjudans-majors	d'infanterie	1	"	"	"	1
	de cavalerie, artillerie et génie	3	"	"	"	3
Capitaine	d'infanterie ayant 50 ans	1	"	"	"	1
	de cavalerie, artillerie et génie	3	"	"	"	3
Lieutenans et S.-lientenans. . .	d'infanterie, âgés de 5. ans	1	"	"	"	1
	de cavalerie, artillerie et génie	2	"	"	"	2
Train d'artillerie.	Capitaine command. .	3	"	"	"	3
	Lieutenant adjudant-major. . . . . . . Quartier-maître. . . . Lieutenant et sous-lieutenant.	2	"	"	"	2
ADMINISTRATIONS MILITAIRES.						
Payeur général		3	1	2	"	5
Régisseurs . . .	des vivres-pain . . . . des vivres-viande . . . des fourrages. . . . . . des hôpitaux	3	1	2	"	5

(1) Le règl. du 5 avril 1792 accordoit deux chevaux à l'aumônier. Voy. p. 5. L'ordonnance du 14 février 1816, art. 2, leur alloue l'indemnité de fourrage.

DÉSIGNATION DES GRADES.	Chevaux de selle.	VOITURES ou fourgons.		Chevaux de bât.	Nombre de rations de fourrages.
		Voitures.	Chevaux de trait.		
Inspecteurs géné. { de l'habillement, du campement..... des équipages......	3	1	2	"	5
Payeurs principaux..........	2	1	2	"	4
Directeurs...{ des vivres-pain.... / des vivres-viande.. / des fourrages.... / des hôpitaux.... / des équipag. des vtvres. / du chauffage...... / de l'imprimerie... } Postes.....{ Inspecteur-général.. / Directeur général... }	2	"	"	2	4
Payeurs divisionnaires... / Caissiers du payeur général... / Chefs aux constructions des vivres... / Inspecteurs...{ des vivres-pain.... / des vivres-viande.. / des fourrages.... / du chauffage.... }	2	"	"	"	2
Directeurs des équipages d'ambulance... / Inspecteurs des équipages militaires.... / Chef de division des équipages des vivres. / Directeurs des postes... / Traducteurs de l'imprimerie...	2	"	"	"	2
Sous-chefs aux constructions des vivres.. / Gardes-magasins{ des vivres-pain.... / des fourrages.... / du chauffage..... / de l'habillement et du campement.... }	1	"	"	"	1
Préposés comptables des vivres-viande.. / Equipages...{ Employés des équipages auxiliaires... / Artistes vétérinaires.. } / Economes des ambulances... / Commis, employés de toutes les classes, non compris ci-dessus... / Vaguemestre...	1	"	"	"	1

1691   2. Il pourra y avoir pour le transport des bagages des officiers, par bataillon d'infanterie, quatre mulets ou chevaux de bât; par escadron de cavalerie, un mulet ou cheval de bât.

1692   3. Les officiers et fonctionnaires autorisés à avoir des voitures, en feront la déclaration à l'état-major de leurs corps d'armée ou à l'état-major général. Les voitures y seront inscrites sur un registre à ce destiné; et il sera délivré, par l'état major général ou par l'état-major de chaque corps d'armée, un écriteau qui indiquera, en caractères bien apparens, le numéro de la voiture, le nom et le grade du fonctionnaire auquel elle appartiendra.

1693   4. L'état-major général aura soin de distribuer les numéros des voitures, selon l'ordre qu'elles doivent observer et le rang qu'elles doivent tenir dans les marches, ainsi qu'il sera dit ci-après.

1694   5. Les écriteaux seront placés en dehors de la voiture, et sur le côté gauche.

1695   6. Pour toute voiture qui n'aura pas un numéro ou qui en porteroit un non délivré à l'état-major, le propriétaire paiera une amende de 100 francs; la voiture sera brûlée, si elle est trouvée dans la marche (1).

1696   Tit. II. *Grands et petits bagages.* — 7. Les bagages seront distingués en grands et petits bagages; on entendra par grands bagages, les voitures de quelque espèce qu'elles soient, et par petits bagages, les chevaux de main et les chevaux ou mulets de bât.

---

(1) Ces alinéas renferment une explication plus étendue des dispositions contenues dans le titre XXI du règlement de 1809, article 1.er; elles consistoient uniquement dans ce qui suit :

Toutes ces voitures seront enregistrées chez le commandant de la gendarmerie et chez le vaguemestre général, avec le nom de la personne à laquelle elles appartiennent, et le numéro. L'un et l'autre seront inscrits sur le couvercle, pour les fourgons; et quant aux calèches et autres voitures, elles porteront seulement le numéro d'enregistrement sur une petite plaque.

1697   8. Les petits bagages appartenant aux corps de troupes, marcheront avec leur régiment et selon l'ordre qu'en aura donné le colonel. Les petits bagages de l'état-major pourront suivre le quartier-général.

1698   9. Les gros bagages appartenant aux corps de troupes, ne marcheront jamais qu'après la division dont la troupe fera partie, lorsque cette division marchera isolément; et si plusieurs divisions marchent ensemble, leurs bagages prendront leur place, suivant l'ordre de marche qui aura été déterminé par le général commandant en chef. Les gros bagages du quartier-général marcheront selon l'ordre qu'aura donné le major général.

1699   10. Les voitures des équipages militaires seront toujours censées faire partie des gros bagages.

1700   11. Les voitures d'artillerie et d'ambulance pourront marcher avec les troupes, selon que l'ordre en sera donné.

1701   12. Dans un corps d'armée, le maréchal ou général commandant en chef, aura seul le droit d'avoir sa voiture avec les petits bagages.

1702   En cas d'indisposition, les généraux de division pourront obtenir la même permission du major général. Cette permission sera inscrite sur le registre du vaguemestre.

1703   13. Toutes les voitures qui, dans les marches, embarrasseroient l'artillerie ou les troupes par quelque accident que ce fût, et se trouveroient à moins d'une lieue de l'avant-garde, au moment où le canon viendroit à tirer, ou bien, avant que l'avant-garde eût pris position pour la nuit, seront brûlées sur-le-champ, et les chevaux en seront donnés à l'artillerie.

1704   14. Lorsque l'avant-garde, ou tout autre corps en présence de l'ennemi, se mettra en marche, les gros bagages resteront parqués et ne commenceront leur mouvement qu'une heure après la troupe ou lorsqu'ils en recevront l'ordre, de manière à être toujours à une lieue de distance de la troupe, et à

n'embarrasser ni le passage des ponts, ni les défilés.

1705   Le chef de l'état-major de l'armée ou de la division qui passera un pont ou défilé, y placera une
garde pour y maintenir le bon ordre.

1706   Tit. III. *Ordre de marche ; vaguemestres.* — 15.
Quand les divisions marcheront en corps d'armée,
l'ordre du jour indiquera la marche des équipages, et
lorsqu'elles marcheront isolément, les équipages suivront à la distance prescrite ci-dessus, si l'on est
en présence de l'ennemi ; ou, dans le cas contraire,
à la queue de la division, au rang que chaque régiment occupe dans la brigade dont il fait partie. Cet
ordre sera également observé dans chaque bataillon
ou escadron.

1707   Un détachement sera commandé journellement,
dans chaque régiment, pour marcher avec ses équipages.

1708   Le vaguemestre de la première brigade de la
division y fera les fonctions de vaguemestre général, et fera marcher les équipages de chaque brigade
suivant l'ordre qu'elle y tiendra.

1709   16. Les équipages de tout ce qui tient aux états-
majors et à l'administration militaire, précéderont
immédiatement, dans les marches, les équipages
de la division de leurs corps d'armée, qui marchera
en tête de la colonne d'équipages, et y seront placés dans l'ordre suivant :

1710   Les équipages du général commandant en chef du
corps d'armée, le trésor et les équipages du payeur,
les équipages du général chef de l'état-major, de
l'inspecteur aux revues, du commissaire ordonnateur
en chef, des adjudans commandans (1), des sous-inspecteurs aux revues, des chefs de bataillon ou d'escadron attachés à l'état major, des adjoints à l'état-
major, des commissaires des guerres, de la poste
aux lettres, des agens de l'administration, les vivandières et les blanchisseuses.

____

(1) Actuellement *colonel d'état-major.*

1711 Un détachement de gendarmerie leur servira d'escorte.

1712 17. Les équipages des généraux commandans de division marcheront à la tête de ceux de leur division, ainsi que ceux de tout ce qui tient à leur état-major et administrations, dans le même ordre qu'à l'article précédent.

1713 Les équipages des colonels, à la tête de ceux de leur régiment.

1714 Les officiers généraux ne pourront avoir à la suite de leurs équipages aucun chariot de vivandier, à moins qu'ils ne commandent des corps séparés ; en ce cas, ils devront en obtenir l'autorisation.

1715 18. Les vaguemestres des divisions sont tenus de se faire inscrire chez le vaguemestre général de leur corps d'armée, qui tiendra à cet effet un contrôle, et leur délivrera des certificats visés par les chefs d'état-major, d'après lesquels, et sur la revue de l'inspecteur, ils seront payés de ce qui leur est alloué en sus de leur solde. Ils recevront journellement les ordres du vaguemestre général de leur corps d'armée, pour le rang que les équipages devront occuper dans les marches, pour l'heure du départ, et le rendez-vous où ils devront s'assembler. Ils feront charger et atteler les équipages, et ne souffriront point qu'aucun bagage se mette en marche que le vaguemestre de la brigade ne soit venu l'ordonner, et qu'aucun conducteur ne parte avant l'heure prescrite.

1716 Le vaguemestre général est seul chargé de la conduite des équipages du quartier-général et des vivandiers qui y sont attachés.

1717 L'état-major lui fera remettre, les jours de marche, l'ordre dans lequel ils devront marcher, et le lieu où ils s'assembleront ; il aura soin d'en instruire tout ce qui est attaché au quartier-général, et d'en faire part au commandant de la gendarmerie, pour qu'il y fasse trouver les vivandiers.

1718 Le vaguemestre général se trouvera au rendez-vous avant l'heure où les équipages devront s'y assembler ; il les conduira pendant la marche, les fera précéder par les guides du pays qui lui seront donnés, et empêchera qu'ils ne les devancent.

1719   Il sévira contre les domestiques ou autres individus attachés aux équipages, qui voudroient dépasser leur rang, et fera arrêter toutes les *voitures*, *fourgons* et *chariots* qui excéderoient le nombre permis ou qui seroient d'une espèce différente.

1720   Il fera conduire les voitures arrêtées au commandant de la gendarmerie du corps d'armée, ou les fera jeter hors de la route, si elles embarrassent la marche de la colonne : elles seront brulées si elles appartiennent à des individus qui n'ont pas droit d'en avoir ; les chevaux seront remis à l'artillerie, qui en donnera reçu, ou aux équipages militaires.

1721   Les équipages qui se seront arrêtés ne pourront reprendre la file qu'à la queue des équipages de leur bataillon, de leur escadron et de leur régiment ou de leur brigade ; et si ceux de leur brigade étoient passés avant qu'ils fussent en état de marcher, ils seront obligés d'attendre que tous les équipages de la division aient filé, pour en prendre la queue.

1722   Aucun conducteur de bagages ne coupera ni ne devancera celui qui le précédera, à moins que celui-ci ne puisse suivre la colonne.

1723   19. Tout conducteur d'équipages ou domestiques qui quittera ses chevaux ou sa voiture pour piller, sera puni comme maraudeur, celui d'entre eux qui s'écartera de la colonne avec ses chevaux ou sa voiture, ou qui quittera sa voiture, sera puni prévôtalement (1) et, en cas de résistance en faisant usage de quelque arme, il sera traduit à un conseil de guerre.

1724   20. En cas d'attaque de l'ennemi, tout domestique ou conducteur d'équipages qui s'écartera de

____

(1) Ce mot est tout à fait inintelligible. Voyez la note du n° 707.

l'ordre de marche de la colonne ou qui voudra s'enfuir, sera traduit à un conseil de guerre (1).

1725　21. Aucun équipage ou voiture ne pourra marcher sans permission avec les colonnes de troupes; ceux qui s'y mettront seront brûlés.

1726　22. D'après les dispositions du titre XXV, article 72 du réglement du 5 avril 1792 (2), deux divisions, brigades ou régimens qui se rencontrent en route, doivent se céder réciproquement la droite; il doit en être de même de leurs équipages et de leur artillerie : mais dans le cas où la route seroit trop étroite, et que la rencontre auroit lieu entre un régiment d'infanterie et un régiment de cavalerie, ce dernier doit faire halte pour laisser passer l'infanterie avec la colonne de ses équipages. On rappelle d'ailleurs les dispositions de ce réglement relatives à l'assiette du logement des troupes en campagne (3).

1727　23. Lorsque les troupes croiseront une colonne d'équipages, elles la feront arrêter pour les laisser passer; les commandans de ces troupes ne le feront cependant qu'autant qu'il ne leur seroit pas possible de trouver un autre chemin.

1728　24. Les vaguemestres des brigades ou des régimens observeront, chacun pour la conduite et la police des équipages dont il est chargé, ce qui est prescrit par le vaguemestre général.

1729　Tit. IV. *Bagages du grand quartier-général. —* 25. Le vaguemestre général indiquera chaque jour, aussitôt l'ordre reçu de l'état-major, 1°. le lieu ou doivent se rendre les équipages, chevaux de selle etc. de tout ce qui est attaché au grand quartier-général;

---

(1) Comment traduire à un conseil de guerre un coupable dont la faute ne rentre pas dans l'un des cas prévus par le Code pénal.

(2) Voy. le n° 693. L'article indiqué ci-dessus n'est exact ni dans le règl. de 1792, ni dans le règl. de 1809. C'est, dans l'un et l'autre, le titre XIX; dans le premier, c'est l'art. 77; dans le second, c'est l'art. 73; dans le règl. de 1778, c'étoit l'art. 90.

(3) Nous n'avons pas compris le sens de cette phrase.

2°. l'heure précise du départ. Il fera en sorte qu'il n'y ait jamais d'encombrement, et placera les équipages de la manière suivante (1) :

1730   Les équipages du commandant en chef, le trésor et les équipages du payeur général, les équipages du major général, de l'intendant général, des généraux de division attachés au quartier-général, de l'inspecteur en chef aux revues, des généraux de brigade, de l'ordonnateur en chef, des colonels et adjudans commandans attachés à l'état-major, des sous-inspecteurs aux revues, des chefs de bataillon ou d'escadron attachés à l'état-major, des capitaines adjoints à l'état-major et autres officiers qui en remplissent les fonctions, des commissaires des guerres, (2) de l'imprimerie de l'armée, des agens en chef

---

(1) Cet article est la répétition, mot pour mot, de l'art. 1er du titre XXI du règl. de 1809. Ce titre XXI ayant été remplacé par le présent décret du 22 février 1813, les dispositions qu'il contenoit n'ont point pris place parmi les notes du règl. de 1792. Voy. n° 628 de ce règlement.

(2) Le tit. XXI du règl. de 1809 ajoutoit à la suite de cet ordre d'équipages, ce qui est dit ci-après :

Les équipages de l'intendant général.
Id. — *des généraux de division attachés au quart.-général.*
Id. — *de l'inspecteur en chef aux revues.*
Id. — *des généraux de brigade.*
Id. — *de l'ordonnateur en chef.*
Id. — *des colonels adjudans commandans attachés à l'état-major.*
Id. — *des sous-inspecteurs aux revues.*
Id. — *des chefs de bataillon ou d'escadron attachés à l'état-major.*
Id. — *des capitaines adjoints à l'état-major, et des autres officiers qui en remplissent les fonctions.*
Id. — *des commissaires des guerres.*

Trésorerie.

Les équipages du payeur-général.
Id. — *du payeur central et des inspecteurs des caisses.*
Id. — *du payeur du quartier-général et inspecteurs des équipages du trésor.*
Id. — *du caissier général et de ses caissiers.*
Id. — *pour six employés du corps d'armée.*
Id. — *du payeur principal du service extraordinaire.*

de l'administration, de la poste aux lettres, des vivandiers.

Médecins.

Les équipages du premier médecin de l'armée.
Id. — *des médecins principaux.*

Chirurgiens.

Les équipages du chirurgien en chef de l'armée.
Id. — *des chirurgiens principaux.*

Pharmaciens.

Les équipages du pharmacien en chef de l'armée.
Id. — *des pharmaciens principaux.*

Service des hôpitaux.

Les équipages du régisseur général.
Id. — *du directeur général.*
Id. — *du caissier.*
Id. — *des directeurs principaux.*

Imprimerie.

Les équipages du directeur.
Id. — *du transport du matériel.*

Régie des vivres-pain.

Les équipages du régisseur.
Id. — *du caissier.*
Id. — *du chef commandant les ouvriers constructeurs et bou-
langers du corps d'armée.*
Id. — *du directeur.*

Régie des vivres-viande.

Les équipages du régisseur.
Id. — *du caissier.*
Id. — *de l'employé chargé de la police des ouvriers du
corps d'armée.*
Id. — *du directeur.*

Régie des fourrages.

Les équipages du régisseur.
Id. — *du caissier.*
Id. — *de l'employé chargé de la police des ouvriers botte-
leurs du corps d'armée.*
Id. — *du directeur.*

Service de l'habillement.

Les équipages de l'inspecteur général.

1731. Le vaguemestre général observera de ne jamais laisser en arrière aucun équipage, et de les faire marcher dans le plus grand ordre et suivant le rang qui leur est assigné.

1732 Il fera arrêter tout conducteur d'équipages qui seroit parti avant l'heure prescrite.

1733 Un état sommaire des équipages doit lui être remis avec les noms des conducteurs et domestiques qui y sont attachés. Il sera fait mention, sur cet état, du nombre de voitures que doit avoir l'imprimerie de l'armée, le trésor et la poste aux lettres.

1734 Les équipages du grand quartier général qui seront arrêtés pour quelque cause que ce soit, ne pourront reprendre la file qu'à la suite de tous ceux des officiers du même grade que celui à qui ils appartiennent.

1735 26. Un détachement de la gendarmerie servira d'escorte aux équipages du grand quartier-général (1).

1736 27. Lorsqu'il existera une organisation de petit quartier-général, il sera attaché un vaguemestre à ce service, sous les ordres de l'ordonnateur, qui donnera l'état des chevaux, mulets de bât et voitures qui devront composer la colonne, ainsi qu'il sera statué par le major général (2).

Service des postes aux lettres.

Les équipages de l'inspecteur en chef.
Id. — *du directeur en chef.*
Id. — *de deux inspecteurs principaux.*
Id. — *d'un directeur principal.*

Matériel.

Les équipages du grand quartier-général.
Id. — *du petit quartier-général.*
Id. — *des quartiers-généraux de corps d'armée.*
Id. — *du quartier-général de chaque corps.*
Id. — *du grand parc d'artillerie et du génie.*
Id. — *des blanchisseuses et vivandières.*

(1) Les n° 1731, 1732, 1733, 1754 et 1735, étoient entièrement les mêmes au règl. de 1809, titre 21, art. 1er, etc.

(2) Cet article est le même que l'article 4 du titre 21 du règlement de 1809.

1737. **T**IT. V. *Dispositions générales.* — 28. Les maréchaux et généraux commandans les corps d'armée, feront passer fréquemment et passeront enx-mêmes des revues pour constater le nombre de chevaux et de voitures qui se trouvent à leur quartier-général et dans les environs, afin de s'assurer qu'il n'y en a que le nombre prescrit par le présent réglement, et que nulle personne n'a de chevaux que ceux qui lui sont accordés (1).

1738   29. Il est expressément défendu aux personnes ayant droit d'avoir des chevaux, voitures ou fourgons, de les faire conduire par les soldats (2) d'infanterie, de cavalerie, du train d'artillerie ou des équipages militaires.

1739   Les maréchaux ou généraux commandant en chef, prescriront, de la manière la plus positive, aux chefs de corps, de faire rentrer, sur le champ, tous les soldats (2) qui pourront se trouver distraits du service de leur compagnie.

1740   30. Tout cheval de main conduit par une ordonnance de cavalerie ou par un soldat d'infanterie, sera pris et donné à la cavalerie.

---

(1) Cet article est entièrement le même que l'article 5 du titre 21 du règlement de 1809.

(2) Ces défenses, renouvellées sans cesse, ont été éludées toujours ; et l'expérience indique qu'il est impossible qu'il en soit autrement. Voici les réflexions fort sages qu'on trouve dans le projet de règlement imprimé en 1812 , page 23.

Un point encore essentiel à régler , est celui des soldats domestiques. En Prusse et en Autriche, les règlemens en accordent. En France, selon Turpin , cela a subsisté long temps , et depuis qu'on l'a expressément défendu , il en a été de même , sur-tout à la guerre, parce qu'il est impossible que les officiers supérieurs , et ceux de cavalerie , aient assez de leurs domestiques pour leurs chevaux et leurs équipages , qui , dans cette circonstance, s'accroissent quoi qu'on fasse. Les officiers subalternes , dans l'infanterie , auroient trop de difficultés à faire nourrir un domestique , pour qu'on puisse s'opposer à ce qu'ils aient la faculté d'employer un soldat pour leur service personnel. Quand cette faveur ne seroit pas légitime , il vaut mieux l'accorder que de voir enfreindre sans cesse les ordres , et de voir la véritable situation des forces toujours déguisée.

1741   Quant aux fourgons et voitures conduits également par des hommes de cavalerie ou des soldats d'infanterie ; les chevaux en seront confisqués et donnés à l'artillerie ou aux équipages militaires, et les fourgons et voitures seront brulés.

1742   Toute voiture particulière qui seroit également rencontrée attelée de chevaux du train d'artillerie ou des équipages militaires, seroit dételée et brulée.

1743   31. Les soldats du train et ceux des équipages militaires sont exclusivement employés au service du train d'artillerie et à celui des équipages militaires ; ils ne peuvent, sous aucun prétexte, conduire les voitures des officiers d'artillerie et des équipages ; les chevaux qu'ils conduiroient seroient consignés et les voitures brulées, ainsi qu'il est dit à l'article précédent.

1744   32. Il est formellement interdit de charger sur les voitures d'artillerie ou des équipages militaires, aucun des bagages ou effets quelconques appartenant, soit à des officiers, soit à des soldats.

FIN.